高校财务管理与创新研究

李 虹◎著

地震出版社

图书在版编目（CIP）数据

高校财务管理与创新研究 / 李虹著.--北京：地震出版社，2022.6

ISBN 978-7-5028-5458-4

Ⅰ.①高…　Ⅱ.①李…　Ⅲ.①高等学校－财务管理－研究　Ⅳ.①G647.5

中国版本图书馆CIP数据核字（2022）第111321号

地震版　XM5201/G（6279）

高校财务管理与创新研究

李　虹◎著

责任编辑：郭贵娟

责任校对：凌　樱

出版发行：**地震出版社**

　　　　　北京市海淀区民族大学南路9号　　　　邮编：100081

　　　　　发行部：68423031　　　　　　　　　传真：68467991

　　　　　总编室：68462709　68423029

　　　　　专业部：68467982

　　　　　http://seismologicalpress.com

　　　　　E-mail：dz_press@163.com

经销：全国各地新华书店

印刷：北京市兴怀印刷厂

版（印）次：2023年3月第一版　2023年3月第一次印刷

开本：710×1000　1/16

字数：238千字

印张：14

书号：ISBN 978-7-5028-5458-4

定价：79.00元

前言 PREFACE

　　党的十九大报告提出要"加快一流大学和一流学科建设，实现高等教育内涵式发展"，这标志着我国高等教育发展进入了"由大到强"的新阶段。国家投入教育事业的资金越来越多，高校教育的发展日益迅速，高校的财务来源也呈现出多样化和多渠道的形式，高校的财务工作与人才培养、科学研究、社会服务等各项中心工作一样，其地位和作用越来越重要，并从高等教育管理的边缘逐渐走向高等教育管理的核心。特别是近年来，随着高等教育财政体制改革的不断深化，高校的内外部环境发生了深刻变化，经济活动日益复杂，高校作为独立主体，可以支配的经费越来越多，财政权力也越来越大，但是高校财务管理在拨款体制、成本管理、债务管理等方面仍然存在一些问题。因此，只有科学合理地完善高校财务管理制度与理念，才能够保证高校财政支出的科学性，保证各项财政支出能够充分应用到高校发展中，提高教学质量和教学水平，推动我国高等教育事业的可持续健康发展。

　　本书根据我国高等教育管理体制改革对规范高校财务行为、强化高校财务管理、提高高校财务管理水平的要求，针对新时代我国高校财务管理的现实状况及其存在的问题、应采取的应对策略和管理模式的创新改进进行了深入细致的阐述。全书共分为七章：第一章是高校财务管理的整体认知，对高校财务管理的科学内涵、高校财务管理的背景以及发展趋势进行了介绍；第二章是高校财务困境的形成与应对，对高校财务困境的形成原因以及应对策略进行了分析；第三章是高校预算管理及其创新研究，对高校预算管理的基本概念、基本流程和预算管理模式的创新改进进行了阐述；第四章是高校资产管理及其创新研究，对高校的有形资产管理、无形资产管理以及资产管理的信息化创新进行了探讨；第五章是高校财务内部控制及其创新研究，对高校财务内部控制的理论、存在的主要问题以及高校财务内部控制体系的构建完善进行了总结探究；第六章是高校财务风险预警机制的构建与创新，对高校财务管理中的风险评估和高校财务风险预警机制的构建进行了论述；第七章是高校财务管理的其他创新维度研究。

"双一流"建设背景下，高校财务管理必将迎接新的挑战，如何盘活现有资源，用好增量资源，已经成为国内众多高校普遍面临的难题。与此同时，高校作为非营利组织，长期缺乏商业领域中的强制性措施。因此，建立与现代大学制度相适应的财务管理模式，是我国高校面临的重要课题。本书结合我国高等教育财务管理现状，立足于我国高校财务管理的基础理论，力图为我国高校财务管理的改革和创新提供一定的理论支持和实践指导。

本书在撰写过程中，参考并借鉴了众多专家学者的研究成果和观点，在此表示最诚挚的感谢！由于高校财务管理涉及面广，实践性、综合性都很强，书中的内容、观点难免存在疏漏和片面之处，敬请读者批评指正！

作　者
2022 年 4 月

目录 CONTENTS

第一章

高校财务管理的整体认知

第一节　高校财务管理概述

一、高校财务管理的概念

财务管理（Financial Management）是筹集资金和分配资金的过程，为了保证单位的长远发展和目标的尽快落实，科学系统地分配资金，其中包括硬件设施完善的支出，多方向、多途径地筹集资金，整体运营过程中资金的去向，收入的分配，等等。财务管理是以相关的法律法规为基础，依据一定的财务数据，对企业的财务进行策划，保障财务运营科学合理地展开的一项活动，是企事业单位或组织生存和发展的重要环节。

高校是不以营利为目的的非营利组织，高校资金的运行也具有非营利组织的特征。高校财务管理是指高等院校在自身的业务活动中，合理地安排和使用所掌控的资金，来实现办学效益最大化，提高高校的声誉，完成高校的战略目标，推动高校健康有序地发展。在实现高校整体目标的过程中，财务管理的作用至关重要，对高校的发展有十分重要的影响。

二、高校财务管理中的内容

（一）高校财务管理中的筹资活动

高校的日常活动要想正常顺利地进行，资金是前提也是保障，没有一定量的资金，日常的教学活动就难以为继，更不用说科研成果。所以，融资活动是高校财务管理中很重要的一部分，也是第一步。基础资金可以通过不同的渠道和形式获得，如政府的财政拨款、上级部门的补助、国家规定可以留作自用的学费和其他一些管理费用、科研成果收入以及社会各界人士的捐款等，这些都是资金的来源。与此同时，学校还要支付利息以及其他的筹资费用，这些都是学校在筹资过程中的财务活动，在这个活动中，学校要争取用最低的成本使效益最大化。

（二）高校财务管理中的投资活动

高校的投资活动可以分为对内投资和对外投资。高校将资金用于建造教学场地或购置教学仪器设备等固定资产，就是对内投资；用于购买债券等，就是对外投资。这些投资活动需要支出资金，或者出售固定资产，当获得收益或者收回投资时，就会有资金的流入，这些都是高校财务管理中的投资活动。

（三）高校财务管理中的资金分配

在高校的日常教学活动中，需要资金来购买设备和教学办公用品等，还有科学研究、专业建设、整体规划等方面需要进行资金分配，因此资金的调动分配产生了资金的流出，这些资金也都来自高校的整体资金。

三、高校财务管理的特点

高校财务管理与其他行业的财务管理有着显著的不同，带有自身的特点，主要包括以下三个方面。

1. 高校的预算编制具有计划性强的特点

高校在制定年度预算报告时，坚持收支平衡、统筹兼顾的原则，具有计划性强的特点。这种预算编制的原则，是由我国高校会计制度决定的。

2. 高校经费来源和筹资方式具有多样化的特点

我国一直实行教育优先发展的战略，国家和社会对教育的重视程度日益提高，也就要求教学质量、教学设备不断地提高和完善。这种长期稳定的需求，也是高校筹资的保证和基础。

3. 高校经济活动的非营利性

高校与其他财务活动主体的区别在于高校是非营利性组织。高校的科研成果虽然可以转换成商品，但是由于科研投入巨大，科研成果很难进行补偿，而且高校的科研投入和成果产出效益，很难用准确的数字进行衡量。除此之外，高校的固定和无形资产也无法像生产企业一样进行计提折旧，所以财务会计并不能准确地进行考核。

四、高校财务管理的原则

高校财务管理工作要遵守国家的法律法规和财务规章制度，能够准确反映财务活动的规律和要求。具体来说，根据《高等学校财务制度》的指示，高校财务管理的原则如下。

1．依法管理原则

财务管理决定着高校管理的成败和方向，这就要求财务管理工作要依照国家财务制度的相关立法，规范财务管理人员的行为。高校的经济活动的多样性发展导致了财务人员的工作多样性，所以需要形成科学、健康、有序的高校财务管理体系，这样才能推动高校财务管理的良性、健康、有序发展。

2．多渠道筹集收入原则

学校的经费收入是学校发展的动力，主要由国家拨款和学校自筹两部分组成。随着我国高校的扩招，高校发展的经费需求越来越多，高校发展面临着经费短缺的瓶颈，所以高校需要多渠道地进行集资，以保证高校的正常财务支出。

3．合理配置资源原则

适宜地配置和利用资源，提高资源的利用率，对学校的发展有着重要的意义。长久以来，我国一方面存在教育经费的短缺，另一方面又存在资源的限制和浪费。所以，高校应科学配置资源，提高资金使用效率和决策的科学性，产学研相结合，加快高校的发展。

五、高校财务管理模式的分类

国内许多学者提出"统一领导，集中管理""统一领导，分权管理""一级核算，两级管理""两级核算，分级管理"等高校财务管理模式。本书认为上述分类反映了我国高校财务管理模式的基本特点，但与高校实际的运行模式比较仍稍显粗略。为此，本书将高校财务管理模式分为以下四类。

（一）完全集中的财务管理模式

这种财务管理体制要求高校内部只设一级财务部门，统一领导高校的财务事务，集中管理高校的所有经费。在一级财务部门之外不设同级财务机构，高校所有财务收支都必须通过一级财务部门，校内各学院没有任何财权，也没有制定学院内部财务规章制度及实施办法的权力。

（二）非完全集中的财务管理模式

高校将大部分资金留在校级统一管理使用，二级单位对高校分配或自己创收的很小一部分资金拥有有限的自主权。高校将主要的资金统一调度使用，对教职工工资、水电费支出以及大部分开支由高校及其职能部门控制，各学院只拥有有限的自主权，对本部门能够控制的开支有制定财务规章制度实施办法的权力。

高校向二级学院划拨办学经费有两种模式：一是切块法。高校财务部门按财政预算项目进行预算，各项目预算经费分配到相关职能部门，再由这些职能部门按一定方式把各项目预算经费的大部分分配到学院，剩余部分用作宏观调控。此模式的弊端是高校财政预算中各项目费用难以科学合理地确定；高校相关职能部门分配预算经费时截留了一部分，作为宏观调控，直接分配到学院的经费明显减少，因而很难按教育成本进行核算；学院的办学经费来自高校各个相关职能部门，学院很难统一计划、统一使用。二是高校把办学经费直接划拨到学院。分配方法采用生均定额法，即由高校财务部门按学院在校生人数分配学院办学经费，以每个学生为产出确定其经费投入成本。学生均定额分配方法的优点是计算比较简单，容易被二级学院所接受。缺点是容易造成学院之间贫富差距悬殊，某些基础学科和缺乏创收能力的学院会出现人员经费和公用经费开支紧张，使高校宏观调控能力减弱。

一级学院通常不设财务机构，由高校财务处统一管理。二级学院的可控经费主要由四部分组成：①高校分配给学院经费，包括部分人员工资、学生经费、教学业务费等；②学生学费收入；③学院的创收收入，包括各类办班、对外服务创收等；④学院的其他收入，包括学院获得的捐赠收入、附属单位上缴的费用等。学院的科研经费由高校直接划拨给相应的项目组或教师手中，不受学院支配。由此可以看出，二级学院实际可控的经费很有限，这不利于学院资金配置的效率，更不利于学院的长期发展。

（三）非完全分散的财务管理模式

在这种财务管理体制下，高校也只设财务处作为一级财务部门，但赋予各学院一定的财权，也会在规模较大的学院设立二级财务机构，学院自行管理其创收经费的财务收支，对高校分配给其分管的经费自行安排使用。高校财务处负责制定统一的财务方针政策和统一的财务规章制度，负责高校总经费的核算，控制监督各部门的经费按高校的财务政策和财务制度使用，保证学院的经费实施办法不违反国家的财务政策。学院有权根据统一的财务政策和制度，制定学院内部具体的执行方案，制定本学院经费使用实施办法，但各学院的经费支出、开支范围及开支标准，应接受财务处的统一监督。

（四）完全分散的财务管理模式

在这种模式下，高校以学院为成本中心和利润中心，是一种基于分散财务权力和责任的财务管理模式。高校把从政府得到的拨款，直接分配给有关学院。高校本身是没有经费的，全部经费都在各个学院，每个学院获得的经费都要按一定的比例上缴高校。收上来的经费一部分用于高校的财务管理，一部分用于校部人员工资、校舍维修、公共关系、校友联络等高校的公共费用。各学院编制各自的预算，院长具有很大的资金使用权。有一些高校在收到拨款后，先将行政经费扣除，然后将剩余资金在各学院之间进行分配。高校对二级学院实行宏观管理，按照各学院的理财理念做好学院责任预算经费的会计核算工作以及会计信息查询等会计服务工作。

虽然由高校实行统一领导，但是高校将大部分的财务决策权下放给学院，学院可以对高校分配的各项经费和创收收入进行管理，根据事业发展需要进行调整、使用和核算。分散管理模式使学院能够更加直接地参与预算的制定和资源的使用过程，加强了各学院预算及资源分配的灵活性，同时使权力分散化，降低了信息成本，有效地解决了资源不足所带来的问题。学院的财务管理一般采取责任中心管理的模式，责任中心管理模式允许院长对学院的预算进行控制，即院长可以独立于高校自由地使用资金，并对学院的资金使用情况负责。二级学院成为相对独立的办学实体，学院的责任中心管理要有明确的责任目标和责任指标体系，以保证各部门所承担的经济责任的落实。不同责任中心的责任指标的性质和内容也应有所不同。尽管有些责任中心的责任难以完全量化，但对各责任中心都必须确定责任指标体系，可以首先确定一个综合性强、能反映责任中心的基本业务及责任界限的指标作为牵头指标，在此基础上再加以细分，分解形成责任指标体系。

六、高校财务管理目标

高校财务管理目标是高校在组织财务管理活动中所要达到的目的，明确高校财务管理的目标是做好高校财务管理工作的前提。

高校财务管理目标具有自身的独特性，它不是一个独立存在的目标，而是以高校发展总体目标为前提，在高校发展总体目标的框架内，确定为高校发展服务的财务方面的具体管理目标。因此，高校财务管理目标不是一成不变的，而是随着高校发展目标的变化而变化，但基本的管理目标是确定的。高校是公益性的教育事业单位，服务于国家的经济社会发展，提供教育准公共产品，根据高校的特点，高校财务管理的目标有以下几个方面。

1. 基本目标建立运行有效的财务管理系统

建立运行有序、管理有效的财务管理和控制系统是高校财务管理的基本目标。建立健全内部管理制度，采取有效的控制措施是做好高校财务管理工作的前提，一个运行有效的高校财务管理系统是高校正常运转的保障。如果财务管理一片混乱，实现财务管理的其他目标就无从谈起，高校的正常运转也会受到影响，所以建立运行有效的财务管理系统是高校财务管理的基本目标。

2. 主要目标筹资最大化

筹资最大化即筹集高校发展所需要的资金最大化，也是高校财务管理的主要目标。筹资是通过各种渠道和方式筹措资金的财务管理活动，与"追求利润最大化"的企业财务管理目标不同，高校不是经营单位而是教育事业单位，"筹资最大化"才是高校财务管理的目标。总体上，高校的资金来源以政府投入、学费收入为主，其他收入为辅。学费是政府审批的事业性收费项目，由高校收取用来补充教育经费不足，是筹资的重要组成部分，但受学费标准和学生人数的限制。其他筹资项目（如社会投资助学等）的筹资范围更为广泛。高校应该积极争取政府各项专项资金和社会的捐资助学，以达到筹资最大化的目标。

3．终极目标资金使用效益最大化

资金使用效益最大化，即高校筹集的资金发挥最大的使用效益，这是高校财务管理的终极目标。如果资金使用不做效益评价，盲目或随意支付资金进而导致资金大量浪费，那么筹资再多也无济于事。资金使用首先要保障高校的正常运转，其次要服务于高校发展大局，将资金重点投放到学校规划和优先发展的项目上，同时必须进行资金使用效益评价，力争做到投放一个项目成功一个项目，这样才能实现资金使用效益最大化的目标。

第二节　基于高等教育财政政策的高校财务管理背景

一、我国高等教育财政政策

在高等教育的行政管理体制和财政管理体制确定后，高等教育财政政策最为核心的问题有两个：一是用以保障和促进高等教育发展的财政来源；二是财政支出模式。

（一）我国高等教育的财政来源

高等教育财政来源与高等教育的行政管理体制和财政管理体制密切相关，高等教育行政管理体制属于宏观意义上的管理体制，不包括学校内部的管理体制；高等教育的财政管理体制是指事权与财权相统一的体系化的高等教育管理组织制度。高等教育管理体制隶属于国家行政管理体制。中华人民共和国成立以后的高等教育管理体制分为两个阶段：第一个阶段是条块分割的管理体制；第二个阶段是两级管理、以省为主的体制。

1．条块分割时期，高等教育财政来源根据"所属"确定

中华人民共和国成立初期实行高度集中的计划经济体制，中央按行业设置了许多相应的管理部门。为培养所需的人才，各管理部门设立了为本部门服务的高校，如原铁道部设立的交通大学和铁道学院等，根据行业发展计划培养所需要的人才。作为省级单位的地方政府，一方面按属地原则将建立于本地域内的部分高校划属本省（地）管理，另一方面按本地发展需要设立了其他地方性

高校。这样就形成了中央直接经办高校，中央各部门所属和地方所属的高校并存，中央各部门和地方政府分别承办和管理高等教育的格局。其中，中央各部门所属的高校称为"条"，地方所属的高校称为"块"。在这一管理体制下，管理者分别为自己所管辖的高等教育进行投资，不收学费，而且会提供大量助学金用于困难学生生活和书籍费用的补贴。教育经费列入国家预算，实行统一领导，中央、省（自治区、直辖市）、市、县分级管理，高校财政来源比较单一；毕业生的流向也相应较简单，或者进入了"对口行业"，或者在相应地区工作。同时，这些高校也分别向自己的主管部门提出科研计划，接受科研经费，进行相应的科学研究服务。①

条块分割的高等教育管理体制与当时的计划经济体制相适应：一方面，为各行业和地区培养了大量人才，进行了极富针对性的科学研究，促进了行业和地区经济社会的发展；另一方面，其弊端也比较明显，如学校缺少办学自主权、部门分割、重复建设和效率不高等一系列问题也随之而来。随着社会主义市场经济体制的建立，高等教育管理体制的改革也就成为必然。

2. 两级管理，以省为主，省级人民政府投资高等教育责任加大

根据《中华人民共和国教育法》《国务院关于〈中国教育改革与发展纲要〉的实施意见》《中华人民共和国高等教育法》《中共中央国务院关于深化教育改革，全面推进素质教育的决定》等法律、法规和文件的精神，中国于1993年开始按照"共建、调整、合作、合并"的方式，对高等教育管理体制进行改革，改革的主要目标是"由中央和省两级管理，以省统筹为主"，改革的重点牵涉高校布局及结构、中央与地方的职责分工、政府与学校的关系、事权与财权的划分等对中国高等教育发展有全局性影响的问题。

经过改革与调整，除中央所属部门高校外，中国高校形成了中央和省级人民政府两级管理、以省级人民政府管理为主的新体制，其中省级人民政府可以宏观调控和管理全省高等教育的规模、结构、布局，合理配置教育资源。2000年是自1993年高等教育管理体制改革和布局结构调整工作实施以来改革力度最大、调整学校最多的一年。通过合并，高校数量相应减少，一些省份重复单科性学校过多、办学规模效益不高的状况有很大改善，高校布局结构日趋合理。此后，经过多年的高等教育管理体制改革和布局结构调整，逐步解决了高

①陈健美.加强监督，提高效益——我国高校爱物管理的改革与创新研究［M］.沈阳：沈阳出版发行集团，2019.

校办学中存在的突出问题，调动了各地政府办学的积极性，实现了资源优化，扩大了规模，提高了质量和效益，增强了实力，高等学校的办学自主权也有所扩大，促进了高等教育的改革发展；两级管理是以省为主的管理体制，其主要特点有两个：一个是政府主导；另一个是根据事权与财权相统一的原则，高等教育财政资源配置位置中心下移，即在保障和促进高等教育发展方面，由省级政府承担更多的财政责任。

高等教育的财政管理体制与中国的财政管理体制也密切相关：中国于1994年实行了中央和地方的财政分税制，即通过明确政府间的职责、对地方财政的预算约束进行适当的财政分权。财政分权的实质在于中央政府和地方政府间职责和权力范围的划分，以避免信息的不对称，从而促进资源更有效的配置和社会福利的最大化。建立分税制的财政分权体制，在教育投入上调动了地方政府的积极性，推动了高等教育的持续、健康、快速发展。同时，在投资方面，各省级政府也确实将教育放在了优先发展的地位。2003—2005年，地方政府在教育事业的投入不仅连年增长，而且在总财政支出中始终占据第一位。

3. 我国高等教育成本分担形成

在各地政府重视教育投资的同时，中国高等教育财政来源也日趋多样化。这除了与中国多种所有制经济共同发展的经济体制相适应外，还主要与中国国民收入分配格局发生了变化、政府财政收入在国民生产总值中的比例相对减少以及家庭和企业所占的份额相对增加有极大关系。1993年颁布的《中国教育改革和发展纲要》也明确提出："要逐步建立以国家财政拨款为主，辅之以征收用于教育的税费、收取非义务教育阶段学生学杂费、校办产业收入、社会捐资集资和设立教育基金等多种渠道筹措教育经费的体制。"中国高等教育经费来源由单一渠道转向多种渠道，包括财政补助收入、事业收入、上级补助收入、附属单位上缴收入、经营收入和其他收入。

与高等教育财政来源多样化相伴的一个概念是教育成本分担。按"谁受益谁负担"的市场经济原则，举办高等教育的政府（国家）、学生（家庭）、社会各界均成为成本分担的主体。世界银行自20世纪60年代以来对教育收益率的研究表明，高等教育的个人收益率高于社会收益率，而且即使随着经济的发展、办学规模的扩大，高等教育个人收益率的下降依然是最缓慢的。当然，除此以外，高等教育还为个人带来社会地位、健康状况等方面的效应。美国教育经济学家布鲁斯·约翰斯通提出的高等教育成本分担理论则为高等教育成本分担提供了理论基础。在中国高等教育成本分担的诸多主体中，学生（家庭）所占的比例不断增加，成为除政府财政来源之外的主要高等教育财政来源。1994 年，中国高等院校开始实行招生"并轨"，将原来的公费生、自费生改成收费生。1996 年，中国规定高等教育学杂费水平不超过当年生均教育培养成本的 25%。到 2005 年，中国普通高校学费收入已占其总收入的 34.64%，表明学费收入已成为普通高校的一大财政收入来源。

不可否认，中国高等教育的成本分担政策对促进中国高等教育在财政紧缩情况下的健康持续发展发挥了重要作用，但其中个人分担教育成本的比例较大，也造成了家庭负担较重的问题，因此如何处理好个人成本分担与高等教育发展的关系成为亟待解决的新问题。

（二）我国高等教育的财政拨款体制

高等教育财政支出是备受关注的高等教育财政政策的另一个焦点。高等教育财政支出是指在高等教育财政保障体制责任划分明确的条件下，为保障高等教育事业的发展，以提高资源利用效率为目的，将人力、物力、财力等在高等教育事业不同环节上所进行的分配与使用，其核心是高等教育的财政拨款模式。高等教育财政支出，既包括宏观领域的支出，又包括微观领域，如高校内部的支出。接下来对宏观领域的支出进行简单的介绍。

中国高等教育财政拨款模式先后经历了"基数＋发展"和"综合定额＋专项补助"两个阶段。

1. "基数＋发展"拨款模式

该拨款模式以定员定额为基础，即按照机构规模的大小或事业的需要确定人员编制、房屋和设备标准等指标，以其上年经费所得额为基数确定当年的经费分配额。由于是以上年的支出结果为依据，并不以合理的成本分析为基础，故会导致单位成本越高的学校获得经费越多，因此不利于学校进行成本控制和提高经费的使用效率。

2. "综合定额＋专项补助"拨款模式

1986 年，"综合定额＋专项补助"的拨款模式开始实行。1986 年 10 月出台的《高等院校财务管理改革实施办法》规定："高等学校年度教育事业经费预算，由主管部门按照不同科类、不同层次学生的需要和学校所在地区的不同情况，结合国家财力的可能，按'综合定额加专项补助'的办法进行核定。"与之相应的，省属高校的财政拨款标准公式也大致相同。以标准普通本、专科生人数为主要拨款依据，并引进体现基本办学条件要求的生师比、生均教学行政用房、生均教学科研仪器设备值、生均图书、具有研究生学位的教师占专任教师的比例五个调控参数，以期使高校积极改善办学条件，扩大办学规模，提高办学效益和办学质量。

"综合定额＋专项补助"拨款模式的设计原理是将高校正常运营支出平均分摊到每个学生身上，按照学生在校人数进行补助。这种模式与"基数＋发展"模式相比是一种进步，体现公式拨款法的优点。该模式基于对高校的初步成本分析，一定程度上反映了高校的成本运行规律，在透明性和公正性方面均有明显进步。但是，这一模式在实施过程中也存在一些不足，具体表现在以下方面：

第一，单一公式拨款方式无法真实、准确地反映高等教育成本的变化规律，在教育资源十分有限的情况下，微观办学主体会产生低水平的不正当竞争行为。同时，因其仅以学生数作为单一的政策参数，忽略了拨款机制的多目标要求，不能体现多政策参数对高校办学行为的多重激励作用。

第二，该模式只考虑招生人数，不考虑实际培养成本、效益回报和高校学科专业特色，因此无法有效地实现政府拨款作为对高等教育发展宏观调控、实现政策目标的主要经济手段的功能，也不利于调动高校在投资日趋多元化的时代主动获取其他资源的积极性，甚至有可能使高校陷入无限扩大招生规模的循环怪圈。

由于两种财政拨款模式均有所局限，近年来财政部门也在寻求科学的拨款模式，并在现有拨款模式中引入公平与效率的原则，其目的是对财政资金使用的全过程进行监督，特别是做到事前监督。

20世纪90年代以后，中央财政增加了对高等教育的专项资金投入。为了切实发挥教育专项资金的宏观调控功能，原国家教委对专项资金实行项目管理。对项目的立项、论证与评估、执行和监督等全过程进行管理与跟踪，项目结束后通过中介评估机构对投入资金的使用方进行项目使用评估，有力地促进了资金效益目标的实现，包括"211"项目和"985"项目都采用此形式的拨款。

二、我国高等教育财政投入现状分析

2017 年 9 月，中共中央办公厅、国务院办公厅印发了《关于深化教育体制机制改革的意见》（以下简称《意见》）。这是我国党和政府关于当前和未来一段时间教育改革和发展的重要指导意见，在未来数年内具有"纲领"意义，也是重要的工作指南。

2012 年，我国财政性教育经费占 GDP 的比例历史性地达到了 4%，现已进入"后 4% 时代"。在《意见》中关于"4%"的表述是"保证国家财政性教育经费支出占国内生产总值比例一般不低于 4%"。

我国实际仍面临继续提高"4%"这一比例的压力。从国际比较的角度来看，很多处于中上收入水平的国家财政性教育经费支出都高于 4%。20 多年来，我国政府为实现这一目标进行了持续不断的艰苦努力，从一个相对较低的水平实现了"跃迁"。

李克强总理在 2016 年 6 月 27 日出席第十届夏季达沃斯论坛开幕式时表示，中国经济正处于新旧动能接续转换、经济转型升级的关键时期，必须从过度依赖自然资源向更多依靠人力资源和创新驱动转变。无论是从教育服务于经济增长、改善收入分配和社会治理角度，还是从教育系统自身改革发展的需要等角度看，都需要持续、稳定增加教育经费，这是毫无疑问的。正因为中国经济进入"新常态"（政府财政收入增速放缓），以及动能转换、转型升级在未来存在不确定性，所以，继续提高财政性教育经费占 GDP 的比例具有一定的挑战性。

需要强调的是，保持财政性教育经费持续、稳定增长首先有个严肃的法律问题，即"提高两个比例"和"三个增长"是《中华人民共和国教育法》规定的。依法提高"两个比例"、保证"三个增长"，是各级政府的法定义务。在投入机制部分，《意见》要求"确保一般公共预算教育支出逐年只增不减，确保按在校学生人数平均的一般公共预算教育支出逐年只增不减"。结合 10 年以来生均公用经费"基准定额"的确立和"定额基准"的一再提高，依法稳定增加教育财政性经费投入是明确和切实的。

2017 年 12 月 23 日，财政部部长向全国人大常务委员会作国务院关于国家财政教育资金分配和使用情况的报告。报告指出，将认真落实党中央、国务院决策部署和全国人大要求，坚持以人民为中心的发展思想，遵循教育规律，积极发挥财政职能作用，继续加大财政教育投入，坚持坚守底线、突出重点、完善制度、引导预期，坚持加大投入与推进改革、建立机制、加强管理、提高绩效相结合。

近年来，特别是党的十九大以来，按照党中央、国务院决策部署和全国人大有关要求，中央财政和地方财政把教育摆在优先发展的战略位置，健全完善教育投入机制，不断加大财政教育投入，优化教育经费结构，重点投入、优先保障，并强化资金使用管理，提高资金使用效益，支持教育事业优先发展取得显著成效。

《教育部国家统计局 财政部关于2017年全国教育经费执行情况统计公告》显示，2017年，全国教育经费总投入为42 562亿元，其中，国家财政性教育经费（主要包括一般公共预算安排的教育经费、政府性基金预算安排的教育经费、企业办学中的企业拨款、校办产业和社会服务收入用于教育的经费等）为34 207亿元，占国内生产总值比例为4.14%；2018年，全国教育经费总投入为46 143亿元，其中，国家财政性教育经费为36 995亿元，占国内生产总值比例为4.11%；2019年，全国教育经费总投入为50 178亿元，其中，国家财政性教育经费为40 046亿元，占国内生产总值比例为4.04%；2020年，全国教育经费总投入为53 033亿元，其中，国家财政性教育经费为42 908亿元，占国内生产总值比例为4.22%，占GDP比例自2012年以来连续9年保持在4%以上。

2017年，教育部对外发布了"双一流"建设的实施办法，这标志着继"211工程"和"985工程"后又一个以国字头命名的高等教育发展战略开始正式进入实施阶段。北京国家会计学院副院长王守军认为，在无法保障高速、大规模财政投入的情况下，高等教育投入机制由过去绝大多数高校经费依赖财政拨款，向引导资源投入多元化转型，是必然和不可避免的趋势。"双一流"高校要坚持办学特色，面向国家、社会、市场需要，争取社会各界的投入，政府应通过形成合理的学费价格体系、鼓励开放办学和国际化办学、引导科技成果转化等方式，鼓励高校收入来源多元化，以财政资金撬动社会投入、放大财政投入效果。与此同时，国家可尝试将资源配置的权力和责任下放给高校，以提高资源投入效率，鼓励高校不断积累资金以缓解资源投入压力。

第三节 基于时代发展的高校财务管理发展趋势

一、基于云平台的财务管理模式

（一）"云"信息管理系统是高校财务管理改革的必然趋势

中国高校的规模和层次大小不一，财务管理的水平、管理模式也各有侧重，虽然都实现了财务管理信息化，但大都停留在做账、信息输入、凭证与报表生成等初级功能上。统计分析部门之间的相关信息互通仍需人工查询、核实，远远没有达到信息系统提出的大数据、大融合这一目标，信息不对称问题较突出，资金投入使用和效益经常发生冲突，科研经费的使用与监督也存在机制方面的矛盾。高校财务部门与各部门及管理层、监督层之间信息沟通困难、不对称、不清晰，造成资金的浪费和监督审计的不及时以至缺位等问题。

随着高校的资金来源和收入渠道的逐渐增多，经费总量也在不断增大，支出和使用的政策越来越明细，监督部门监督的侧重面各有不同，现在各个高校所使用的财务管理系统不尽相同，给监督部门提供的数据类型更是五花八门，没有一个统一的统计口径及标准，为了给监督部门提供他们所需的资料，财务人员加班加点赶数据，大大增加了财务人员的工作量。

如今财务方面虽有海量的数据沉淀，但不能很好地开发利用，大数据的战略意义不在于数据信息的庞大，而在于对这些数据信息进行专业化的加工处理，使其增值，并通过不同的方法得出不同的分析结果，显现出它们之间的相关性和因果关系，使海量数据和信息通过有目的地再加工、分析、提炼，得到新的数据和信息，提高财务智能化分析能力。高校沉淀的数据和信息有关于历史的、现实的、模糊的、清晰的、结构性的和非结构性的，具有多样化的特点。对这些数据和信息需要从不同角度、不同层次进行分析，得出有生命力的新的数据和信息，这样不仅能提高财务决策的有效性和合理性，还对高校的发展改革具有极其重要的参考价值。

目前，各高校财务管理、资产管理、学生管理、人事管理、后勤管理等系统都是独立运行的，各家的数据、信息不能共享，没有统一的标准接口。这些数据信息不能进行有效及时的汇集整合，不能相互发生有效数据验证功能，不能分析全局性、综合性的数据信息，不能及时准确地反映实际情况。所以，建设基于"校园网"的高校智能化"云"信息管理体系势在必行。大数据"云计算""云财务"能对高校多年沉积的财务管理、资产管理、学生管理、人事管理、后勤管理等系统数据信息进行全面挖掘、分析，得出新的数据和信息，用于指导学校的财务管理和对学校整体发展规划提供方向性意见。

要达到此目的，必须打破数据信息存储的壁垒，建设智能化综合管理平台，通过科学的数据采集，进行有目的的智能分析，算出各项成本，为高校进行各方面有效的成本控制提供科学的决策依据和准确的数据支撑。

（二）高校"云"信息管理系统财务管理的基本模式

高校"云"信息管理系统是一个综合的计算机信息管理系统，是一个高度集成的跨部门、跨层级的数据平台，它包括人事管理、财务管理、基建管理、资产管理、学生管理、后勤管理、查询统计等模块。该系统利用"私有云"技术，在数据中心部署高校信息化综合管理平台，基于校园网的各高校使用统一的平台，平台同时也可以通过专网给教育厅、财政厅、人事厅、审计厅等外单位提供所需的数据，在各个高校部署校园"一卡通"、手机 APP 自助系统（学生版、教师版）来延伸前端数据采集功能，提供更全面的数据。

财务管理是高校信息化综合管理平台的重要组成模块，它与人事管理、资产管理、学生管理、后勤管理、基建管理有高度的耦合性，又具有独立性和很强的专业性，高校财务管理在"云"系统中有如下特点。

1．管理监督的实时性

高校在"云财务"管理模式下，管理层和监督层及财务数据使用者均可即时掌控财务运行情况，实时查阅财务数据，实时监督实时纠错，信息的同步和共享变得更加便捷高效。

2．操作的灵活与便捷性

"云财务"具有灵活的自定义功能和个性化的服务，完全可满足服务对象的各种需求，并能将会计核算、会计分录、报表等应用中具个性和变化的所有要素转化为会计软件中的自定义功效，可根据服务对象需求提供信息。

3．应用的无限制和低成本性

高校财务的全部数据和资源都存储在"私有云"中，财务工作人员可即时处理各类账务，不会受到时间和空间的限制，可减少硬件操作，节约运行购置和维护成本。同时，财务人员可从重复、单一的工作程序中解放出来，他们可以下基层为广大师生员工提供业务辅导和帮助，实现财务服务重心的下移，体现服务育人的宗旨。

4．数据的鲜活和决策支撑性

"云财务"可以提取人事、基建、资产、学生、后勤等数据，通过大数据分析为领导决策提供依据和数据支持，如基本支出与项目支出比重、预算执行率、人员流动比例、基建项目进度分析、学生缴费和学籍变动比例分析、各类贷款统计分析及跟踪情况等。

通过网络服务实现财务职能是未来高校财务管理工作的改革方向，基于云计算基础上的"云财务"是高校财务管理进程中一次革命性的飞跃。"云财务"既可以提升财务管理的效能，也可以将财务工作人员从现行烦琐的财务管理模式中解放出来，将传统的固定办公室变为互联网上的虚拟办公室，线上、线下远程办公，既方便又极大地提高了效能。随着计算机技术日新月异的进步，财务管理模式改革还将随着计算机科技的进步而改进和升级。

（三）高校实行"云财务"管理模式的难度与对策

1．领导重视，统一认识

高校实行"云财务"管理，不仅是财务管理模式的一次改进和升级，而且促进全校各个职能部门管理模式的改变，对高校整体管理和服务都将是一次革命性飞跃。

任何一种模式的变化或改革都会有其不确定性，加上计算机技术本身还尚不完善，把高校所有管理数据和信息提交云存储、进行云计算、实行云管理，它的保密性、安全性、可靠性让决策者和使用者有所顾虑。所以学习、研究、设计防范风险的预案需要周密、细致的前期准备工作。领导重视、上下统一认识是"云财务"管理模式的基础。

2．加强制度的适应性和一致性建设

各高校内部管理制度都存在各自为政的情形，财务、学生、资产、教务、后勤等部门的管理制度，大都各自成体系，相互之间的一致性不高。要建立全校性的数据信息、制度等统一的平台，进行云计算，必须相互融合及统一。各管理职能部门提交给信息平台的数据、信息、制度、规定、办法、流程等必须相一致，要统一标准，规范化建设。现行的保密和安全制度要按照云存储、云计算的特定要求进行相适应性修订。

3．防范风险，确保信息安全

"云财务"模式所有的数据信息"储存在云，程序应用在云"，如何保障云上财务数据信息的安全是"云财务"管理模式最让人顾虑的一个重要因素，也是高校不能大规模使用的重要原因。此外，计算机病毒以及黑客的恶意攻击都是令人担心顾虑的方面，也是必须强化管理和防范的方面。首先，在选择服务商时，应对服务商的规模、服务水平、价格和信誉等因素进行综合考察，应重点关注云服务的安全性、稳定性、可定制性、可扩展性以及技术支持，严格审查考核服务商安全管理措施和防护体系。其次，要充分结合密钥管理，数据库安全性、域安全性等技术对数据进行加密处理；利用虚拟机进行防护，构建虚拟安全网关。对信息操作人员要设置不同的权限以及权限的互相监控。同时，加强对操作人员的安全教育与培训，建立严格的安全管理制度。

4．加强软硬件的研发和投入

高校应加大软件的研发与硬件建设的投入，充分应用防火墙技术，定期升级病毒库，对于侵入专网的介质进行病毒处理，建立严格的安全、管理制度和维护体系，确保系统的安全。

5．加强人才队伍的建设

高校应提前引进储备"云财务"管理模式所需要的人才，同时培训现职财务工作人员。可以先招聘或培训几个骨干，然后带动指导大家在实践中学习提高"云财务"管理模式。新的管理模式对现行工作人员来说既是角色转型，也是知识、理念的一次飞跃式提升，要求具有财务、互联网、计算机等知识的全能型人才。要通过学习、培训使现职相关工作人员充分认识到"云财务"管理模式是云时代、计算机科技进步，给财务管理以及高校的整体管理带来的一次革命性的变革，对财务工作者是一次生产力的解放。

二、人工智能带来智能财务变革

在中国市场上，人工智能在管理领域的应用正处于探索期，但刚刚起步的人工智能，其基本特征和表现也为企业带来很多改变。未来，企业共享创新实践中很重要的一个就是人工智能应用，企业在构建共享服务中心时，就可以考虑引入这个技术手段。重复性高的基础工作正被计算机程序所取代，财务人员被解放出来，从事更有价值的管理活动，包括跟踪和研究市场上这些新的技术手段。

例如，在用友推出的财务云产品中，有很多智能化的产品，包括基于人工智能的一系列应用，其中很重要的功能有智能化的单据识别、票据验伪、认证抵扣等，这些已经有了很成熟的实践。人工智能将对票据进行自动识别，识别完毕后对票据上的关键字段进行自动锁定，查询其关键信息是否与已储存的信息相符；云产品和税务系统直联，单据扫描后人工智能将对程序进行自动调用，对票据真伪进行验证，并进行自动抵扣认证。过去，一名会计人员处理完一张单据需要花费比较长的时间，而在人工智能的系统里，只有单据采集的这个瞬间是需要人为干预的，整个过程的自动执行时间为 2～3 秒。3 秒后，会计人员就可以得到反馈结果。

人工智能应用的另一个重要功能是智能报账。在社会化连接下，财务的报销工作可以智能化展开，人工智能不仅能根据规定程序减少报账过程中的重复作业，自动完成凭证制作、结账关账以及智能查询报告，而且能依靠其深度学习能力，自动扩展对字段和业务特征的识别，扩大其作业范畴。只要是财务人员从事技术工作中有规律可循的，陆续都将由人工智能来完成或被人工智能取代。

人工智能的第三个重要功能是人机交互，包括语言交互，这也是未来智能财务的一个重要发展方向。

人工智能的这些功能发展将会伴随式地进入"财务云"及共享服务产品的方方面面，并不需要花费很高的代价和成本就可以使用。反过来，在搭建共享服务中心时，是否考虑人工智能的应用，所测算出来的共享中心人工成本、运营成本、管理成本，差异都是非常大的。

三、平台融合推动真正的业财融合

当所有的信息化应用都走到云端，社会化连接就变成了可以达成的事情。过去，财务部门需要应付银行、税务、工商等一系列的外部单位，财务人员需要计税、报税、向银行付款等，这些在云时代都可以通过厂商所提供的、与国家数字系统和银行服务系统直联的云产品来完成。在云时代，社会化研究让技术应用越来越广泛，这些很好地促进了财务转型升级，以及提高了财务工作的及时性和准确性。企业在工厂商的帮助下将前段业务系统通过中间的边缘系统对接到后面的财务系统，真正实现业务和财务的融合。

在过去所有的财务主管的印象中，财务系统包括总账、报表、应收应付、预算、资金等一体化的平台，业务系统是采购、销售、库存、生产等平台。现在，我们在搭建共享服务中心时产生了新的软件系统——综合合同管理平台，或者说合同信息共享平台，这是一个财务与业务融合的过渡信息平台。可以把前端的采购、销售、投资、工程、普通合同提取到合同管理平台上，在这个平台上，保留了与财务相关的所有合同的台账，同时在这个平台上完成合同的一些预警、付款状况的查询跟踪等，后续所有属于财务的付款、审计、发票处理等都和中间过渡系统链接，财务人员每付一笔款都可以查询到与之相关的付款信息，真正帮财务人员进行内控。

这只是科技创新对财务升级提供支持的一个例证。还可以使用依托软件平台的绩效管理系统、质量管理系统、与银行资金系统链接的收入集合系统、基于社会化研究的智能报账和商旅服务系统等。总之，财务 3.0 的时代，是云财务和智能财务的时代，中国企业将在技术创新的支持下，实现财务管理的不断升级换代。

第二章

高校财务困境的形成与应对

第一节　高校财务困境的形成原因

在我国高等教育大众化的历史背景下，我国高校掀起了扩招与合并的浪潮。高校招生人生的迅速增加，使得高校，不得不进行校舍的建设，造成学校的资金更加紧张。在资金紧张、政府拨款又不足的条件下，向银行贷款成了高校的无奈选择，由此产生了巨额负债本息问题，使得高校陷入更深的财务困境。因此，政府投入不足，高校扩招、合并以及负债运营，是高校陷入财务困境的主要原因。

一、高校财务困境的内涵

财务困境亦称"财务危机（Financial Distress or Financial Crisis）"。国内外众多学者都对财务困境进行过研究，有的以财务指标来判定主体是否会陷入财务困境，有的采用更广泛的概念，涵盖财务发生困难时的多种情况，包括破产（Bankruptcy）、失败（Failure）、无力偿还（Insolvency）和违约（Default）等。

财务困境和财务风险是既有区别又有紧密联系的两个问题。财务困境是财务风险累积后的直接结果。风险水平的大幅提高是导致财务困境发生的根源。同样，风险水平的下降预示着困境发生可能性的降低，而且风险严重程度与困境严重程度成正比。

图 2-1 中，中间一条横轴表明未能有效管理和化解财务风险水平，财务风险时时刻刻存在，当财务状况良好时，出现财务困境的概率很小，这时财务

风险也极小，在突发财务困境的前夕，出现困境的概率也最大。财务风险具有累积性，从而使得财务困境也往往具有突发性，当高校财务治理和财务管理领域存在深层次矛盾没有得到妥善解决时，会逐渐积淀成为潜伏的随时可能爆炸的"定时炸弹"。图 2-1 中，随着风险不断增大，高校财务健康程度是逐渐降低的，财务困境发生的概率随之增大，若这种风险达到高校所能承受的临界水平，就会危害高校正常运行，使高校陷入困境。

图 2-1　财务风险水平与财务困境的关系

二、高校财务困境的诱因

（一）高校财务困境产生的宏观背景

1. 高等教育大众化发展的相关理论

高校财务困境的历史背景是高等教育大众化。高等教育大众化是对高等教育发展阶段的描述，是高等教育发展到精英阶段后高等教育在规模、速度等方面发生的巨变及其所引起的在教育目标、结构、学术标准以及管理体制等方面的相应变化，是一个国家或地区为适龄青年提供的高等教育的普及程度。

1973 年，美国社会学家马丁·特罗在考察美国高等教育的量的扩大和质的变化后，提出高等教育发展的三阶段理论，该理论提出后，对世界各国高等教育的发展产生了深远影响。在马丁·特罗（1973）撰写的《从精英向大众高等教育转变中的问题》一文中，马丁·特罗提出了高等教育大众化的理论体系，以高等教育的毛入学率15% 以下、15% ～ 50%、50% 以上三个区间为界限，把高等教育发展进程划分为精英、大众和普及三个阶段，提出了高等教育发展的"三阶段论"与"模式论"，并从高等教育的规模、观念、功能等多个纬度，论述并分析了高等教育从"精英"向"大众""普及"发展过渡中所引发的一系列问题。

马丁·特罗的高等教育发展的三阶段理论一经提出就受到社会的普遍重视。从各国高等教育发展的历程来看，这一理论具有一定的准确性，符合特定时期高等教育发展的规律。但是，随着高等教育的进一步发展，许多国家出现了一些与马丁·特罗当初的预想并不完全吻合的发展。为了阐明新问题和修正自己的理论，马丁·特罗（1978）在《精英和大众高等教育：美国模式与欧洲现实》一文中补充、修正和说明了自己的一些新观点。从这之后，日本、韩国等国家相继走上了高等教育大众化之路，其发展模式又与美国、欧洲等有着明显的差异。于是，日本的一些学者又对马丁·特罗的理论做了进一步完善和发展。

马丁·特罗的三阶段理论属于描述性理论，他提出这一理论时，美国高等教育毛入学率正处于接近普及化水平的时期，欧洲许多国家的高等教育毛入学率也已经超过了15%这一大众化指标。因此，马丁·特罗的三阶段理论是建立在高等教育实践发展基础上的理论，是对高等教育发展历程中的规律所进行的总结；同时，这一理论是基于美国高等教育经验的总结，是对美国高等教育规律的分析。

马丁·特罗敏锐地发现"二战"后美国高等教育规模的扩张给社会带来的深刻影响，他认为每个国家的高等教育问题都应该与数量增长相联系，并体现在高等教育领域的每个方面。为此，他将高等教育系统内各种变化都与数量增长相联系，使数量的增长成为高等教育大众化理论的逻辑起点。

马丁·特罗认为，高等教育数量增长的三个方面增长率、绝对规模的增长、毛入学率的变化与高等教育领域的质变存在一定联系。马丁·特罗关于划分高等教育三阶段的数量标准也不是绝对的，这个划分标准没有任何数学工具的支撑，或者说没有统计学上的意义；它是他的一种想象和推断，是一种根据事实而进行的逻辑判定，是他根据自己从事高等教育的经验对当时世界高等教育发展形势的一种判定。数字并不是一个非常重要的因素，并不一定具有实际的意义，5%、15%和50%不是一个固定的区别标准。它们并不代表一个点，而是一个区间。你同样可以认为6%、7%属于精英教育阶段，也可以对大众化15%的标准进行新的划分（李从浩，2006）。马丁·特罗有关高等教育大众化理论不是一个目标理论，它是对已经发生的高等教育现象的一种描述，是对历史和现实高等教育的一个总结。

我国学者对我国高等教育大众化阶段产生的一些问题也展开了研究，并且形成了相关的理论成果。邬大光（2003）认为，大众化理论是对高等教育内部活动所发生变化的一种分析，高等教育大众化所引发的大学与社会外部关系的演变，是高等教育研究的另外一个问题，并非大众化理论的重点。顾明远（2001）根据发达国家大众化进程的经验以及我国高等教育的现实，提出了建立多元化的高等教育发展目标。这里的多元化可以理解为既包含结构、层次、办学主体的不同，又包含因满足不同需要所带来的专业、培养目标、教学方法与手段、管理制度、师资结构等的不同。

2. 外国实现高等教育大众化的主要模式

"二战"后，世界各国的高等教育迅猛发展，许多国家已经步入马丁·特罗所判断的高等教育大众化的数量门槛，部分国家甚至达到普及化程度，高等教育的规模迅速增长给各国的高校带来了严重的经费短缺问题。解决高等教育经费短缺问题大致形成了四种模式，分别是美国模式、西欧模式、亚洲及拉美模式、苏联和东欧社会主义转型国家模式（潘懋元，2007）。

（1）美国模式。

美国于1950年前后进入高等教育大众化，1990年前后进入普及化。美国高等教育从精英阶段迈向大众阶段是在1930年至1960年，公立和私立大学呈同步发展的态势。在进入大众化阶段的1960年以后，公立的两年制学院快速增长，在校生规模迅速扩大，呈现以公立院校扩张为主的特点，维持美国高等教育规模、实现持续扩张的融资政策体现为多元化特点。民间投入、各级政府拨款以及学校的各项自筹收入，构成了美国完善的高等教育融资体制。各级政府拨款和民间力量的投入为规模扩张提供经费，为美国高等教育大众化直至普及化提供了坚实的经济基础。

（2）西欧模式。

西欧国家高等教育大众化开始于20世纪70年代以前，从70年代中期开始，许多西欧国家高等教育的毛入学率徘徊在20% ～ 30%，都未能进入普及化阶段，这些国家的高等教育大众化主要依靠公立高校，以政府财政拨款为主，民间投入很少，大众化发展过程缓慢。西欧是传统的高福利国家，教育历来被认为是公共产品和政府的责任，高等学校长期实行免费教育政策。"二战"后，受经济高速发展的裨益和人力资本理论的影响，政府包揽了高等教育的几乎全部费用，公立高校在各国高等教育体系中处于绝对的主导地位，私立高等教育在整个高等教育支出的总份额中所占比重很小。

这种完全依靠政府投入作为主要经费来源的高等教育大众化发展模式，首要问题是高校经费不足，政府拨款额的增长始终跟不上学生数的增长，生均教育资源逐渐减少。同时，由于长期缺乏对民间自主办学的激励机制，部分国家高等教育在进入大众化发展阶段后发展缓慢，建立更适应市场需求的新型高等教育体系，是这些国家高等教育改革的重要目标。

（3）亚洲及拉美模式。

从 20 世纪 70 年代开始，在亚洲和拉美的一些国家实现了高等教育大众化的阶段，这主要得益于民办高校的蓬勃发展，以民间资源特别是学费作为主要经费来源。政府拨款以供给公立高校为主，公立高校适当收取学杂费作为补充；处于高等教育主体地位的民办高校主要依靠学杂费和募捐、基金维持，其中学杂费收入通常是最主要的经费来源。在政府财政拨款有限的情况下，通过收取学杂费和吸纳社会资金，较好地解决了高等教育规模扩张所造成的经费短缺问题；同时，通过私立高校间激烈的生存竞争，较好地满足了市场对高等教育的需求，形成了异质于欧洲传统大学的新高等教育体制。

这些国家和地区的公立和私立高等教育，普遍实行收费制，私立高等教育机构的经费的主要来源是学杂费。典型的代表是韩国和日本。

（4）苏联和东欧社会主义联转型国家模式。

苏联和东欧社会主义转型国家的高等教育大众化进程是以政治体制转型为界，前期主要依靠政府支持实现公立高校规模扩张，并在 20 世纪 80 年代中期达到了较高水平。转型后，各国开始积极扶持私立高等教育，借助民间资金，使高等教育得以快速发展。

在苏东转型国家中，在政治转型前，只有波兰和罗马尼亚有少量私立高校，而且在校学生较少。转型后，各国纷纷出台相关扶持私立学校的政策法规，鼓励创办私立高校，为高等教育找到了新的"发动机"，促进了私立高校的迅速发展。20 世纪末，波兰和罗马尼亚两国私立高校的学生数占全部在校生比重接近 30%。在 2004 年，俄罗斯私立高校学生占在校生总数的比重为 40.6%，保加利亚和匈牙利私立高校学生占在校生总数的比重也超过 14%。转型之前，苏联和东欧社会主义国家全都实行免费高等教育，政府是公立高校经费的最主要来源。转型后，由于经济发展缓慢，国家财政收入有限，高等教育经费不足，各国纷纷实行高校收费政策，允许公立和私立高校收取学费或者招收自费生。其中，俄罗斯高校自费生比例在 2000 年达到 51%；

2000 年，波兰私立高校收入的平均 98.5%、公立高校收入中的平均 24.4% 都来自学费。

3. 我国高等教育大众化进程

从 1998 年开始，中国高等教育通过连年扩招，完成了从精英型到大众化的历史跨越。我国高等教育大众化的进程是由政府主导的，大幅度扩大高校招生规模的主要原因是：

（1）我国持续高速发展的经济需要更多的专业化人才。

（2）人民群众普遍存在望子成龙、望女成凤的心态，渴望子女都能接受高等教育，教育部门有责任满足人民的这种需求。

（3）高校扩招可以推迟学生的就业时间，并且增加对教育的消费，能够拉动内需、带动相关产业发展。

（4）由于以往高校招生比例低、录取人数较少，考大学难，迫使中学集中力量备考高难度的考试，从而影响了素质教育的全面推行。

扩招的势头停止于 2006 年 5 月 10 日，由国务院做出决议："高等教育的发展要全面贯彻落实科学发展观，切实把重点放在提高质量上，适当控制招生增长幅度，相对稳定招生规模。这样做，有利于集中必要的财力，改善办学条件，优化育人环境；有利于集中精力，加快学科专业结构调整，深化人才培养方式改革；有利于逐步解决当前高校存在的矛盾和问题，特别是缓解高校毕业生就业的压力，从而实现高等教育的可持续发展。"根据上述决议，在 2006年，我国高等学校招生规模增长幅度控制在 5% 以内。

高等教育大众化理论本质上属于一种预警理论，是对高等教育的规模扩张之后，人们对此发生的各种变化的一种预警，也是对已经进入和将要进入高等教育大众化阶段国家的一种预警。这一理论试图解决三个方面的问题：

（1）寻找一种研究的途径，以便能够把高等教育发展中遇到的各种主要问题综合起来研究，而不是孤立地、彼此隔绝地看待这些问题。

（2）通过这综合研究，发现高等教育发展过程中内涵的规律。

（3）利用所发现的高等教育发展规律去预测、引导高等教育未来的发展，提早进行必要的准备或革新，以适应未来的发展变化。

马丁·特罗的三阶段理论的最大贡献在于改变了过去孤立地、片面地研究高等教育发展问题做法，通过系统地分析高等教育发展过程中出现的各种问题与数量变化之间的联系，探讨量变与质变的辩证关系，为研究高等教育发展问题提供了一种新的方法，为我们提炼出一些高等教育发展中的规律，为各国政府制定高等教育发展政策提供了重要参考依据；通过对大众化所引发的高等教育内部变化的描述和揭示，对将要或者刚实现高等教育大众化的国家起到预警的功能。

（二）高校财务困境形成的直接诱发因素

大众化扩招政策下基本建设大规模支出引致的资金短缺促成高校财务状况不理想，这一点在业界基本形成共识。扩招引发的全局性基本建设具有历史性特点，属于特定情况、特定时期的产物。对高校而言，由基建带来的投资风险和借款带来的筹资风险的叠加是财务风险形成的直接诱发因素。

1．大规模基本建设

大幅度扩大招生规模势必为高校带来巨大的资金需求，全国普通高校在校生规模从 1998 年的 360 万人增加到 2006 年的 1 800 万人，直接导致办学资源的全面紧张。根据北京大学高等教育科学研究所调查，2001 年大多数高校的各类物质资源已经处于不足状态，校舍方面更是历史欠账严重。十几年来，我国高校在办学规模迅速扩大的情况下，致力于扩充校园和改善办学条件。固定资产在大规模扩张的情况下，高校办学条件仍不能完全满足在校生人数的扩充。

2．基建拨款不足

在高等教育规模数倍扩张的过程中，国家基本建设投入和财政补助没有相应地跟进。据测算，为满足办学规模扩张后的基本办学需求，应该安排的基本建设投入约为 10 385 亿元，实际国家预算内基本建设投入（包括国债资金）仅 840 亿元，国家投入占实际需要百分比为约 8.09%。

高速扩张的基建需求如何解决？政府部门提出解决方案，如上海市教委规定："高校基本建设资金实行多渠道筹集和投融资体制改革，通过政府投资、学校自筹、银行贷款和社会企业投资教育等多渠道筹集建设资金。"上海市教委还提出："高校曾经无偿使用的国家拨款也改为政府投资，上海市政府对高校基建项目的资金支持，由拨款改为投资，以明晰投资人权益，提高投资效益。"可见，市场经济环境下的高校面临着基本建设投资严重不足的巨大压力和挑战。

3．银校合作推动

扩招后办学条件的"瓶颈"迅速转变成了资金"瓶颈"。在我国高等教育财政拨款不足、大幅度提高学费标准也不可能的情况下，发端于 1999 年的大众化教育后的基建资金短缺问题必须且只能通过举债解决。在巨大的资金需求下，向银行借款几乎成为高校唯一的选择，在高等教育规模急速扩张的时期，银行为高校的发展提供了巨大的支持。

仅从市场规则看，凭高校自身条件获得银行的贷款需要非常苛刻的条件，银行能不顾非营利组织的信贷资金投入不具增值性的风险而频频向高校伸出援助之手，充分体现了社会主义制度的特色，但要科学控制贷款规模，规避可能出现的风险。

从银行自身看，市场化运营的商业银行需要为大量沉淀的储蓄寻找增值途径。政府在迫切需要高等教育带来其作为准公共产品外部性的同时，由于高校筹资制度体系建设还不完善，只能在政策上支持高校利用银行贷款来进行解决。高校扩张引发的巨额资金需求以及还未完善的高校筹资制度体系，最终导致的都是高校资金管理的失调。

4. 高校负债运营

目前我国高校决策基本上是由校务会议或者校长办公会议决定，校领导的任命由教育主管部门进行，校长的任期结束之后并不一定能连任，因此存在决策行为的短期化的现象。

在我国，因为政府是高校潜在的担保人，高校所面临的还款风险比企业要小得多，这样高校自然是银行放贷的首选对象。在预算软约束和银行各种优惠条件的双重激励下，高校不仅将银行贷款当作解决高校发展资金不足的重要选择，而且由于在资金使用方面缺乏监督，最终导致资金投入产出比例失调，沉重的还本付息压力使很多高等学校陷入财务困境。

近年来导致高校产生贷款风险的影响因素很多，主要的制度原因是高校的预算软约束。对大学管理者的激励与监督、约束机制不健全，最终表现为预算的软约束，直到演变为大学的持续财务困境。

在我国，政府是公立高校唯一的投资者，高校的校长从学校项目开始时对资金需求规模并没有一个准确的预估，导致政府只能在项目开始后逐渐获得有关项目的可行性信息。这样由信息不充分导致的逆向选择行为就会发生，高校会积极争取获得政府投资。当政府发现原来的投资项目发生超额现象时，就会面临两种抉择：停止投资或继续追加投资。政府的行政目标是追求社会福利最大化，由于项目前期的投入已经发生，如果追加投资的边际社会收益大于边际社会成本，政府将继续追加投资。由此可以看出，单一的投资主体容易导致高校的预算约束软化。在政府投入有限的情况下，公立高校有强烈的动机去争取更多的银行贷款，造成资金的浪费。

5. 学费欠收对高校的影响

高等教育属于非义务教育阶段，为弥补公共办学经费的不足，学校依据国家有关规定，向学生收取学费。因此，高校办学经费除了政府的财政拨款，另一主要来源便是学生以成本分担形式缴纳的学费。高校的学费收入主要受学费标准的高低影响。我国经济虽然发展迅速，经济总量和人民收入水平不断提升，但由于客观因素和历史原因的影响，区域发展存在一定的差距。中国高等教育收费力求平衡，但由于区域发展的差异，收费水平仍然超出了部分居民的承受能力，特别是对广大偏远山区的学生来说，学费成为这类家庭的负担，部分考生因家庭无法筹集到充足的学费而失学。此外，近年来高校部分费用收取不合理，引起了社会极大反响。

因此，通过向受教育者增收学费来实现高等教育的规模扩张之路行不通，合理筹资已经成为高校科学发展的必然选择。

随着高校收费制度的改革，学费收入已经成为高校主要的资金来源之一，学生学费收取的多少直接影响到高校资金的流量、财务状况。近几年来，随着高校学生规模的不断扩大以及上大学个人交费比例逐年提高，高校出现拖欠学费的现象，这对高校的正常财务运转造成了影响。

6. 信息披露机制不健全

透明的财务信息披露制度是保护高校的利益相关者利益的必要前提。公立高校的管理者作为国有资产代理人承担受托责任，有义务向政府提供财务信息。同时，高校的投资者、捐赠者、校友等外部利益相关者需要随时了解学校财务状况；在高校内部治理结构中，教职工和学生参与学校管理和监督，也需要及时掌握学校财务信息。但是，在传统单一投资体制下的高校财务管理制度，其财务信息生产过程和披露上存在一定的缺陷。一方面，高校会计核算制度采用收付实现制而非权责发生制，不核算教育成本，许多基本财务信息，如不同专业的培养成本、固定资产的折旧等不准确或无法提供，增加了财务风险发生的概率，同时，也增加了内部利益相关人参与管理的难度；由于财务信息传输不畅，外部投资者对高校运营情况、资金使用效率等难以了解，对高校未来运营情况、投资决策是否理性等难以准确预期，从而增加了高校从民间融资的难度。另一方面，高校财务信息披露存在不对称的现象，高校主要面向政府而非所有的利益相关人披露信息，增加了高校从社会融资的难度，也导致校内监督难以发挥作用。同时，由于学费收入已成为高校重要的收入来源，学生是学校教育服务的主体，高校的财务信息披露也是对学生的一种负责。

第二节　高校财务困境的应对策略

高校治理是在大学利益主体多元化以及所有权与管理权分离的情况下，协调大学各利益相关者的相互关系，降低代理成本，提高办学效益的一系列制度安排。目前我国高校面临的许多财务风险都与高校治理不完善直接相关，完善高校治理是优化高校财务风险管理模式的必然要求。

作为公立高校的举办者和管理者，政府要为高校提供稳定的办学经费，并且要促进教育发展、规范教育活动、做好教育服务工作。同时，高校要构建良好的内部治理结构。

一、高校财务困境现状

（一）解决财务困境的迫切性

财务困境又称"财务危机"，是指会计主体履行义务时受阻，具体表现为流动性不足、权益不足、债务拖欠和资金不足四种形式（Carmichael，1972）。一般而言，当债权人的承诺无法实现或难以遵守时，就意味着财务困境的发生。近几年来，市场经济的发展使得我国高校财务管理环境发生变化，伴随着高校持续高速增长带来的繁荣，高校的建设性、发展性债务规模与日俱增，尤其是部分地方高校因过度举债等导致资金异常紧张，陷于难以应付的艰难境地。不少地方高校的财务已经面临收入难增、支出难压、收支难平、口子难填、工作难做的"五难境地"。目前，地方高校财务困境主要表现在：收支矛盾日益突出，资金调度异常紧张；赤字额不断增加，预算得不到平衡；负债额多面广，债务负担沉重。

（二）财务困境的主要矛盾

1．教育优先发展与教育投入不足的矛盾

国家提出教育优先发展，高等教育大众化已成必然，高等教育遇到"跨越式"发展的机遇。教育优先发展在高校规模上得到了显现，但是由于客观条件的限制，教育经费的投入并没有达到预期。其中，《中国教育改革和发展纲要》明确提出的"一个比例、三个增长"没有较好地执行。在连年扩招的情况下，地方高校生均教育经费支出和财政性公用经费支出却处于低增长甚至大幅下降之势。中央财政安排的教育经费支出主要用于重点项目和学科建设，部分用于划转地方高校和专项转移支付。地方因受经费总量、学校数量以及与中央共建部分高校等因素影响，地方高校面对高等教育大众化显得力不从心。虽然《中华人民共和国教育法》（以下简称《教育法》）明确了各级政府及其有关行政部门要优先安排学校基本建设的职责，但是自《教育法》颁布以来，虽然教育政策予以了积极的引导，但是由于区域经济发展水平和高校自身情况的差异，高校的财务收入并没有出现整体上涨的情况，部分高校甚至有所减少，这不得不引起我们的思考。

2．高校的发展速度与其承受能力的矛盾

20世纪90年代末期，在政府实施高校大规模扩大招生政策的指引下，我国高等教育的发展进入了一个数量上高速增长的时期。高校承受能力有限：一是师生比过高，其直接反映就是不少课堂的学生人数过多、大班课过多、任课教师中新任教师比例升高、代课现象增加等；二是生均教学用房及图书等教育资源出现下降，高校在物力方面的压力日趋加重。

3．高校"吃饭"与"建设"的矛盾

地方高校收入总量小、收入结构比较单一，尤其是自住房公积金、职工基本医疗保险政策实施以来，学校按政策应到位的人员经费资金缺口大。一些高校连基本工资、课时津贴等资金都出现了困难。地方高校办学条件虽然有了很大改善，但是与实际需要相比，还处于较低水平，特别是新开办的专业师资严重不足，实验设备十分短缺。事关学校发展的重点建设工程资金缺口也在加大。

4．"财务集权"与"财务分权"的矛盾

受传统思想的影响，许多高校习惯了"统一领导、集中管理"的财务管理体制，强调确保集中财力办大事。希望该体制能够在财务紧张的情况下，充分发挥积极作用，确保学校重点项目能够及时推进。但是，由于缺少相关的配套制度，造成各部门只用钱不理财，使得理财和事业管理脱节，财务管理者与财务使用主体产生了认识上的分歧。随着高校规模的扩大，一些地方高校学科、专业门类趋于齐全，资金流量快速增加，学校教育管理日趋细化，经济管理层面增多，财务关系复杂化，高校财务管理的内涵日益丰富和充实。由此，实行分级管理体制的优势日益显现，要求学校在下放办学自主权的同时，要把人、财、物尽可能下放到二级经费单位。

二、高校财务困境的应对措施

高校财务困境涉及政府对高等教育的要求，相应的经济及财政政策，经费供给的思路、结构、模式及导向，管理高校的模式和方法，以及高校自身的目标任务、经费来源、经费分配和使用，管理的制度、理念、方式方法乃至具体的办法等因素。目标任务超出经费供给，或经费使用超出经费供给，或制度、理念、管理方式方法与事业发展的目标不相适应等，都会导致财务风险的发生。应对困境就是要使高校自身的目标任务，经费来源，经费分配和使用，制度、理念、管理方式方法等相协调、相匹配、相一致，成为一个保障高校科学发展和运行的有机整体，确保高校运行的血液——"经费"得以顺畅地运行。

（一）完善经费筹措机制

资源投入是决定高等教育规模和质量的关键因素，保障投入是防范高校财务风险的基础和前提。随着全球范围内中等教育的普及和知识经济的兴起，人们对高等教育的需求急剧扩张，高等教育呈现由精英教育向大众化乃至普及化方向发展的势头，可以预计高等教育的毛入学率也将进一步攀升，由大众化向普及化发展。

1. 政府主导，多渠道筹措

政府对高校资金投入是十分必要的。首先，高等教育具有混合产品性质。社会产品按其受益范围来看，可以分为公共产品、混合产品和私人产品。公共产品是具有非竞争性和非排他性的产品。非竞争性是指消费者消费某产品时并不影响其他消费者从该产品中获得利益。非排他性是指消费者在产品消费中很难将其他消费者排除在该产品的消费利益之外。混合产品是在性质上介于公共产品与私人产品之间的产品。高等教育服务的产品属性为"准公共产品"，高等教育一方面具有竞争性，因为我国的高等教育规模是一定的，每年高校能录取的人数是有限的，一部分学生被高校录取，获得了接受高等教育的机会，另一部分学生就没有接受高等教育的机会；另一方面，高等教育还具有非排他性，即某一个人在享受高等教育时并不影响其他人从该产品中获得利益。对于混合产品，市场经济国家一般采用政府提供与市场提供相结合的方式。

其次，对高等教育投入是公共财政应尽的职责。高等教育是一国政治、经济、文化和军事发展的基础，高等教育的发展极大地影响社会其他事业的发展，一个国家的高等教育水平高、国民的道德思想水平、社会的法治化程度和稳定化程度都会得到很大提高，从而推动社会经济和谐发展。因此，高等教育具有很强的外部性。目前我国高等教育费用，占家庭收入的比例偏高，如果高等教育都由市场或私人提供，将使很多的学生因为无力负担学费而丧失接受高等教育的机会，这违背了教育公平的原则，所以虽然部分私立院校也可以为社会提供高等教育服务，但是就现阶段及未来较长的时期内来看，我国的高等教育还是应由政府举办为主。总之，公共财政对高等教育的投资是十分必要的，在公共财政财力允许的情况下，其经费投入也是多多益善。

虽然我国的高等教育财政投入规模大幅增加，其绝对量已经相当庞大，但是，面对我国社会公众对高等教育不断增加的需求以及高校规模不断扩大的现实，政府还需稳步加大对高等教育的财政投入。政府要提高教育经费占 GDP 的比重，要在 4% 的基础上进一步增加。同时，政府要提高高等教育财政性经费占高等教育总投入的比重，以保证高校能有充足的资金来满足正常的运转需求，并不断发展壮大。另外，政府可以采取一些间接财政投入方式。例如，优化与高等教育事业相关的税收优惠与减免政策、为社会资本进入高等教育领域提供便利与动力、完善银行助学贷款制度、鼓励设立社会捐赠基金等。政府要完善高校预算拨款制度，要改变传统的以在校学生数为基础来确定财政拨款金额的方法，要将各项财政经费等进一步细化为基本运行经费、专项经费和绩效拨款等，以促使高校更加注重财政拨款使用的效率，从而有利于体现财政拨款的宏观调控职能。政府要改变高等教育财政资源在东部、中部及西部分配失衡的现状，高等教育财政经费的地域分布要适当向中西部地区倾斜。

高校要建立起政府主导和多渠道筹措资金的经费筹措机制。目前，我国高校的经费来源主要是国家财政性教育经费、事业收入和其他收入等。在所有的收入来源中，除去财政拨款，都可以称为高校的"自筹收入"。由于我国高校数量众多，短时间之内要大幅度提高财政拨款的数量是不现实的，因此高校多渠道地筹措经费是降低财务风险的必然措施，高校要充分发挥自身的办学资源和科研优势，通过人才培养、科技成果转化、产学研合作等方式来吸纳资金、增加办学经费。首先，高校要以市场需求为导向，合理进行专业设置和人才培养，努力培养出社会需要的人才，提高高校的声誉，从而争取到更多社会资金的支持。其次，高校要争取科研项目，加速科技成果转化，通过对政府或其他社会组织提供高水平的决策咨询服务，加强产学研合作等获得更多的科研资金、科技成果转化收入和企业的投资等。再次，高校还要通过校办企业来增加资金来源，高校要充分发挥人力资源优势，通过兴办科技企业来为社会服务，同时可以为高校筹集更多的经费。最后，积极吸引社会捐赠，健全和完善社会支持的长效机制，多渠道汇聚资源，增强自我发展能力。同时，政府需要努力培植捐赠文化，完善鼓励捐赠的配套政策，在争取社会资源和拓展资金渠道方面取得更大的进展。

2. 财政投入的目标和原则

建立兼顾公平与效率的高等教育体制是世界各国政府追求的目标，也是各国大众化高等教育阶段所面临的共同难题。高等教育公平指的是社会成员在占有高等教育资源上的公正与平等，即通过资源配置的公平，实现社会成员在高等教育的入学、过程（即接受各种教育服务）和结果（即就业）三方面的机会均等。公平的教育资源配置应同时具备以下三个内涵：一是横向公平，即均等分配教育资源以保证辖区内所有学校和学生享受基本相同的教育设施和服务；二是纵向公平，即依据"谁受益，谁付款"原则，要求接受高等教育的社会成员直接承担一定的成本；三是实质公平，即通过资源配置中的调整和转移，对特殊社会群体，如少数民族、贫困学生和残疾学生予以适当支持。横向公平和实质公平由政府的高等教育财政政策及投入决定，纵向公平则是成本分担及补偿问题，与私人部门（主要是受教育者及其家庭）的投入有关。因此，高等教育的公平问题最终归结为公共部门和私人部门投入的总量和结构以及公共部门投入的分配问题。高等教育总投入越多、公共部门投入的分配越均等、公共部门投入对特殊群体的扶植力度越大，实现公平的可能性越大。

高等教育承担着实现公平的社会责任。教育公平是和教育资源的分配密切相关，教育资源是有限的，且在地区分布、学校分布、时间分布上具有不平衡性。教育资源的分配受到国家政策、社会意识形态、经济发展水平、教育人口的变化等主要因素的影响。学术界较为公认的教育资源分配的公平原则有以下五项：一是资源分配均等原则。这是一项起始性、横向性公平的原则，主要是保证同一地区、同一国家内对所有学校和学生实施基础教育财政公平。二是财政中立原则。这一原则指每个学生的公共教育经费开支上的差异不能与本学区的富裕程度相关。这项原则保证上一级政府能够通过对下级政府、学校不均等的财政拨款，克服所辖学区间、城乡间的教育经费差异，保证学生获得均等机会。三是调整特殊需要原则。对少数民族（种族）学生、偏远地区及居住地分散的学生、贫困学生、身心发育有障碍的学生，给予更多的关注和财政拨款。四是成本分担和成本补偿原则。遵循成本应该由所有获益者分担的原则，要求在非义务教育阶段，对学生收取一定的教育费用，并对部分学生采取推迟付费的办法，是一种纵向性公平。五是公共资源从富裕流向贫困的原则。这是现阶段学者们判断教育资源分配是否公平的最终标准，是教育财政公平的最高目标，也是实现教育机会均等的最根本的财政要求。

随着知识经济时代的到来，尽管各国政府均认识到人力资本投资，尤其是高端人才培养对经济增长和国家竞争优势的重要性，但在有限的财政预算约束下，高等教育供给与需求的矛盾日趋尖锐，于是人们开始关注高等教育的效率。高等教育效率是从产出角度衡量上述资源投入的收益，包括人才培养的数量和质量、科研成果的数量和质量、社会服务等。从静态来看，一国不同地区、不同高等教育机构单位投入的产出数量和质量及由此产生的社会和私人收益肯定存在差异；若以既有的效率决定当期的公共和私人投入，尽管可以实现短期社会和私人收益的最大化，但必定导致资源配置的不公平，这种不公平又会反过来扩大效率的差异，从而形成恶性循环，这便是效率与公平的冲突性。但是如果从动态来看，一国不同地区、不同高等教育机构当前投入，产出效率的差异或许正是过去资源配置不公平的结果；要实现未来的、长期的社会收益最大化，应该在不降低高效率院校投入的前提下，增加对低效率院校的投入，一旦此类高校效率相对提升，私人投入就会增加，从而形成良性互动，这便是公平与效率的共存性。

因此，如果从动态角度理解一国高等教育的公平和效率，政府在培育高等教育效率中的作用和地位不可替代，高等教育公共财政的增长及其向资源匮乏地区和高校倾斜、向弱势社会群体倾斜是增进长期效率和实现实质公平的关键所在。建立规范的高等教育财政转移支付制度是实现兼顾公平和效率的一项重要政策措施。为此，我们要完善财政转移支付制度，明确建立规范的政府间财政转移支付制度，以实现地方高等教育服务供给能力或水平的大体均等；逐步扩大均等化转移支付和与特定政策目标相联系的专项性转移支付的规模；完善专项性转移支付拨款，使项目的设置更科学、合理，成为国家在高等教育方面对地方政府加以引导和进行宏观调控的重要手段；转移支付制度应坚持公正性、规范性、公开性的原则等。

3．财政拨款的方式

当前各国高等教育财政政策促进公平和效率两大主要举措：一是成本分担下的学生资助，以实现公平；二是预算约束下的绩效拨款，以增进效率。在有限的教育财政预算约束下，政府对高等教育投入的增量有限，各国兼顾短期效率和长期效率的主要策略是改进拨款机制，采用绩效拨款，在提升高等院校投入效率的同时，使增量部分兼顾公平。

近年来，我国政府开始引入基于绩效导向的拨款方式，对一流大学建设起到了积极的促进作用，在提升高校办学质量和服务经济社会发展能力等方面发挥重要作用。同时，我们要充分注意到专项经费名目过多、交叉重复且占总经费比重过大而引起的问题，包括高等教育发展的同质化倾向、内涵式发展的导向不够，定额经费不足的同时专项经费大量结余，"吃饭"与"建设"的财政供给结构比例失调，这些问题倒过来反而影响了高等教育的整体绩效和高校财务运行的健康顺畅。这么多年的实践证明，"基本支出预算＋项目支出预算"（实务中亦称"定额拨款＋专项经费"）是相对合理和有效的财政经费分配方式。定额拨款就是所谓的公式法拨款，主要功能是保障高校的基本支出；专项经费就是项目拨款，体现着扶优、扶强、扶特的绩效导向和竞争法则，主要功能是保障专项建设任务。

当前的着力点，首先应该是进一步提高定额拨款占总体拨款的比例，提高定额的标准，确立生均定额拨款为主的财政经费分配基本模式，让高校能够有更大的经费统筹安排自主权和办出特色的资源配置基础。定额可以有高校分类和地区差异系数，但是定额差异也不能走进越分越细的死胡同。其次，专项拨款应采取更加开放的评审制度和更加严格的验收评价制度，专项经费的投入及成果应接受更加严格的公众及社会的监督与评判，更好体现公平公正竞争的原则。办学及管理改革绩效奖励专项应更多地与立德树人和提高质量等终极目标挂钩，并纳入学校可统筹安排的自主权内，该专项不必拘泥于专用的原则。专项经费立项要求的学校配套一定要审慎评估，权衡运用经费分配杠杆干预学校预算安排和保障学校自主权之间的利弊。总之，财政经费分配应进一步体现简政放权的导向，正确拿捏高校自主权与绩效导向的关系，重视社会各方对高等教育绩效评价的关注点及尺度，把握好"一要吃饭，二要建设"的财政经费安排的基本原则。

4. 民办高校及政府财政支持

反观西方发达国家所走过的高等教育大众化及普及化的发展道路，没有一个国家可以单独依靠国家财政举办清一色的公立大学来完成如此规模宏大的高等教育公共产品的供给，而私立大学及"民办官助"的形式被西方各国普遍采用。我国发展历程和国情与西方国家有所差别，私立大学制度并不适用于我国，但我们仍可以从这种办学方式中吸取有益的经验。

随着知识经济时代的到来，知识已经被公认为资本，现实社会中人们日益清晰地意识到个人缴费接受高等教育的收益明显高于投入的成本，人们愿意缴纳较高的学费接受更为优质的高等教育的意愿不断增强。同时，随着社会对"知识"的重新定义，专业分工日趋细化，实用主义思潮和就业导向强化等，"生物多样性"的法则在高等教育领域充分展示，不同层次、不同类型的高等教育展现了强劲的生命力。民办高等教育有着满足市场不同需求的天然敏感性和灵活性，与市场紧密结合的体制机制天然优势，可以较为充分地体现市场在资源配置上的重要作用。

我国民办高校发展的历史不长，规模有限，潜力和前景不小。我国民办高校在不同的发展时期，融资渠道呈现不同的特点，举办之初，一般是投资于教育的企业或个体股东将投资主要用于学校基础建设，而学费主要用于学校的经常性开支；在形成一定规模进入持续发展阶段后，衍生出教育股份公司或教育集团直接或间接参与投资民办高校，形成了一种新的民办高等教育融资方式。民办高校资金筹措存在的主要问题：一是经费渠道较为单一且不稳定，经过近30年的发展，80%以上的民办高校的80%以上的办学经费靠学费收入，不足部分靠银行或个人贷款；二是银行贷款渠道不畅且手续费昂贵，目前主要是流动资金贷款，大多是一年的短期商业性融资，缺乏西方发达国家私立高校惯用的或我国企业界惯用的其他融资手段，如信用贷款、发行债券、发行股票、资产证券化、投资实业、融资租赁以及投资基金的设立与运作等；三是社会捐赠制度不完善；四是如何在教育公益性与资本寻利性之间找到一个平衡支点，拓宽学校融资渠道，这将成为影响民办高校今后可持续发展的关键。

5．社会服务和捐资助学

随着高等教育与经济社会发展紧密度的不断增强，促进了世界各国的高等学校纷纷走出象牙塔，更多地担起社会责任，这已成为世界各国高等教育发展和社会发展的潮流。世界各国高等教育发展的实践也表明，科学研究、社会服务、产学研合作和社会捐赠逐步成为高等学校筹措经费的重要渠道之一。科研经费收入多寡通常由高校的职能定位或科研职能的强弱决定，也与政府的制度安排有密切关系。在美国，公立高校的绝大多数属于教学型，科研职能较弱，因此科研经费收入只能是经费来源的辅助渠道；而多数私立高校属于研究型，科研职能较强，因此科研经费收入是经费来源的主渠道或主渠道之一。在日本，国立高校的绝大多数属于科研教学并重型，因此科研经费收入是经费来源的主渠道之一；而多数私立高校属于教学型，因此科研经费收入只是辅助渠道。这一点与美国高校正好相反。

由于美国的高校率先确立了社会服务为大学的基本职能之一的办学理念，加之政府制度的相应安排，这项收入不论公立还是私立高校都是经费来源的主渠道之一。在日本，由于国立大学是政府的附属机构，并实施国立大学特别会计制度，加之长期形成的办学理念，该项收入仅为经费来源的辅助渠道；而私立高校由于没有或很少获得政府财政拨款，必须多渠道争取办学经费，该项收入是其经费来源的主渠道之一。

社会捐赠办学是美国独特的捐赠文化的体现，加上税收制度的积极鼓励，因此社会捐赠收入一直是私立高校经费来源的主渠道；而公立高校因为处于主渠道地位的政府财政拨款不断减少，开始与私立高校竞争社会捐赠，社会捐赠逐渐成为公立高校经费来源的主渠道之一。在日本，由于捐赠文化的相对缺失，同时政府管理国立大学方式导致了国立高校寻求捐赠的积极性不高，而私立高校因其社会声望普遍不高的因素，使得社会捐赠收入在国立和私立高校经费总收入占比小，均成为经费来源的辅助渠道。

要确保高等教育进一步发展的经费供给，除了需要依靠政府继续支持，各级各类高校都需要克服封闭式办学的思维惯性，夯实服务国家战略和社会发展的观念，以服务求支持，以贡献求发展，在服务经济社会发展中进一步拓宽经费筹措的渠道，扩大社会合作，积极吸引社会捐赠，健全和完善社会支持的长效机制，多渠道汇聚资源，增强自我发展能力。同时，政府需要努力培植捐赠文化，完善鼓励捐赠的配套政策，在争取社会资源和拓展资金渠道方面取得更大的进展。

（二）创新体制机制与理财理念

1. 高校要成为自我发展、自我约束、独立承担财务风险的责任主体

按照产权理论，公立高校的产权主体是国家，国家代表全体人民对高等教育资源行使权利，高校占有、使用高等教育资源，执行政府指令。但是，与国有企业相类似，高校是社会公共组织，肩负着为教育事业服务的使命，由政府代表人民对高校资产进行管理。

1999 年，政府做出了高校大规模扩招的决定，要在短时间之内大规模扩招，必然要求高校加大资金的投入，但由于政府财政投入有限，许多高校与银行合作，逐渐产生了债务，根据中国社会科学院发布的《2006 年：中国社会形势分析与预测》蓝皮书统计，2005 年我国公办高校的银行贷款总额达到了1500 亿～ 2000 亿元，几乎所有高校都有贷款，这导致很多高校承担了巨大的财务风险，因为还贷困难，有的高校被银行冻结了账户，有的高校不得不继续贷款，用以贷还贷的方式维持运转，有的高校卖地卖房还贷。针对高校资金使用安全问题，2002 年教育部、财政部联合下发了《关于清理检查直属高校资金往来情况，加强资金管理，确保资金安全的通知》，要求各高校加强资金安全管理，防范财务风险。之后，政府又不断出台了一系列通知、意见来限制高校过度贷款。最后，为化解财务危机，高校积极筹措资金偿还贷款，银行对高校到期贷款给予一定延期，政府对高校债务化解给予适当支持，中央财政安排专项资金化解中央高校债务，地方财政则对地方高校化解债务提供资金补助。许多学者对这次高校债务危机进行分析后认为，高校财务风险形成的制度根源就在于高校管理者主体意识缺失，由于高校承担了政府的高等教育的政策性任务，高校的决策者和管理者认为政府对高校的管理和发展负责，高校的贷款也是高等教育扩招的衍生品，负债是高校发展过程中必然产物。并且，由于政府缺乏对高校的贷款使用情况的监督、社会力量和市场力量对高校的参与度过低、高校的信息透明度低等原因，无法分清高校的巨额债务中哪些部分是因为扩招而产生的必不可少的正常的支出，哪些是因错误决策和盲目投资造成的资

金浪费。当高校无法承担巨额债务所带来的巨大财务风险时，最终只能由政府给予救助。从以上的分析可以看出，高校的财务风险的产生并不仅仅是高校内部管理制度的不完善，它的产生有其特殊的社会根源，主要表现为高校管理者主体意识的缺失，高校与政府的权责关系划分不明确，高校领导防范与控制财务风险的意愿比较低，缺乏责任意识和效率意识。因此，完善高校外部治理是控制高校财务风险的基本前提，只有高校真正成为自我发展、自我约束、独立承担财务风险的责任主体，高校才能积极采取措施管理财务风险。

2．政府对高校从直接行政控制为主到间接宏观调控为主

政府对高校的管理手段包括直接调控和间接调控，这两种手段都因市场失灵而产生。直接调控是直接干预高等教育的当事人的行为权，依靠强制性的行政手段。间接调控是不干预高等教育当事人的行为权，依靠非强制性的经济手段。在计划经济时代，政府通过行政手段来履行职责，高校在政府的统一领导下制定教育目标和发展规划，并且由于高校领导由政府考核和任免，高校缺乏自主管理的权力。在这样的基础上建立的高校财务管理系统必然是不完善的，高校财务管理的功能也大打折扣，造成高校的财务政策失误，带来财务风险。例如，有的高校的校领导在制定重大的投资和筹资决策时，对决策的科学性和可行性缺乏科学的论证和分析，通过行政手段制定决策，最终给高校带来经济损失等。因此，政府应该以间接调控为主，即主要运用立法、规划、拨款、信息服务和政策指导来对高校进行管理，以直接调控为辅。例如，政府可以通过制定有关法律法规来保护高等教育和高校的合法权益，实现依法治教和依法治校。政府也可通过经济手段来对高等教育进行宏观调控。例如，政府可以通过调整拨款政策和拨款金额等方式来影响高等教育的发展，通过对家庭贫困学生给予财政资助和助学贷款等措施来保障高等教育的公平等。

3．加强社会对高校治理的参与

《中华人民共和国高等教育法》提出："高等学校应当面向社会，依法自主办学，实行民主管理。"在高校的举办权上，政府不应是唯一的举办者，可以引入更多的办学主体。也就是说，政府要合理引导高等教育办学主体的发展，可以由社会和市场来承担部分高等学校的发展、经营。在高校经费的筹集中，我们可以借鉴国外高校的先进经验，引入更多的社会资金。例如，在美国，高校资金主要来自以联邦政府为主的财政拨款，但学生的学费、公司、基金会和私人的捐赠也成为重要的资金来源，其中高校科研经费的来源更趋于多

元化。众多的基金会和学术科研资助机构为科研人员提供科研资金，不仅保证了高校科研活动的正常开展，也保证了高校教师科研工作的学术独立性。另外，根据利益相关者理论，高校是一个典型的利益相关者组织，大学的利益相关者包括政府、教职工和学生等。高校要充分重视利益相关者的意愿，加强利益相关者对高校的监督，实现利益相关者对高校的共同治理。教师是高校的人力资本，也是在科研与教学方面最直接的利益相关者。让更多的教师参与高校治理非常重要，一方面，学校要为教师创造沟通交流的条件，了解教师对于管理与教学方面的想法与建议，减少由于信息沟通渠道不顺畅引起的摩擦，加强院系行政管理层与教师之间的信任；另一方面，学校要通过教职工代表大会进行民主协商，充分听取教师对于学术建设、内部管理的意见与建议。学生不仅是高校最庞大的群体，也是直接被管理的对象，他们对于学校管理存在的问题也会有深入的了解，但是目前学生参与高校治理的意愿低，因此高校要营造民主的文化氛围，构建学生参与治理的各种渠道，鼓励学生通过适当的途径来参与高校治理。

总之，高校要建立起既有利于高校自主经营，又有利于公众参与和社会监督的环境，改变目前政府对高校行政干预过多、过深的现状。防范高校财务风险是一项复杂的系统工程。高校财务运行健康与否及其风险状况，不仅与经费的供给状况与方式密切相关，而且与学校的目标定位、理财理念、体制机制等密切相关。因此，高校要确立绩效导向的理财理念，在扩大财源及经费投入的同时，开始重视资源的有效配置及利用，提升经费的使用效益。

（三）构建内部治理结构

良好的高校内部治理结构具有以下特征：

（1）权责分明，各司其职。高校设置有决策机构、执行机构和监督机构。各个机构的权利和职责都是明确的。高校的决策机构代表产权所有者对高校拥有最终的控制权和决策权；执行机构在高校章程和决策层的授权范围内行使职权，组织开展高校的日常教学科研活动；监督机构依法对决策机构行使职责时的行为进行监督；决策机构、监督机构和执行机构之间权责明确、相互制衡和相互协调。

（2）激励与制衡机制的有机结合。根据前面的分析可知，高校存在委托代理关系，由于委托人和代理人信息不对称，委托人可以通过一套激励机制，促使代理人采取适当的行为，最大限度地实现委托人所预期的目标。

（3）职工参与民主管理的途径扩大。在现代高校管理体制下，高校要通过选举教师代表参与高校管理的决策环节，行使决策权，参与到监事会的工作中，行使监督权。因此，在构建良好的高校内部治理结构方面，要注意下面几个方面。

1．实现决策－执行－监督三权制衡

目前我国实行的是"党委领导下的校长负责制"，党委是高校的最高权力机构和决策机构，主要负责高校的发展战略和重大事项决策；以校长为代表的行政系统负责实施党委决策；政府作为高校的出资者，有管理高等教育的义务，对高校的运行起到监督的作用。高校要建立决策、执行和监督三权分离及制衡的治理机制，即党委要保证高校各项活动的正确方向；行政管理部门要全面贯彻落实高校的各项政策，保证执行权力的正确行使；政府要对高校实施科学有效的监督，使党委和校长的权力在既定的轨道上运行。有效的三权制衡机制是高校内部控制良好实施的基础，只有在理顺了高校治理结构，明确了各部门权责的基础上，才能按照不相容职务、岗位互相分离的内部牵制原则，明确各岗位的职责权限，保证高校内部控制的良好实施，并提高效率。

2．重构内部治理权力体系，加强学术权力

我国高校的内部治理权力主要包括政治权力、行政权力与学术权力三种。政治权力源于政府，行政权力源于高校的行政管理层，学术权力则来自高校的教职工。三种权力并行反映了高校利益相关者共同参与治理的本质。但在现实运行中，政治权力常与行政权力结合，甚至政治权力通过行政权力表现出来。更值得注意的是，行政权力在三大权力中居于主导地位，对学术权力的干预尤为严重，教职工在高校治理中的权力受到约束。因此，加强高校内部控制的建设必须重构权力体系，提升学术权力的地位，回归大学治学的本质。高校要加强学术委员会的权威，凡是涉及高校的学科建设和学术事务的重大决策都应由学术委员会决策。为保障学术委员会学术权力的充分发挥，高校还要明确学术委员会各成员的工作职责，规范学术委员会的运行机制与程序，建立健全议事制度，保证决策的科学合理，改变部分高校行政权力膨胀、学术权力弱化的现状。同时，高校要提高职工在教职工代表大会、工会等重要会议上发挥重大事项决策的权力与学校活动的监督管理能力。

3．建立全面的约束与激励机制

约束和激励是高校治理与内部控制的两种基本手段。首先，为保证高校决策权行使的合理性和效率，避免出现决策失误，必须在高校治理的框架内解决以校长为代表的高层管理人员的控制和激励问题。其次，为保证高校的政策能得到彻底的贯彻与执行，防范经济业务执行过程中可能存在的损害高校资产安全和经济效益的行为发生，高校要在内部控制的框架下解决对校长以下的业务执行部门和岗位的控制和激励问题。高校的约束激励机制必须改变传统的平均分配主义，以"经济人"假设为前提，以教职工的收入、职称、职务评聘和发展机会为主要内容展开，坚持收入与个人的人力资本投入相联系，以个人贡献业绩定职称职务。另外，为充分发挥教职工的积极性和创造性，还可以综合运用多种激励机制，实现高校和教职工个人的利益一致，真正建立起适应高校特点和教职工需求的开放的激励体系。

4．成立内部控制建设领导小组

目前，考虑经济业务的熟悉程度，大多数高校都将内部控制建设的工作交给财务部、纪检监察部门或者审计部门负责。但事实上，内部控制的建设涉及高校的多个部门，财务会计等部门只能起到一个牵头的作用，因此高校领导层要加强内部控制的意识，高校党委要发挥在高校内部控制建设中的领导作用，校长要对内部控制的建立健全和有效实施直接负责。高校要成立由校长担任组长，财务处、国有资产管理处、基建处、科技处、招投标管理处等部门人员共同组成的内部控制建设领导小组，建立高校内部控制建设的组织体系。高校还要成立专门负责内部控制建设的职能部门，明确学校各类经济活动的业务流程，对各个环节存在的关键风险点进行分析，在此基础上建立学校的各项内部管理制度，有效运用不相容岗位分离、授权审批、预算、财产保护和会计控制等多种内部控制的基本方法，对学校层面和业务层面进行管理。高校内部的各个部门，如各学院、各管理部门等，都要明确其在内部控制建设、实施与监督检查中的职责权限以及单位内部控制建设、实施与监督的程序和要求。另外，高校还要对内部控制建设进行监督检查，定期编写高校风险评估报告，对高校内部控制的完善和有效性进行客观评价，并提出有针对性的完善建议。

5．高校要建立全覆盖式监督体系

高校要建立全覆盖的监督机制，以防止决策失误、行为失范和权利失控。

高校的监督体系主要包括行政监督、审计监督、业务监督、党内监督和民主监督。在高校治理结构上，高校一方面要明确各个权力机构的职权范围，建立议事规则和活动规则；另一方面，要充分发挥监察和审计机构的监督功能。在内部控制领域，高校要充分实现业务监督的作用，在现行管理模式下，任何一项业务环节发生异常，都会在相关业务中有所反映，业务监督是最为具体的一种监督形式。此外，高校还要充分实行党内监督和民主监督。党内监督的主要对象是高校的党员干部，监督对象的特定性决定了党内监督的指向性非常明确。民主监督是最具群众性基础的一种监督形式，监督主体多，体现了高校师生员工的利益诉求，高校要通过多种形式实现对权力的监督，以保障高校的健康发展。

（四）提高相关人员认识

1. 提高校长认识

校长对高校财务部门的地位和作用以及存在的风险必须有高度清醒的认识。

（1）作为学校管理的重要组成部分，学校财务部门应是宏观调控并参与决策的重要部门，而不是服务机构与学校领导的工具。在新形势下，高校财务职能部门不能再仅仅局限于传统的会计核算与记账功能，在为院系和其他部门提供更好的微观财务服务的同时，必须着眼于学校财务的长远发展，从宏观上考虑资源的筹划、资产的管理、资本的运营等重大财务事宜。作为一校之长，应确立财务管理在高校发展建设中的基础地位与调控功能，明确高校事业发展与财务管理的关系，把高校事业发展与财务管理统一起来。

（2）在现代市场经济条件下，高校应关注并引入风险管理，不能因忽视财务风险的存在而忽略风险管理。目前，相对部属重点高校来说，地方高校财务风险日益加大，主要表现在如下两点。

①过度举债发展带来的财务风险增加。一是将有限的资金投入到未来发展上；二是依赖于巨额的银行贷款，如果学校一旦投资失误或者效益低下，财务风险骤增，会严重地影响学校的长期发展。

②生源市场变化带来的财务风险增加。目前，我国的高等教育招生逐渐转变为买方市场，大多数地方高校将面临两难选择的尴尬局面：要么缩减招生计划，要么因降低标准而招不到理想学生。但办学规模既已形成，大批软件、硬

件设施已投入，缩减招生计划会造成资产的闲置、办学成本的增加，出现规模的不经济性；而招收的学生不理想，又会影响人才培养质量，对学校的形象产生负面影响，更难招到满意的学生。

2．提高财务人员认识

财务部门及财务人员对高校财务管理模式的变化及财务的职能必须有科学、全面的认识。

目前以"报账型"为主的财会工作模式严重滞后于高校改革，并与市场经济发展的要求不相适应，主要表现在以下四方面。

（1）财会工作基本停留在以核算为主的模式上，存在"重收入、轻支出，重项目、轻效益，重资金、轻物资，重购置、轻管理"的状况，形成了市场经济环境下财务的职能有所削弱的反常现象。

（2）财务管理目标不明且层次较低。在实际工作中，财务人员的任务就是按照领导的意见把钱用好，其管理仅停留在一般意义上的收拨、分配与使用资金；很多人对于在市场经济体制下高校财务管理"应该做什么和如何做"不甚了解，从而决定了财务管理是低层次的。

（3）财务人员管理意识淡薄，观念较陈旧，导致财务工作面临的压力和矛盾增加，出现财务管理职能难发挥的局面。

（4）不重视财务分析。许多高校财务对资金的结构、状态、支出结构、效益缺乏分析，以至于无法科学考核学校整体和各部门资金的使用效率。

3．提高教师认识

全体教职工对本校建设、改革和发展中财务所做的贡献和财务出现的问题，要有冷静、客观的评价。

如今，面对日益严峻的财务状况，有的高校的教职工由于老旧意识的影响，不能立刻适应，普遍存在着情绪，以至于对学校财务包括财务部门及人员存在不冷静、不客观的评价。一方面，面对日益严峻的财务状况，高校财务部门为学校的建设、改革和发展做出了积极贡献，发挥了巨大的调控和财力保证的作用；另一方面，作为一个综合职能部门，财务机构对于目前的财务困境也是有责任的。高校财务部门还存在着职能作用发挥不够、参与决策主动性不强、内部会计控制制度建设欠深入等方面的不足，尤其是在更新观念、参与资金运作发挥财务部门的职能作用方面要做的工作还很多。

4．提高社会公众认识

高等教育系统乃至全社会对高校的调整、扩招以及高等教育改革与发展所取得的成果要达成共识。

经过扩招，我国高等教育终于改变了它诞生百年以来的精英教育性质，进入国际公认的大众化阶段，不仅每年为数以百万计的青年学子提供了可能改变他们一生命运的圆梦机会，而且对我国从根本上促进社会公平，变人口大国为人力资源强国，增强总体竞争力，保证我国经济稳定、健康和持续的发展，实现建成小康社会、和谐社会和创新型社会的宏伟目标，具有重大战略意义。二十多年来，高校发展速度之快，办学规模之大，改革举措之多，教育惠民之广，已为社会瞩目和认可，高等教育改革与发展所取得的成果有目共睹。

第三章

高校预算管理及其创新研究

第一节　预算管理与高校预算管理

一、预算管理的概念

（一）全面预算的基本概念

全面预算就是在未来某一特定期间，以实现企业战略为目标，将收益计划、资金安排等按企业经济活动内容及相互关系有序排列，组成的有机整体，涵盖企业生产经营活动的各个方面，包括经营预算、投资预算、融资预算、财务预算四个模块。全面预算的"全"包含了三层含义：全口径；全过程；全范围。全口径指企业一切经济和业务活动都要纳入预算中来，服从于全面预算管理。全过程指预算管理不仅包括预算的编制与下达，更要通过预算的执行、分析、考核，真正发挥其对经营活动的指导作用。全范围指预算的目标层层分解，各个关键岗位和各层级相关工作人员都要参与其中。

（二）全面预算管理的概念

全面预算管理是企业的战略工具，是一整套的企业内部控制办法，是以全面预算为基础的动态资源配置观，是一种行之有效的组织规划工具，也是一种集系统化、战略化、开放式、人本主义为一体的现代企业管理体系。全面预算管理具有战略性、全面性、程序性、适应性的特点。能够将企业运行中的关键问题有效整合在同一个理论体系中，在管理中发挥战略规划、沟通协调、约束控制、考核激励的作用。全面预算的顺利实施必须依赖于领导的支持认可、完善的组织架构、扎实的基础工作、配套的培训激励，以及 ERP 的技术保障。

二、预算管理的特征

1．以财务管理体系为保障

预算管理通过财务管理提供的有效数据来进行预算管理的实施。通过对前一期工作的支出数据分析编制未来一段时间的数据预算，通过财务人员提供的数据、财务人员的观察以及所获数据的分析协助促进预算管理的有效实施。这一过程中财务人员提供信息的有效性程度影响着预算管理的可靠性高低，通过对具有参考作用的有效数据进行合理制定，并且对于制定的数据计划进行紧密的跟踪，确保收集数据的真实性，及时发现预算管理过程中存在的问题，进而及时解决。

显而易见，在预算管理整个过程的制定执行、合理控制实施及收取可靠信息结果中，财务管理体系起着十分重要的作用。

2．战略性

高校预算是为了促进高校有序健康发展而依据学校自身的发展前景以及发展目标而进行的合理规划，是高校进行管理活动的一种有效形式，它的主要作用就是对学校的可利用资源进行合理有效的组织运营。这种运行主要有三方面作用：第一，以高校的战略发展为目标进行规划；第二，通过合理有效的预算管理提高高校在战略发展过程中的有效支撑；第三，不同高等学校应结合自身情况、不同发展时期对预算管理进行合理的规划。

3．指导性

预算管理可以促进学校在发展过程中对资源的合理利用和整合规划，对高校的有序发展具有指导性作用。预算管理通过结合单位内部对于各项事业的发展情况，进行人、财、物三方面的有效结合。通过管理对预算进行编制，这种编制是以高校发展的管理目标为基础，促进各个因素的有效整合。在预算编制完成并得到确认后，应积极、严格、全过程执行。在这种预期即将结束时进行本年度预算的总结性回顾，总结不足及优点，为即将进行的下一阶段预算提供合理有效的指导作用，提高预算的准确性。

4．动态性

预算完成后应坚决执行，同时，在执行过程中应积极地采用动态化的管理形式，结合实际情况进行合理的变动，从而促进预算的时效性。如在进行有固定额度的财政预算时，实际过程中不可避免地会出现误差，这时可采用弹性预算的预防措施增加解决问题的广度，采用长期短期双结合的预算方式降低在实际过程中存在的风险。

5．约束性

在预算实施过程中避免对已制定的预算进行随意的、无约束的改动。在各部门强调预算管理不能随意更改的权威性，增加对预算管理更改的约束性，有利于提高预算管理的实施效率以及效果。

三、预算管理的基本内容

（一）全面预算的内容

全面预算包括特种决策预算、日常业务预算与财务预算。特种决策预算是指企业不经常发生的、需要根据特定决策临时编制的一次性预算，特种决策预算包括经营决策预算和投资决策预算两种类型。日常业务预算是指与企业日常经营活动直接相关的经营企业的各种预算。财务预算包括现金预算、财务费用预算、预计利润表、预计利润分配表和预计资产负债表等内容。

（二）全面预算管理的基本内容

1．预算编制

预算编制是以预算目标为依据，对预算总目标的分解、具体量化并下达给预算执行者的过程，是预算管理的起点，是基础性、关键性环节。预算编制宜采用自上而下、自下而上、上下结合的编制方法。

2．预算内容

预算内容要以营业收入、成本费用、现金流量为重点。营业收入预算是全面预算管理的中枢环节，它上承市场调查与预测，下启企业在整个预算期的经营活动计划。预算是否得当关系到整个预算的合理性和可行性。

成本费用预算是预算支出的重点，在收入一定的情况下，成本费用是决定企业经济效益高低的关键因素；制造成本和期间费用的控制也是企业管理的基本功，可以反映出企业管理的水平。现金流量预算则是企业在预算期内全部经营活动和谐运行的保证，否则整个预算管理将是无米之炊。

3．预算管理

预算管理工作要建立单位、部门行政主要负责人责任制。开展全面预算管理，是企业强化经营管理，增强竞争力，提高经济效益的一项长期任务。推行全面预算管理必须切实抓好"四个结合"。

（1）要与实行现金收支两条线管理相结合。

（2）要同深化目标成本管理相结合。

（3）要同落实管理制度、提高预算的控制和约束力相结合。

（4）要同企业经营者和职工的经济利益相结合。

4．预算的执行和分析

预算执行就是调动各级预算责任人的积极性、创造性，强化责任意识，并调动各项经济资源，通过人的主动性努力完成预算目标。它是预算的具体实施，是预算控制的核心环节。

预算经费是预算管理委员会审批后下发执行的，各责任中心必须严格按照预算管理的要求执行预算，控制生产经营全过程；预算的执行要求各执行主体对生产经营过程进行真实完整准确的计量、记录；对预算执行主体建立预算激励和预算约束机制，自觉地在预算的约束下开展经营活动。

5．预算的监督

有力的监督是有效执行的重要保证。预算控制部门应通过日常运营信息和动态管理分析对预算的执行情况进行跟踪监督，并提出有关战略管理等方面的意见和建议。

6．预算的调控

预算的灵活性体现在预算面向未来，在执行过程中不可避免地要进行调整。调整的原则是对个别预算项目进行微调，只对预算执行过程中重大变化进行最低程度的调整，并实施监控，使其调整在不影响预算总体目标下适应当前情况。

7．预算的考评与激励

通过预算执行情况与预算目标之间的预算差异分析，掌握进度和状况，及时纠偏补漏，兑现奖惩，为下一步预算调整、加强全面预算管理的科学性奠定基础。

四、高校预算管理的科学内涵

（一）高校预算管理的定义

《高等学校财务制度》中将高校预算定义为："高校预算是由收入预算和支出预算组成的，是高等学校根据事业发展目标和计划编制的年度财务收支计划，是高校在近阶段发展和规划的体现。"高校预算管理是学校各二级单位日常部门收入、支出的主要依据，是高校资源分配的具体体现，也是学校规模和发展动态的货币反映。

高校预算管理是财务管理的重要内容，主要由收入预算及支出预算两个重要部分构成。预算管理贯穿高校财务活动的全过程，包括预算编制、预算执行、预算控制、预算评价四个环节。通过预算编制，明确工作目标；通过预算执行和预算控制，逐步实现并优化工作目标；通过预算评价，分析成果和目标之间的差距，为未来预算的编制提供信息。

（二）高校预算管理的分类

1. 根据内容划分

根据内容将高校预算管理划分为收入预算管理和支出预算管理。

收入预算管理指高校对年度内各种形式及渠道可能取得的，可用于进行教学、科研及其他活动的非偿还性资金的收入计划及其管理，具体包括上级补助收入、财政补助收入、教育事业收入、科研事业收入、经营收入、附属单位上缴收入和其他收入预算管理。收入预算管理是完成高校事业项目计划的保证，体现了高校经费来源结构。

支出预算管理指高校对年度内用于开展教学、科研及其他活动的支出计划及其管理，具体包括事业支出、经营支出、对附属单位补助支出、上缴上级支出和其他支出预算管理。支出预算管理反映了高校的资金规模、发展方向和发展力量。

收入预算管理和支出预算管理两者互相依存，共同组成学校的预算管理。

2. 根据范围划分

根据范围将高校预算管理划分为校级预算管理和所属各级预算管理。

校级预算管理指高校除国家和地方政府拨付的基本建设资金和独立核算的

校办产业经营支出以外的全部资金收支计划及其管理。校级预算管理的核算直接反映学校预算收支执行情况。

所属各级预算管理指包含于校级预算之内的，由学校下属各级非独立核算单位及部门编制，或具有特定用途的项目资金收支计划及其管理。它包含学校所属各级非独立核算单位或部门的预算管理和具有特定用途项目资金的收支计划管理，如科研项目经费预算管理、捐赠收入预算管理。

（三）高校预算管理的职能

随着预算管理理论的不断发展，预算管理的实践也得到进一步的深化和完善，当前高校预算管理的职能主要有以下三个方面。

1．规划职能

预算管理以学校管理者对高校的发展预测为基础，预测能够反映高校事业的发展规划。预算的编制使高校的规划成为计划，并通过预算的执行得以实现，这体现了预算管理的规划职能。

2．协调职能

预算管理的协调职能主要体现在以下三个方面。

（1）要实现预算总目标，各个部门的预算及其所属的其他分支预算之间必须相互协调、配合密切。

（2）预算将各部门联结在一起，合理配置资源，使高校利用有限的资源获得最大的经济效益。

（3）高校需要及时调整各项事务安排以适应外界环境的变化，以便更好地执行预算。

3．控制职能

在预算管理过程中，控制职能作为基本职能链接整个管理过程。预算编制属于事前控制，预算执行属于事中控制，预算差异的分析属于事后控制。

（四）高校预算管理的作用

1．提高资源配置效率

预算可以将高校的目标、行动方法和策略细化，在实际工作中按照提前预算的轨迹执行，达到期望效果，预算管理向资源配置提出要求，必须优化高校的资源配置，进而提高资源配置效率。例如，将高校的经费来源分为财政拨款和自筹，高校对这部分经费进行初次资源配置决策，下发到各院系、各部门则可以进行二次资源配置决策，优化改善二次资源配置，可以提高初次资源配置效率。高校的资源有限，有重有轻、公平合理的资源配置，可以让高校发展达到事半功倍的效果。

2．合理控制财务风险

高校为了保证教学活动的正常进行，需要对所耗费的物化劳动和活劳动的价值进行核算，计算出高校运行成本，并作为价值补偿的依据。随着高校逐渐成为独立的主体，高校也面临诸多风险，其中对高校影响最大的是财务风险，如高校过度负债问题。高校为了谋求发展，适度举债以更好地使用资金，解决资金周转不灵的困境，但是如果预算控制不当，造成高校过度举债，就会给学校带来财务危机，影响高校的正常发展。

因此，必要的预算评价指标可以考核和评价高校的财务发展潜力，衡量高校的负债和风险承受能力。在真实可靠的核算基础上对高校财务运行边界进行预报，从而避免或者降低高校财务风险。以绩效管理作为高校预算管理的约束激励手段能使预算执行部门做好计划，用量化和非量化手段实现资源约束与高校发展目标的动态平衡，避免盲目发展给学校带来经营风险和财务风险。

（五）高校预算管理的特征

1．资金来源逐渐多元化

一直以来，我国高校的经费来源基本是靠国家财政拨款，经费的使用在一定程度上受到了限制，编制预算时也必须按照上级部门下达的标准来做，因而各部门也只能接受学校的各项预算任务。随着高校管理模式得到改进，高校经费缴纳渠道也出现了改变，不再单一地依靠财政拨款，而是形成了以政府拨款为主，多种渠道筹措资金的模式。目前，虽然高校收入还是以财政拨款为主，但是也有学生学费、住宿费、考试收费等行政事业性收入、科研收入、校办企业创收及社会培训收入等多元化收入来源，高校收入也得到了很大程度的增加。

2．财务风险增大

高等教育的改革给高校带来的不仅是机遇，同时也存在许多挑战。高校为了寻求自身的发展，扩大招生规模、扩建校园、增添教学设备等，这些举措都需要资金的支持，但是高校的收入来源相对是有限的，为了抓住机遇寻求发展，很多高校都选择了向银行贷款。资金的问题虽然得到了解决，但是负债运行这种发展模式也给学校财务增加了许多风险。高校每年需要支出的利息就是一笔不小的数目，而高校目前对资金的需求还是很大的，收入却比较有限，还款能力有限。长期的利息支出给学校的财务带来的负担是显而易见的，因此预算管理必须降低逐年增加的财务风险。

3．预算更加注重绩效

高校的运作不以营利为目的，并且有国家补助和学费等收入支持，且不太注重教育成本的核算。随着高校财务管理的不断发展和完善，管理者也逐渐认识到办学收益的重要性，逐渐开始注重对成本的核算。高校一直在绩效方面的考评都不注重，体现在考核过程中就是缺少明确的标准，没有规范的考核方法，导致资金使用效益不高，因此今后在实施预算管理时，应更注重绩效考评。

（六）高校预算管理的原则

高校预算管理总体上应当遵循"量入为出、收支平衡"的原则，收入预算上坚持"积极稳妥"的原则，支出预算上坚持"统筹兼顾、保证重点、勤俭节约"的原则。

（1）预算管理总体上贯彻"量入为出、收支平衡"的原则。"量入为出、收支平衡"是预算管理中收支预算的基本要求，"效率优先，兼顾公平"是预算管理中合理分配预算资源的依据和标准。学校预算资源的安排在效率优先原则的基础上，还要兼顾公平，在预算分配过程中必须立足于全局考虑。

（2）收入预算坚持"积极稳妥"的原则。抓住当前教育发展的有利时机，挖掘潜力，积极拓展资金来源，增加收入。预算编制时，按照相关规定将学校所有收入列入预算，不遗漏，也不高估，并且充分考虑影响收入的各项因素，做到不漏算、不重复，贯彻"积极稳妥"的原则，做到收入预算项目明确、数字准确。

（3）支出预算坚持"统筹兼顾、保证重点、勤俭节约"的原则。高校支出预算以收入为基础，必须量力而行，不能超出学校的综合财力编制赤字预算。编制的每个预算项目数据要有客观依据，要充分体现学校的办学方向和各学科差异，适应学校未来发展需要。在一切从实际出发，厉行节约、勤俭办事的前提下，分清主次、统筹兼顾、保证重点、合理地安排使用各项资金，发挥资金的最大使用效益。

五、我国高校预算管理的先进经验[①]

我国高校预算管理起步较晚，缺乏具有全方位覆盖性的优秀案例。但这并不妨碍各高校在预算管理各个环节呈现出闪光点。

（一）我国部分高校预算机构设置情况

从预算管理的机构设置上来看，上海交通大学走在了全国高校的前列。我国绝大部分高校，预算、决算管理的全过程都由"预算管理科室"负责，预算科归属于财务部门的管理之下。

而上海交通大学的计划财务处在设置了"计划管理科"，负责预算管理的同时，还设置了"财务分析科"负责决算及数据分析。预算、决算职责分离，对保证预算编制的客观性、督促预算执行，起到了良好的促进作用。同时，有利于决策真正发挥辅助高校决策的优势。并且，该校还单独设置了稽核科，加强财务内部控制，规避风险。

在机构、岗位设置职责相分离方面，中山大学做得比上海交通大学更进一步。2017年上半年，经过调研考察、分析酝酿，中山大学引进了美国高校预算管理的先进经验，对校内财务机构进行了改革，将原来的"财务与国资管理处"拆分为三个不同的机关处室——财务与国资管理处、预算管理办公室、核算中心。

这一改革实现了制度制定与执行相分离、业务处理与管理相分离的目的。"财务与国资管理处"主要负责制度的制定与管理；"核算中心"主要负责各类核算业务的开展，即制度的执行；"预算管理办公室"不再受制于财务部门，成为独立机构，主要负责预算的编制、执行进度管理、预算控制管理等，保证了预算管理的独立性、权威性，为预算的贯彻执行力度提供了可靠保证。

（二）我国部分高校预算管理信息系统使用情况

上海交通大学与上海复旦天翼计算机有限公司长期合作，对财务系统进行

---

① 邱向英.高校预算管理模式创新研究［M］.北京：中国纺织出版社，2021.

了嵌入式开发，度身定制了全面预算管理系统，大幅提高了预算管理的工作效率，提升了管理水平。该校信息化程度高，工作效率卓越，是高校财务管理中的翘楚。

重庆大学、西南大学、北京邮电大学、大连理工大学等均已开始使用预算管理系统辅助预算的编制与管理。部分学校由于科研管理系统与财务信息系统开发公司不一致，导致项目模板不能对接，通过使用"中间库对照表"等方式解决问题。

总体来说，我国高校预算管理信息系统使用情况不理想。部分高校没有使用信息系统或正在着手准备使用信息系统。已使用信息系统的高校，能像上海交通大学一样，根据自身需求量体裁衣定制软件的少之又少。大部分是购买已有的软件成品进行接口改造，普遍存在不兼容、不匹配、用户使用体验差等问题。

（三）我国部分高校预算的编制和执行

具体到预算编制方面，大连海事大学在对历史数据的发掘利用方面堪称优秀。在编制本年预算时，一定要分析对比往年预、决算的数据，从中吸取有益的经验，形成当年预算。

对于校内预算拨款，华南理工大学在安排预算时，将校内预算分成两部分：一部分是公用经费；另一部分是项目经费。学校在向学院、机关部处和直属单位分配经费时，根据各单位的年度事业计划，对公有经费实行定员定额管理，将水电费、通信费、印刷费和房屋使用费等经费定额划拨给学院、机关部处和直属单位，经费包干，结余留用。促使各学院部门将有限的经费用于教学、科研等刀刃上，最大限度地减少浪费。

对于经费审批，大连海事大学、大连理工大学两所高校均采用以下流程：日常经费由相关业务部门填报预算，后经财务审批；非日常经费、专项经费、新增项目由校内专家评审。

对于预算执行过程中，收到专项拨款追加预算的处理：大连海事大学采取了年初预估，到账时分配的方法；大连理工大学则是根据拨款文件，先开通赤字，实际到账时增加预算；北京理工大学全部需要报校长办公会审议；北京邮电大学凭相关文件直接进行追加。对于校内预算评审，大连海事大学的流程为：相关业务部门申报，财务处组织会签，部门座谈进行评审，批复意见。大连理工大学的预算评审须报送至校长办公会；山东大学和国家海洋大学的项目评审由分管校领导主持负责，向校长、书记汇报，最后将评审结果送呈党委常委会。

为督促预算执行进度，切实关注预算执行效果，山东大学与各相关职能部门签订预算执行责任状，每个月将预算执行情况简报呈报给校领导审阅。

（四）我国高校预算管理情况总结

总体来说，我国高校的预算管理还比较落后。从高校外部来看，由于政府拨款方式等问题，校内预算与部门预算脱节——预算"两张皮"。从高校内部看，存在预算编制不科学、执行缺乏监管、评价缺乏体系、观念因循守旧、体制机构不健全五大问题。

从对各高校的调研情况可以看出，在把握大方向不触政策红线的前提下，各高校对具体细节事务的处理千差万别。以前面提到的校内预算评审为例：需不需要做评审，请谁来做评审，由谁来组织，批复至哪个级别，汇报到哪个层次，等等，各所高校的处理方式似乎相似，但细节上又不尽相同，缺乏规范、标准的操作流程。

很多可以通过各高校之间相互交流解决的业务问题，由于高校财务长期以来的封闭性、保密决策等自身的特殊校情，难以直接取长补短。在预算执行、调整、评价监督方面，各高校能学习分享的经验都十分有限。部分高校本着"宁紧勿松、刚性执纪"的方针来管理预算，虽然极大地避免了风险和错误，却又不够人性化，打击了各学院的积极性。

受到体制、社会、历史等宏观因素的影响，我国高校对预算管理所做的各种探索都趋于保守。财政部下发的变革力度较强的文件，往往要几年时间才能推动。

部分高校持观望态度，满足于在兄弟院校成功实施之后才开始着手调研考察，看是否有相关经验可供借鉴学习。甚至宁愿几年后，审计出了问题，事后一次性补齐多年缺失的手续，宁愿让全校相关人员都叫苦不迭，也不愿意做"第一个吃螃蟹的人"。

鉴于此，对于我国高校为预算管理所做的各种努力和尝试，应该更加包容，以鼓励为主。

第二节　高校预算管理的基本流程

一、高校预算流程构成

高校预算流程是高校预算的编制、监督、考核等工作在各部门与环节之间流转、传递、衔接、汇总等工作的设计、规划、组织、实施的过程。高校的预算流程可以分为两部分。

（一）部门预算

部门预算是指向上级主管部门（即财政部）报送的预算，又名学校预算。按照财政部的要求，"一个部门一本预算"。"部门"是指与财政发生直接资金领取和下拨关系的预算单位。部门预算实行"收支两条线"，根据财政部"二上二下"的部门预算编制要求和教育部规定，编制学校对外的年度财务收支计划，包括收入预算和支出预算。

（二）校内预算

校内预算是指用于规范校内管理、满足校内整体规划要求的预算。将上级主管部门批复的部门预算进行分解，形成对内的经费开支年度计划。校内预算是部门预算中的一环，与部门预算在收支口径上必须保持一致。改革后的部门预算应包含三个层次：第一层，部门三年滚动规划；第二层，年度预算；第三层，项目储备库。以三年滚动规划为牵引，指导年度预算的编制和项目储备库的建设；以年度预算为中流砥柱，连通三年滚动规划和项目储备库；以项目储备库为基础，推动年度预算和三年滚动规划。

"一上"指各部门按照年度部门预算编制要求，填报基础信息数据库、规范津贴补贴经费测算相关数据对备选项目进行排序，择优编报项目支出预算充分预计项目支出结转资金；报送项目支出定额标准建设情况；确定绩效评价试点内容，编制新增资产配置预算；填报部门职能和机构设置等基础材料；将年度预算建议计划报送财政部。

"一下"指财政部根据全国中期财政规划、部门三年滚动规划、部门需求等综合平衡后，核定下达部门财政拨款预算控制数。其中，基本支出控制数明确到功能分类顶级科目，项目支出控制数明确到一级项目和部分重点二级项目。

"二上"指各部门在财政部门下达的部门预算控制数以内，预测收入与填报绩效目标；编制全口径基本支出预算、项目支出预算；真实反映结转资金；填报住房改革支出预算；填报关于"三公"经费的安排情况；编制政府采购预算；填报"政府购买服务支出表"；标注国库执行重点项目；切实提高年初预算到位率。将单位年度预算草案，在规定时间内报送财政部。

"二下"指财政部门对各部门报送的年度预算草案进行审核汇总，形成年度预算草案，在报同级政府、党委审议通过，并报同级人大常委会审议通过后，提交同级人民代表大会审议，在同级人民代表大会审议批准后法定时间内将部门预算批复到各部门。

二、高校预算流程现状

目前，高校财务管理实际工作中表现出来的许多问题与预算流程的组织设计、制度安排密切相关。

（一）学校发展战略未能通过预算流程

学校发展战略对学校各部门的工作具有规划、指导作用，各基层部门将整体发展战略的各项指标进行分步实施，形成各部门的阶段、具体的工作目标，通过具体、细分目标的实现来完成总体战略目标。学校发展战略是解决"做正确的事"的问题，对预算流程也有现实的指导意义：一方面，学校发展战略是统一预算思想的指导依据，在各管理部门意见、观点不一致时，可以通过回归到学校战略发展的出发点，思考是否符合学校战略发展的目标来统一思想和意见；另一方面，学校发展战略主要通过预算管理来实现，将各细分的阶段目标与经费的分配、监督、绩效考核相结合，进而以预算流程将发展战略的工作具体落实。

（二）预算流程活动与学校管理系统整合欠佳

预算流程作为一项重要的经济活动，需要确定各种收入，如上级补助、财政补助、学费收入、捐赠收入、校厂收入等；各项支出，如运营支出、资本支出等预算数，可以说是贯穿于学校全部管理活动中。学校各部门的业务活动需要财务管理部门的支持，而在预算流程的实施过程中，财务管理部门也需要对各部门各方面的信息和资料进行甄别、分析、核对，对事项及其认识、思想与其他部门及管理层达成共识。在此过程中，预算流程与各项管理工作之间的融合与集成，各项数据资料之间传递和工作衔接，就尤显重要。现阶段大多数高校预算的编制与学校管理系统的整合与集成都欠佳，特别是在"一级核算，二级管理"财务管理体制的院校更显突出。在预算编制过程中，各部门只是形式上参与，提供一些简单的经费支出计划，预算流程没能与业务流程相融合，并且不同部门之间的信息不能共享，造成不同的系统里数据挑选录入或重复录入，导致数据准确性较差，效率较低，人工浪费，割裂了各管理部门之间和各管理系统之间的有机联系。结果是预算缺乏约束力，财务管理部门很大程度凭经验和简单的分析来确定预算，未能与各管理系统融合从而取得准确的数据和信息，形成有效判断，做出准确的量化及预算安排。

（三）预算流程过程未能吸收全体教职工参与

高校若能在预算流程的过程中做到学校的每位成员都是参与者，对预算的编制与财务管理水平的提高将起到重要作用。广义的财务管理理念是学院的所有的管理行为都属于财务管理内容的范畴。具体而论，高校的教职工及学生的工作、学习和生活都事关预算执行的成功与否，如校园绿化卫生费、体育设施维护费、水电费等与教职工和学生有关联的项目。毋庸讳言，目前高校的预算编制，基本上是财务管理人员和少数管理层的事，绝大多数教职工和广大同学都未能参与其中，未能将财务管理的理念融入每个人的日常行为。

（四）预算结果的内容与表现形式过于单一

作为预算流程工作的最终成果，一份能令管理者满意的年度预算应该是包含学校各方面工作及情况分析、具有丰富信息和各种表现形式，让决策者能直观、全面、详尽地了解预算的过去、现在和未来。现在高校的预算形成的结果，基本上是以单一表格的形式表现，很少采用图例形式，难以看到逐年的变化趋势，简单的文字注释难以完全表示所有的信息，缺乏决策者眼中满意的预算报告和分析结果。究其原因，主要是因为缺乏预算编制方面的专业软件以及具体编制预算的人员缺乏相关的技术培训。

（五）预算流程运行过程规范性不强，各环节衔接不够完善

预算流程工作既是一项系统工程，也是一项细致的工作。系统工程是指预算流程不仅牵涉各部门、各项工作，还指预算编制工作仅是预算流程的一个环节，事前通过对预算的绩效考核为预算制定提供参考，事中通过对预算执行的监督为预算的调整提供依据，事后绩效考核同样十分重要。当前高校对预算分配，特别对分配金额普遍重视，分配以后的后续工作大多停留在文件中。预算流程由各项具体工作组成，是一项细致的工作。正是系统性和细致性的原因，决定了做好预算流程需要付出大量细致的工作，如预算编制的时间性问题，从各部门具体的完成时间，到汇总、甄别、核准的时间安排，以及随着时间推移而随之转移的资料如何准确地发放到具体的工作人员、预算管理委员会成员以及学校决策者等。目前高校的预算流程还是比较粗糙，从编制时间的安排、各部门的工作安排和内容，到经费的分类、表格的设计填写等，规定不够明确，随意大于规范，导致预算的可比性较差等问题的产生。

三、当前高校预算管理存在的问题

虽然目前高校实行"统一领导，分级（分类）管理"的财务管理体制；积极推行"重心下移，责权下放，绩效考评"的财务运行机制，但由于缺乏健全、科学的预算管理制度和手段，高校预算管理不理想，资源配置不优化，资产重复购置、闲置浪费较严重，资金使用效益难以保证和无考评奖惩等诸多问题，难以实现"权责明确、行为规范、管理严格、监督到位、激励有效、服务优质"的财务工作目标，不利于学校教学科研事业的全面协调与可持续健康发展。

（一）高校预算缺乏全局性和前瞻性，学校财务收支计划不能与学校的事业发展计划相适应

高等院校预算是国家预算的组成部分，预算管理是高等院校财务管理的重要方面，是学校配置教学资源的手段，是学校进行各项财务工作的前提和依据。高等院校应根据学校事业发展需求和综合财力可能，编制中长期财务收支

计划，学校的事业发展规划必须与财务收支计划相适应。但据了解，目前大部分高校没能将预算管理与事业发展规划有机结合起来，没有用全局观和长期观结合各级政府制定的各时期对高等教育的目标和任务，做出相应的财务收支计划，仅是根据事业发展计划和任务编制当年的财务收支计划，随着高校办学规模的不断扩大，高校经费供求矛盾突出，高校年度预算与事业发展规划不相适应，不同期间的预算缺乏有效衔接。

按照《中华人民共和国预算法》《中华人民共和国预算法实施条例》等规定，部门预算按照"二上二下"程序实施；校级预算则是按照学校下发的《关于编制20××年校内综合财务预算的通知》要求，实行定员、定额管理和专项申报审批管理，先由高校校内各部门填报基础信息，归口管理职能部门测算相关收入和支出预算，财务部门汇总后测算编制校级预算草案；然后，由学校财务部门征求校内各部门、教代会代表团（组）长、财经专家委员会等的意见和建议，修订校级预算草案，报学校审批后下达控制数；再由校内各部门根据控制数编制执行预算，财务部门汇总形成校级预算方案；最后经学校审批同意后下达各部门预算执行数。

上述预算编制程序和要求，存在一定不足：

一是根据《中华人民共和国预算法》《中华人民共和国预算法实施条例》，只粗略地规定了高校编报预算的编制原则、目标、范围、方法和要求，缺乏更为详细的规章制度、办法和措施予以保障，缺乏具有针对性科学合理的编制方法和程序予以指导，预算编制体系不健全，法规不完善。

二是预算时单纯依学生人数或在职在编职工人数按定额"一刀切"，没有考虑各校的实情，无法做到区别对待，编制标准和编制方法不科学。

三是编报期限短，不管是部门预算还是校级预算都要求下级单位在 1～2 个月内完成，且不含附属独立核算单位的预算，从而无法做到周到、细致，因而导致编制内容不完整。

四是编制模式僵化，编制程序死板，没有根据高校未来的发展趋势和实情进行充分论证，简单列报，无法做到科学合理，预算编制不严谨，具有很大的盲目性和草率性。

五是预算一经确定，就不得调整，但学校发展日新月异，各种新情况新要求随时出现，按年初计划情况安排的预算进行，就难以面对发展面对挑战，难以适应现实，导致预算缺乏全局调控机制。

（二）高校预算编制存在的问题直接影响了预算的执行

1．预算编制与执行分离，预算无法控制，财务工作的"指挥棒"失灵

部门预算是财务工作的指挥棒，高校各项事业经费收支应按部门预算来执行。但在实际工作中，由于管理体制不顺、编制方法不科学、现行制度脱离实际、财政投入不足和银行贷款的不确定性等因素造成了部门预算不准确，预算内容不全面，编制出来的部门预算没有客观地反映学校财务收支全貌，体现学校的工作重点和发展方向，特别是在执行过程中科目之间随意调剂的现象比较严重，违反了预算法"严格执行预算，严格控制不同科目之间的资金调剂"的规定。预算无法控制，部门预算也丧失了约束力，财务工作的"指挥棒"失灵。

2．预算执行无法按照财政国库集中收付制度改革规定程序运行

根据预算外资金"收支两条线"管理以及国库集中支付改革、政府收支分类科目改革和财政综合部门预算改革的相关规定，国库集中支付要求单位预算具体、准确、完整，但在各高校目前两本预算以及多渠道筹资的情况下，只有预算内拨款部分通过国库支付程序运行，包括在编人员工资实行财政直接支付，其他商品和劳务支出均采用授权支付方式。其余预算执行根本无法按照财政国库集中收付制度改革规定程序运行。

3．高校预算的虚假平衡，使预算执行结果无法评价，导致财务信息失实

实际上，自实行部门预算改革以来，高校部门预算只是依靠以部门编制为主的"被动"预算。由于高校资金来源及其运用的多元化，上级主管部门批复的预算与校内执行的预算实施方案，无论在可用财力上，还是在支出项目、标准、范围、额度上都存在很大的差异，许多因银行贷款的不确定性而未能进入高校预算盘子的支出，都会影响高校财会人员对预算执行结果的分析，加上高校学生多，教职工多，一些因国家政策或事业计划和任务发生重大变化的、不可预见的开支非常频繁，致使财务人员对预算执行结果进行评价缺乏参照物，导致财务信息失实。

（三）预算考核不完善，缺乏评价奖惩机制

在当前高校预算管理体制和会计核算模式下，高校财务部门负责预算的编制、下达、核算和分析，其主要作用只是审核和监督预算经费支出票据的合

法性、报销支付手续的完备性和预算经费的可用性，最后负责年终的决算，而根本没有也不可能对自己负责管理的预算编制是否科学合理、预算执行是否严格是否有效、预算分析是否到位、决算评价是否科学有效等进行严格的考评奖惩。

高校虽然内设了监察审计等部门，规定了其应当履行对学校综合财务预算编制、执行等的监督检查评价职能，但由于缺乏有效的预算监督管理和考评奖惩制度，其根本没有发挥应有的对预算编制度、预算执行、预算结果等进行相应监督检查评价奖惩的作用，即便发现有的部门预算编制或执行有问题，也是不管不问，要么就只是简单地询问了事，走走过场，预算绩效考评全是空白。有的高校为加强财务管理，提升管理水平，确实制定了相应的预算绩效考评办法，但其考核期限、时点、标准、程序、结论及奖惩等较为粗略和模糊，即便是进行考评也基本上是含混应对，难以落实到位。这样导致高校预算绩效考评制度虽然制定、执行了，但是在实际工作中，却不对每年的预算安排及执行是否适合高校自身实际、是否真正有效、能不能达到预期目标进行监督评价，从而导致预算绩效考评制度难以发挥应有的作用。可见高校预算绩效考评奖惩缺位、奖惩不严甚至无奖惩已到了非治不可的地步。

（四）银行贷款的不确定性，导致预算收支虚假平衡

银行贷款的不确定性，使高校部门预算中没能体现债务预算、基本建设预算和其他资本性支出，导致预算收支虚假平衡。

目前，高校资金在保证日常运营需要的情况下，仍然不能满足高校基本建设、设备购置和滚动还本付息等需要，还要采取向银行贷款等方式筹集所需的资金，这是解决高校扩招以来，资金供求矛盾的一种特殊筹资方式。但由于银行贷款的不确定性，部门预算没能将债务收支、基本建设和其他资本性支出纳入综合预算，这必然会导致预算收支的虚假平衡。随着金融政策的不断调整，国家对高校贷款的调控力度逐步加强，银行对高校贷款管理也越来越严格，高校一旦不能从商业银行获得新增贷款，将会造成严重资金短缺，预算无法实现。

第三节 高校预算管理模式的创新改进

一、完善高校预算管理体系

（一）健全与部门预算改革相衔接的预算管理措施

实行部门预算改革后，各高校作为独立的部门，编制的经费预算需要经过各级人大的批准，其严肃性不容置疑。此外，国库集中支付制度改革也要求加强部门预算的严肃性。但在预算管理过程中，预算约束力仍然偏软，其具体原因就是预算责任和权力相脱节；预算指标核定过紧，没有体现可控性原则；对预算执行没有实施监督等。

1. 采用"略有赤字预算，综合平衡"的校内预算编制原则

部门预算改革体现了全面性和综合性的统一，一方面综合反映部门预算内外收入，政府性基金等可动用资源，实现了部门公共资源的统一；另一方面要求严格控制支出的总量。我们可以综合考虑部门预算改革的影响和现实情况，将预算编制原则定位为"略有赤字预算，综合平衡"。

预算的本质是实现特定发展目标的一种管理工具，其本身具有工具性，那么预算编制的原则就可以自行控制。高校预算一直是在"量入为出、收支平衡"的原则指导下进行预算编制和管理。但目前高校支出越来越多，收入的增长赶不上支出的增长，资金供求矛盾突出的情况下，高校可以摆脱《高校财务制度》所规定的"量入为出"的预算编制原则，对校内预算采用赤字预算的方式也不是不可行的。很多时候高校的收入预算在严重压缩后仍然难以满足支出的需要，我们可以允许适当的赤字预算以保障高校重点发展目标的实现。

在实现方式上，高校通常拥有大量个人科研资金，这类资金在使用时间上由个人自主掌控。科研人员通常在使用其科研资金时非常节省，留有部分资金作为结题经费，这些条件就为赤字预算提供了资金来源。高校可以通过分析前3年的科研经费使用情况，对本年度的科研开支做出估计，在本年度科研收入预算和科研项目年初余额的基础上除去本年的科研开支预算，剩余资金可以作为赤字预算额度。对于赤字预算要进行回补，在时间上可以通过对预算赤字进

行强制性弥补的时间规定，要求 2～3 年内进行赤字弥补，达到预算的综合平衡。在空间上，可以编制二级院系、单位预算，只要达到二级单位的汇总预算综合平衡即可。

2．建立各级责任中心预算管理机制

部门预算实行"一个部门，一个预算"，高校可以采用校内部门预算的方式进行预算编制。对高校主体来说，预算支出——划拨给二级部门的经费就是二级部门的收入，二级权力部门的预算支出就构成了高校主体预算的明细开支。将每个二级部门视为一种责任中心，部门负责人就是责任中心的负责人，编制责任预算，明确预算管理的职责、权限和审批程序，落实预算执行主体的权利和责任。

目前，我国高校办学规模日益扩大，导致管理层越来越多，管理跨度大，管理部门几乎占到全校所有机构的一半。学校对各单位的管理力度逐渐削弱。如此多的管理职能部门，容易造成高校事务处理时权责不清、互相推诿，管理效率低下。在预算管理上，也容易造成同一个事项不同的部门同时申报经费，预算管理容易陷入混乱，这对高校预算管理产生了不利的影响。为了解决这个问题，高校可以在预算管理体系中引入预算责任中心的管理模式。预算责任中心上是一种分权制结构，属于较大型的一种单位内部组织结构模式，形式上属于"统一领导，分级管理，分级核算"。高校对于责任中心的财务管理模式，可以选择责任中心各自拥有独立的预算部门和财务核算部门，也可以拥有独立的预算部门，统一的财务核算部门，做到统分结合，集中优势。

在预算责任中心的管理基础上，高校按照教学、科研、行政、服务、其他五个不同的管理层构造五个一级预算管理责任中心。教学责任中心主要由教学任务为主的部门单位及教学管理部门组成；科研责任中心由学校的科研管理部门及科研单位组成；行政责任中心包括校行政管理部门、人事管理部门、学生管理部门、财务管理部门、离退休管理部门等一系列具备行政管理职能的部门组成；服务责任中心是指面向全校师生提供服务的部门，包括后勤管理及其服务部门、图书馆、计算机中心、保卫处等；其他责任中心包括上述四类责任中心之外的部门及单位。五个一级预算责任中心下属部门单位为二级预算责任中心。根据部门主要业务划分责任中心进行预算管理，有利于管理责任的划分，管理方式的统一，也有利于实施预算业绩评价和各种资源的合理分配。

在预算责任中心管理模式下，为顺利地进行全校预算管理，保证预算管理效果，高校可以按照独立的预算管理部门和统一的会计核算部门的管理模式完善预算管理组织体系。

3．利用互联网实时监督预算执行情况

充分利用互联网的优势，开发经费使用查询系统，使各级责任中心不论何时何地都能通过互联网查询该责任中心的预算实时执行情况。开发经费使用查询系统有利于预算各责任中心对于预算经费的掌握和控制，杜绝浪费和舞弊现象的出现，提高部门预算的约束力。

经费查询系统需要实时更新各责任中心的会计账务数据之外，还可增加实时横向比较相对指标，如收入完成率、支出完成率等，给责任中心财务主管对本中心经费情况更加宏观的概念。

（二）健全与国库集中收付制度改革相衔接的预算管理措施

实行国库集中支付制度给高校预算管理带来了一系列难题，主要是资金使用受限，为了改变这一状况，从编制资金使用流量滚动预算、加强国库集中收付网络信息系统建设和细编收支预算、完善预算管理等方面给出建议。

1．编制资金使用流量滚动预算

实行国库集中支付后，高校的自有资金有限，国库资金的拨付按时间来进行，影响了各部门正常工作的开展。为了适应这一改革形式，要求各部门在编制本部门支出预算时，提交资金使用计划时间表，采用滚动预算按月编制，由财务处汇总并合理分配资金使用时间，据此向国库申请资金使用，保障各部门工资积极持续有效地开展，规范了工作程序，有利于提高效率。

2．加强国库集中收付网络信息系统建设

国库集中收付制度改革需要在财政、国库、银行等部门密切协作和大力配合下安全稳妥地开展，具备很强的综合性和复杂性。在此体系中，建立计算机网络系统显得尤为重要。

建立计算机网络系统，使财政、国库、银行和各支付部门之间形成网络资源共享，互相监督、相互制约、资源共享，以提高工作效率。同时，以财政部门为核心建立财务信息处理中心，通过一个高效、安全、快捷的现代信息技术网络将各预算执行单位与财政部门的国库收付中心、政府采购部门、商业银行联系起来，满足资金结算、异地实时查询、统计、分析和监督管理等要求。

3．细编收支预算，完善预算管理

一方面，实行国库集中收付后，预算控制发生了变化，将原来控制支出总额转变为控制每笔支出，强调预算支出的合理性，强化了预算的约束性，使各项支出必须严格按预算指标、用款计划执行，大幅减少了预算执行的随意性。而高校资金使用受到制约的主要原因在于预算管理与编制不够科学合理，要想摆脱资金使用上的制约就必须完善预算的编制工作，强化和细化预算管理，建立科学的预算定额和指标体系，尽可能细化预算，对专项支出设立项目库管理，保证专款专用，使所有的资金支出都建立在明晰的预算基础上。

另一方面，支出预算作为一种分配的导向，要在收支平衡的基础上，将预算支出分为维持性经费、发展性经费、重点经费和机动经费，并以历史资料分析和比较作为依据，在学校发展方针和重点投资方向的指导下进行预算编制，并请各责任中心参与编制过程。在编制支出预算时要坚持统筹兼顾、先急后缓、保证重点、勤俭节约的原则。预算编制既要实事求是，又要有超前意识，充分研究学校年度工作计划与中长期发展规划，兼顾学校经常性预算和资本性预算，保证学校日常开支和前瞻性发展的目标均能实现。

（三）健全与财政收支分类改革相配套的高校预算科目体系

进行预算控制需要下达各项经费的预算控制指标，如何将预算控制指标下达至各个项目经费或是职能部门，需要利用预算管理的工具——预算核算科目体系。但我国高校预算管理对于高校预算管理科目体系没有做出明确规定，目前实行的高校会计核算科目体系和高校预算管理科目体系相差甚远，无法将两个科目体系的数据进行汇总，对比分析预算执行情况。高校在执行预算时没有核算科目来实施预算管理，预算管理就成为纸上谈兵。如何进行预算科目体系的建设，有效地管理预算收支情况成为高校共同面对的难题。没有统一的高校预算科目体系，使预算控制缺少了依托。

鉴于此，在借鉴政府收入支出预算科目的设置理念和高校会计核算科目的基础上，设计高校预算科目体系，可以更好地实现预算控制的功能。

二、细化预算管理内容

高校在制定预算管理模式时，需依据内部业务的类型和经营特点做出预算，细化高校预算管理目标，保证高校预算管理落实到每项业务和每项费用中。

（一）逐步编制详细预算

国内高校大多是在以财务部门为主导，各业务部门为辅的情况下编制的预算。此时各业务部门提供辅助的程度就显得异常重要，为防止因双方对信息的理解不同而导致的矛盾，预算编制的具体要求应由财务部门主动向业务部门详细介绍，并应积极主动地了解基建、教学、科研后明晰部门业务活动具体流程和新发生的各种情况，业务活动的新变化和新需求各业务部门也要主动向财务部门反映。财务部门只有在获得各部门的信息之后才能对校级预算进行最接近实际情况的科学编制。通过业财部门双方的深度融合，在专项资金的使用和管理的全过程中贯彻执行内部控制的要求，是科学编制预算必不可少的一环。如何有效强化财政专项资金预算编制的科学性，可以简要从以下两个方面进行分析。

科学的预算要尽量贴合高校的实际情况，对学校现有资源要清楚掌握。

首先，为了有效避免各业务部门随意增加支出名目的情况发生，造成对高校专项资金的浪费，相关资产管理部门可根据当前资产的数量、使用状况、毁损情况，在现有资产存量的基础上设置需要购置的增量，然后将其列入预算购置清单。只有这样才能减少甚至是杜绝资产闲置和浪费情况的发生，进而提高资产的利用率。不只是资产，对校内的人力资源也应是如此的管理模式，只有在清楚把握校内现有人员配置的基础上查漏补缺、引进相应岗位的人才，才能既不会造成人员的浪费，又不会因人员短缺造成工作的疏漏，还有助于提高人员的工作效率、充分激发他们工作的积极性。在有限资源的前提下尽量使其效益最大化的重要途径是在盘活存量的基础上减少增量，盘活存量的方式包括但不限于将一些学校资源可对校外明晰不再仅局限于校内人员使用，因此，要对资产进行有效管理必须率先实施业财融合。

其次，可针对性质特殊以及金额重大的项目设立专门的高校专项资金预算小组，以确保其收益的稳定性和操作的合规性，如此一来，高校专项资金的使用效率可得到进一步提高。例如，对于大额、专项固定资产，在提出购置申请方案后，可提交特定项目组进行统一讨论，复核、批复其购置及预算方案以做进一步的完善，再交由归口管理部门，多重审核也可在一定程度上避免造成资金浪费。

（二）严格按照规定执行

预算专项资金执行阶段是专项资金管理过程中的重要一环，学校必须建立一套符合自身情况的且行之有效的专项执行动态监控机制来推动专项的高效执行。为改善执行前期进度缓慢的问题，可采取如下相关措施来加快专项的执行进度，如在执行期间定期召开会议讨论执行过程中遇到的重大问题并妥善加以解决、约谈执行进度缓慢的项目负责人以了解有何问题阻止了项目的顺利推进并共商解决之法。

另外，在项目执行过程中，项目负责人重要的关注点不仅是执行进度，更要关注的是绩效目标的完成情况，最好实行的是对项目执行进度和绩效目标完成情况的"双监控"机制。对于绩效目标完成情况的获取，可通过问卷调查法、定期提供绩效报告、项目组外人员不定期核查等方法进行，也可通过对绩效管理系统提供的数据实时分析，对项目执行进度与绩效目标完成的匹配程度重点关注，若存在偏差可及时发现并予以纠正，以保证能如期完成项目并实现绩效目标。通过对我国现阶段高校专项资金执行过程中出现的管理和监督力度不足等系列问题的分析，得出可利用大数据技术和信息共享技术搭建的信息化监督平台加强对高校专项资金的监督力度以对其执行全过程进行管理。所搭建的信息化监督平台，有效解决了传统审计的滞后性等问题，对高校专项资金使用的全过程真正实现了动态监控。该平台的建立不仅提高了高校专项资金过程监控的有效性，动态监控也有利于问题的及时发现并加以改正，除此之外，传统审计作为事后审计的不准确性也得以避免，同时也有效避免了一些高校专项资金执行过程中可能出现的问题，从而对专项资金管控的安全性也提供了一定的保障。

三、加强信息化平台建设

在高校预算管理过程中，高校应该提高对于信息技术的重视，开展技术创新，保证信息技术能够最大限度地发挥积极作用；高校管理者还应积极地开展理念的创新，从思想上提高对于信息技术的重视，保证技术创新水平不断地提升，从而让财务管理中心的工作和预算管理工作能够更加顺利地开展。在预算管理信息化建设模块，高校可将预算公式和各种指标输入会计信息系统中，通过数据对口链接，系统可自动完成数据上报工作；同时输入系统中的还有预算编制模型、调整模型、分析模型和执行模型。由于这些模型存在于财务管理信息化系统，可根据高校设置的目标自动完成预算编制和预算分析工作等，还可根据具体需求编制滚动预算。通过预算功能的合理设置，高校领导层可监督预算执行情况，及时根据反馈信息进行管理。会计信息系统的预算管理模块是一个从预算目标到预算管理的循环过程。最后，高校还应该加强各个分支机构以及财务共享中心的信息系统之间的联系，实现信息共享和信息有效管理。通过加强关键要素之间的管理，可帮助高校优化财务管理流程，提升财务流程的科学性，保证业财融合角度下预算管理能力的提升。

（一）统一信息系统

预算管理离不开大数据技术、智能财务的支撑。大数据时代的便捷之处在于可以完成数字到数据、数据到信息的快速转换过程，而决策者和管理者最需要的正是信息而非未整合前的数据，大幅提高了决策的便捷性。通过对数据的综合运用，最终实现将数据信息用于决策和管理的目的。

新时代下的大数据管理，需要各种来源、各种形式的信息，可以是内部、外部、纸质、电子，就可以是文字、非文字，不拘于何种形式、何种来源，以便实现动态管理。为实现财务与业务系统的无缝对接，需要校内各部门建立统一的信息系统，所有管理单位同类业务必须统一使用相同的信息系统，如人力资源及薪酬管理系统、合同管理系统、成本管理系统等。把系统对接的难度和后期维护的难度降到最低，简便易行。

在高校的预算管理过程中，应对信息系统操作的简便性和各部门使用的便捷性高度关注，制度规定尽量言简意赅，将冗余、无效的予以剔除，提高工作效率，从务实的角度出发建立促进高校稳健发展的信息系统。

（二）建立沟通平台

随着科技的发展，财务共享模式的出现，线上办公已成为常态，无论是最初的业务审批还是最终的财务复核报账，都已实现了电子化和远程化操作，在一线的业务人员与财务处、处理信息、资金支配人员之间存在着现实中物理距离。基于此，学校应对各部门的业务系统、财务系统进行整合，致力于搭建统一的沟通平台，并借助手机 APP 的方便性打造全时段的即时通信体系与广大业务人员建立紧密联系，保证双向沟通的及时与顺畅。财务部门具有高度的综合性，需要对各业务部门提供的数据信息进行整合，但是，若各部门业务执行流程相互脱离且仅仅停留在部门内部，则各部门会形成独立的信息孤岛，难以将全校业务整合起来对其实现闭环管理，各个业务流与财务流、资金流无法同步，对各业务部门存在的问题财务部门也无法及时进行反馈，就无法完成真正意义上的业财一体化。因此，在现有的校园信息化基础上对各部门原有信息系统的整合就显得异常重要，将所有业务、财务的特殊需求融入信息系统中，尽最大可能满足大多数相关者的需求，发挥有效沟通平台对专项资金使用效率的正向影响。

首先，由于高校中各方的出发点不同，大家对财务和业务地位的认识在大多数情况下并不是均等的，也不是统一的。因此，高校若是想要在业财一体化方面取得突破性进展，管理者首先要解决的是两个部门的理念问题，从管理制度、人员配备、资源配置等方面加以协调，使双方的地位和能力尽可能地可以处于一个动态的均衡状态。其次，要采取一些可以促进双方交流和互动的手段以推进融合过程的顺利开展。例如，可以选择一些比较重要、核算较多的业务部门在其中设置财务岗位，在财务部门中设置与业务相关的岗位，如成本会计、管理会计等；另外，为了增强部门间的协调联动性，部门内部可以通过定期部门内轮岗的方式增强业务人员对部门业务整体的熟悉程度，部门之间也可以经常性地组织互相学习、沟通交流和相互借鉴，达到取长补短，互相进步的效果。若能够提高高校中的财务部门和业务部门的协调联动性，就意味着在一定程度上高校的业财融合取得突破性进展。校园信息化平台为业财融合提供了一大推力，不仅打掉了业务与财务交流难、成本高、费时费力的信息壁垒，而且将业务信息与财务信息进行了有机整合，真正实现了业务数据向财务数据的转化，为高校发展决策提供了服务。

（三）构建智慧财务服务平台

构建智慧财务服务平台，采用大平台、小应用的设计理念，依托互联网、移动互联网、大数据等技术及统一信息标准，集成项目、预算管理、事项办理、会计核算、票据、财务决算、薪资、收费、资产、采购、内部控制等业务活动，将业务流程、财务会计流程和管理流程有机融合，构建智慧财务服务平台。

平台将管理会计、预算管理改革、政府会计改革、内部控制、绩效评价、专项资金项目库等理念和制度进行融合；重构高校财务信息化系统，实现教学、科研、后勤、行政等业务与财务管理的业务流、资金流、信息流融为一体在业务实现过程中自动生成数据进入财务业务流程，实现财务业务流程的智能化、自动化流转，做到财务工作的移动化、自助化、智能化。平台特色如下。

1. 始于预算、终于预算的财务平台

平台以预算为主线，建立预算全流程绩效评价体系，将绩效指标纳入预算编制、预算执行、决算、监督全过程，充分发挥预算对业务的引领作用，使各项业务活动开展前就进行预算编制，在业务实施活动中进行预算监控，在业务活动完成后进行预算绩效评价，从而实现预算管理工作的科学化、规范化和长效化。

2. 一体化的财务共享服务平台

平台实现了高校财务处内部的一体化，例如，预算、会计核算、收费、工资、决算，解决财务处内部自己跟自己对接、自己跟自己对账的问题。

平台实现了学校级别财务相关业务的一体化，例如，采购、资产、合同、科研、人事、教务、学工、后勤等业务系统与财务系统的一体化。共享数据可为全校师生以及主管单位提供实时且定向的财务数据服务，如主管部门需要的预算决算信息、预算执行情况、审计数据等数据；学校领导需要的财务相关决策数据支持、经济事项绩效等数据；学校管理部门需要的科研、教学、后勤支出情况；教职工需要的科研项目信息、薪资、个税、社保、补助等数据。

平台可以直接对接差旅平台、打车软件、银行、电子票据系统等，实现直缴国库。

3. 一体化财务平台

基于目前高校各业务处室系统相对独立，当需要跨业务系统数据时，高校会要求软件供应商提供数据接口，双方会把部分需要的数据通过中间库的形式进行互相取数，而这种方式只是实现了小部分数据的交换，而业财融合是实现业务工作与财务工作在业务流、资金流、信息流方面的业务和流程联动、数据共享。例如，对于职工住宅的水电费可以由财务处自动扣费，当自动扣费不成功时，系统会向职工发送缴费提醒，同时系统给予水电费管理系统指令，由水电费管理系统及相应配套设备进行断水断电；当职工缴费成功后，财务系统进行自动扣费并发送指令给水电费管理系统，由水电费管理系统及相应配套设备完成送水送电。

4. 内部控制贯穿始末的财务平台

内部控制贯穿于整个平台的各项业务活动，将业务环节可能给财务工作带来的各项风险降到最低，使各项业务活动互相联系、互相制约，实施风险识别和动态监管。在明确各岗位的权限范围、会计核算流程、审批程序和相关业务职责的前提下，平台根据预算管理、项目库管理、科研管理、资产管理、合同管理等，制定和完善相应的内控管理制度，并将各项制度内嵌进平台，从而实现财务管理的信息化、事前化和自动化，由原来的人员控制向信息化控制转变。

5. 智慧的财务平台

平台依托人工智能、大数据、移动互联网、物联网等信息技术和云部署模式，引入财务机器人、装订机器人，实现财务的智能化管理：人脸识别、二维码扫描、姓名工号皆可登录系统；可语音调取页面，语音进行系统问题解答，有问必有答；内置财务机器人优化、简化财务流程，自动对账；快易报实现网上报销、事前预算控制，教师填写报销单时可利用OCR扫描、识别票据信息并自动上传进行凭证的影像化管理，解决财务人员凭证查找的困难、审计工作数据提取的困难；凭证自动生成后，报销人可通过扫描二维码直接将原始单据放到投递机进行智能投递，系统自动智能分单，当原始单据到达财务处时，财务人员通过扫描枪可以直接调取凭证进行线上财务流程，一键支付并自动银行对账、生成双报告。

6. 财务会计向管理会计转变

新政府会计制度迫使财务会计向管理会计转变，想要实现财务转型，单单依靠网上报销、会计核算是行不通的。想要转型必须依靠业财融合、依靠一体化。平台以财务管理为中心，将与财务相关的人、财、物、教、学、研纳入同一个平台，充分利用业财融合、一体化的理念重构财务、业务管理流程，助力财务会计向管理会计的转型。

7. 提高工作效率

平台的数据互联互通、共享共用，内置财务机器人，数据自动核对，自动对账，凭证自动生成，电子票据，影像化管理，和商旅平台对接减少凭证，利用手机进行报销、审批等业务，多方位、多角度减轻财务人员工作量，大幅提高了财务工作效率，厘清财务责任。财务信息化是高校信息化建设的重要组成部分，在人工智能不断发展的今天，高校财务信息化也必将成为高校科学决策和高校管理的重要手段。高校业财一体化平台拥有数据共享中心、事件驱动的标准化业务处理流程、符合新政府会计制度的会计核算及预算管理平台、完善的预算绩效考核和便捷的移动服务平台，只有积极推进财务管理模式的转变和财务系统的迭代，才能把握时代机遇，推动高校各职能部门科学决策，不断提高高校的管理水平和综合竞争力。

（四）AI 技术应用

新一轮人工智能技术的发展呈现出数据规模增加、计算能力增强和行业应用能力提升等显著特征，它与大数据、云计算、区块链等一起构建的新一代技术大背景成为时代的最亮色。通过检索维普数据库和知网数据库，对有关研究财务领域人工智能的应用情况进行了比较，发现目前高校财务还不是 AI 技术应用与研究的热点领域，国内人工智能在财务领域的应用也极其短暂，财务与人工智能的融合尚处于初步阶段，应用场景有限。但从长远看，AI 技术在财务领域应用研究的总体趋势是国内外各行各业都在竞相应用，已在过去长期低位徘徊的基础上呈爆发式发展。因此，AI 技术势必会对高校传统财务工作形成明显的冲击，未来这方面的发展和应用潜力将是巨大的。

1．AI 技术赋能应用的现实优势

高校作为高素质复合型人才的聚集地，在财务应用研究和实务工作方面，专业和人才优势明显。"双一流"建设背景下，高等教育作为一项准公共产品，虽然经费总量增速放缓，但财政投入总量依然庞大。同时，在兼顾公共支出、学科发展和人才引进的稳健性上不断提高资金使用绩效，实现资源精准分配也已成为共识，而 AI 技术在这方面的特性无疑可以发挥重要作用，有助于财务治理质的飞跃。

新一代 AI 技术的发展成熟将极大提升高校财务精准化水平和决策反应主动性，更有利于及时把握校园内不同群体思维感知、决策认知及心理变化，全面提升高校治理现代化的能力和水平，其优势主要有以下几点。

（1）提升服务品质，进一步增强用户黏性。人工智能算法基于用户访问记录、业务类型、网页浏览等历史数据，以及用户实时状态和情绪反馈等，通过对高校多维大数据的智能分析，将用户行为与兴趣标签匹配，实现一对一的精准化服务与产品推送。针对高校财务工作中作业链较长、线下手工作业步骤较多和要求严格、凭单信息内容填写多等问题，AI 技术通过智能咨询、筛选、引导高校财务业务办理，提升师生报销服务体验的愉悦度。诸如此类，在财务业务办理过程中的智能应用让高校不同层次使用者有了全新的体验，增强了高校财务服务的品质和黏性。

（2）应用自助终端，进一步保证信息可靠。随着 AI 技术的发展，高校许多财务设备向银行自助终端的类似功能过渡，通过智能机器逐步代替传统财务人员。人工智能按预先设定的程序准确运行，实现财务核算自动化，大幅降低了错误率，增强财务信息的可靠性。同时，人工智能通过拥有庞大计算能力的云端可以像"永动机"般不停地学习、思考，处理分析高校财务工作中遇到的最烦琐、最耗时的问题，将会计人员从烦琐、重复和机械的体力劳动中解放出来，缓解高校财务部门面临的人力短缺问题，减轻工作强度，也保证了信息的真实可靠。

（3）推进工作转型，进一步满足管控要求。新一代 AI 技术发展引发的链式突破，推动经济社会各领域从数字化、网络化向智能化加速跃升，有利于在人工智能时代加快实现转型。自新冠肺炎疫情暴发以来，面对严峻的防控形势，在少聚集、少接触、少流动的前提下，如何有效开展高校财务管理工作，处理好各项财务业务，增进财务沟通，建立和谐财务关系，值得高校财务同行深思。利用大数据以及人工智能的技术优势，将 AI 技术与传统业务相融合，将人工智能技术渗透到财务服务的各方面，使得财务业务的网上流转更加高效便捷，很好地规避了接触性传播带来的风险。

（4）实现高效低耗，进一步加强业财融合。相对于传统会计，人工智能通过自动化的方式记录原始凭证，大幅削减人工输入量，且结果客观准确不受主观感情因素影响。尽管前期购置成本较高，但是后期运维成本低廉。从长远角度看，人工智能特点之一便是极高的生产效率和较低的生产成本，充分利用长尾效应，打破规模经济和既有模式的限制。学校教职工通过智能终端，都可以接触到海量的大数据资源与相关财务数据信息，自动筛选并以极低的成本匹配到最佳需求的产品与服务。在此过程中，原有报账程序直接被信息交换及人工智能系统取代，业财融合将大幅提高工作效率。

（5）支持决策预测，进一步增加数据价值。利用人工智能高效整合校园各类数据，基于大数据自主分析支持财务决策，既可以有效降低时间成本，也利于数据信息决策实时化。在此基础上，把人工智能用于复杂管理过程的描述、诊断、分析等，将技术、理念、环境相结合有助于更加科学合理的决策判断。同时，人工智能还对传统核算流程进行改进，实现远程处理、审核、报账等功能，使复杂的财务规则简单化，将财务信息及时提供给财务人员，为正确决策提供了必要依据。此外，通过与高校财务内外部相关信息的互联共享，既满足高教改革和教育信息化发展对数据公开透明的要求，又最大化增加数据的综合价值。

（6）满足业务需求，进一步促进精准高效。鉴于高校财务业务需求呈现出的个性化、多样化等诸多特点，人工智能利用信息互联、智能感知、数据挖掘、个性定制和充分共享的特性，推进管理服务、业务财务、客服一体化融合，最大程度做到了精准感知、在线处理、智能决策和科学管理。数据模型构建依赖于海量财务和非财务数据，随着数据量爆发式增长，其中以往的经验信息逐渐增多，也为精准治理提供了依据。因为模型中运用的信息种类和数量越多，高校管理层进行财务预测决策就会越加精准。高校完全可以应用 AI 技术借力大数据，实现财务服务的精准化和个性化，向有需求师生提供点对点的个性化推送服务，做到即时信息集成、及时信息反馈。

2. AI 技术赋能财务智慧升维

AI 技术的嵌入在提升效能的同时，也进一步拓展了高校财务治理的向度和维度。因此，高校财务智慧升维既是内部治理现代化的客观要求，也是推进高质量发展的必然选择。立足升维角度，其本质还是用更加接近真实、接近本质的治理取代原有管理，通过对管理维度质量的提升来整体解决系统效率问题。在此视角下的人工智能应用，结合二十多年高校 ERP 发展、十余年财务共享中心建设和近年智能技术应用探索，将从更高维度赋能高校财务实现智慧新飞跃。

（1）明确发展转型新方向，树立智慧开放应用新思维。

无论是为了增加值、加强管控、提高效率，还是为了避免危机事件对高校发展、社会治理可能的风险影响，将 AI 技术赋能高校财务治理都是必然的方向。人工智能并不是简单地用机器取代人脑，智能化也不等于智慧化，而是人机协同互相配合，用机器智能释放人的智能，让人智在社会治理、高校发展过程中更好地发挥作用。其核心思维体现在更有效率、更规模化满足多样化需求以促进生产力的提升，以数据为驱动力，持续自动从数据中挖掘知识、学习知识，并通过自主探索在新的纬度上创造新的价值。

因此，高校财务部门要转换自身思维方式和理念，具备新的管理思维、战略思维、数据思维和业务思维，始终坚持将智慧贯穿财务业务全过程。智慧意味着赋予了机器理解、感知和自主运动的能力，基于此，将更业务化、场景化、实时化的数据与高校传统的会计业务融合，逐步融入物联网、大数据分析，深入挖掘和应用内存多维数据库、分布式计算、数据可视化、智能数据分析、机器学习等技术，以数据为基础、以智能为赋能、以场景为落地，实现对财务数据自动可控地采集、治理、建模和开发，形成有针对性的财务大数据服务。

高校财务人员不但要了解人工智能发展状况，更应拥有对新一代 AI 技术的正确价值认识，具备向技术先驱学习的主动意愿，更积极地将新技术作为推动创新发展的内生动力。

（2）推动关键技术新升级，孕育数据持续驱动新动能。

从传统会计到新财务、再升维到智慧财务，必然离不开相应的技术支撑。要利用专家系统、人工神经网络、自然语言理解、机器学习、模式识别等共性关键技术的突破，在深度观察的基础上，将成熟的技术移植到适合的财务信息化应用中。进一步简化高校财务系统配置、提高部署速度，提升系统应对突发事件的能力；提高智能财务系统的远程维护能力，应在安全可控的基础上，尽量采用远程和版本化的维护方式，减少支持人员无法到场的风险，这点尤其符合特殊时期特定的减少接触性、聚集性和流动性的要求。此外，新一代 AI 的技术进步以及对行业普遍的推动作用还体现在使算法演化速度更快加速上，形成了大数据上的深度学习与自我锻炼的综合进化，促进了"大数据＋AI"的变革。对于高校拥有的海量数据来说，所包含的信息从图像、声音等富媒体数据，到动作、姿态、轨迹等人类行为数据等总量越来越大、维度越来越宽，这些数据都为人工智能应用奠定了必要基础，也天然地成为孕育智慧财务的温床。

高校应当瞄准有价值的财务关联信息或"全量数据"，进一步夯实数据赋能基础、优化数据赋能方式、建强数据赋能节点，从更高层次应用 AI 技术在数据的高度融合、深度挖掘，从广泛利用中实现其价值最大化。

（3）挖掘需求应用新场景，赋能业财融合发展新模式。

应用场景是人工智能发展的主要驱动力，众多成功应用场景充分证明了一个道理：要创造更好的产品和服务，就应去发现新的需求，就应挖掘更多的应用场景。实践表明，技术支撑的有效落地一定还是基于需求的场景服务，也只有合理的场景才能实现 AI 技术赋能创新。高校财务部门应根据自身实际需要和人工智能技术的应用成熟度，分阶段发展相关技术，优先发展人工智能识别类型的场景应用，逐步开展基于神经网络技术和机器深度学习的财务场景应用。人工智能的应用要遵循"AI 重构流程，智能升维应用"原则，重点赋能传统财务与业务融合环节。

未来，AI 赋能高校财务的场景服务可能主要体现在智能核算、智能治理、智能决策与智能评价四个方向。试想在一定场景下，机器智能对票据自动识别、分类汇总、智能校验、自动付款；在控制活动中的不相容岗位职务分离控制、授权审批控制以及财产保护控制等方面可以引入指纹识别、人脸识别、视网膜识别、虹膜识别、掌纹识别等技术；在高校财务流程管控方面，可以利用人工智能语言识别、图像识别以及专家系统等技术，对数据进行合并统计、对业务逻辑进行关联度分析等。在这些应用场景中，高校财务与业务、客服与用户之间无缝连接，简化了传统业务处理流程，教职工日常消费和采购支付从下单、支付、对账报销都可以全程在线自动完成，在校园"系统通、数据通和业务通"的基础上，实现业务流、财务流和管理流的有机融合。

（4）依托智慧校园新平台，搭建适合行业需要。

新智脑智慧校园是高校利用现代信息技术，汇聚人的智慧，赋予物以智能，使人、事和物真正有机紧密地结合，基于海量信息和智能过滤处理所构建的校园信息化发展和治理新形态。通过把数据变成知识，智慧校园成为改变校园生态链发展、提高治理水平和运行效率的强有力科技支撑。而智慧财务正是在校园智能化的基础上，深度融入人的智慧，融合新技术，将人、数据、单据和环境等结合，以更好地提供快捷便利服务，提升服务品质体验。智慧财务的核心在"智慧"，即给高校财务安装"智脑"，使之能够及时看到、听到、了解到有关信息，并及时做出反应，从根本上解决过去手续烦琐、资源浪费等问题。搭建财务"智脑"，首要是解决好总体布局问题。它应该是基于模型自主响应的全方位的立体应用体系，借助互联网、物联网、大数据、云计算等新技术，打造集财务治理、科学预警、实时反馈评价等于一体的智慧平台。这个"智脑"利用新一代 AI 技术为驱动元，有着无限的存储能力，克服了人脑精力有限的制约，可以无地域、无时间限制地在线提供各类财务服务。当高校"智脑"实现对财务等相关数据自行感知、自动处理和自主优化反馈并循环往复时，财务的智慧发展也就进入了新纪元。

（5）适应危机应对新需求，打造品质服务智能新生态。

基于场景应用的人工智能应将精准高效作为落地模式的永恒追求。新一代 AI 技术打造的财务信息系统具备状态感知、联网互动、判断决策、自动执行等基本功能，尤其在疫情防控进入常态化的当下，通过场景挖掘、实时分析和科学判别来辅助系统自主决策和深度学习，进而使其进化到状态感知、实时分析、科学决策、精准执行、高效有序的智慧阶段。高阶演进后的智慧财务场景应用，体现了大数据、互联网技术、人工智能等与财务工作的深度融合，即前台应用人工智能，向长尾用户提供更加人性化、智能化和专业化的服务，降低财务成本，提升比见面办理业务更高的便捷度，后台方面，应用大数据＋ AI 技术为财务分析研判和目标用户识别提供专业决策支持。财务的智慧还体现在将用户接触信息数字化并自动整合到系统应用中，通过人机交互、面对面交互等机器人应用，实现对高校财务资讯的智能分类和按需订阅，进而提高财务信息推送质量，对用户身份按照教师、学生、管理人员等精确分类，有针对性地分析挖掘其财务信用和习惯，能提供更为精准和有效的服务。优化高校财务管控决策的应急机制不仅需要制定一些规章制度，更要实现线上办公与线下办公有机结合、日常运行机制与应急机制能随时灵活切换的长效机制的建立健全。

通过移动端或 PC 端由用户发起定向求助和服务，实现远程预约现场排号、预约服务咨询、申请业务单进度查询等功能，有效地解决正常情况下的"面对面"和突发事件情况下的"零接触"之间的矛盾。

四、构建完善的预算绩效管理评价体系

高校应进一步完善相关考核制度，首先是要针对高校财务管理的新情况，将业务部门对于财务管理的响应程度、参与质量、效果产出等作为重要维度，列入业务部门年度考核的加权项中，以促进业务部门更加重视并积极做好对业财融合模式的有效参与。其次是要兼顾对财务管理部门的考核工作，将财务部门相关工作对业务部门的规模增长推动、价值输出提升等方面的作用作为重要指标，纳入对财务部门的考核维度中，而为了能够得出具体的作用发挥程度，可以采用定量分析法、定性分析法等方法进行。

（一）选择绩效目标

实施目标管理对于绩效目标的设计，需要在高校发展计划的基础上进行统筹考虑，可采用借鉴关键业绩指标法来对高校发展目标实行分解设计。

关键业绩指标（Key Performance Indicator，KPI）是指通过对组织内部某一流程的投入和产出的关键参数进行设置、取样、计算、分析，以此衡量其业绩的一种量化的管理指标，是一种把企业战略目标分解为可运作目标的工具，是业绩管理系统的基础。KPI是用于评估和管理被评估者绩效的定量化和行为化的标准体系，对组织目标有增值作用，关键是在绩效指标上达成承诺，评估者和被评估者要做出充分的沟通。

借鉴英、美国家高校业绩考评的指标体系和我国大学评价体系标准，结合高校预算管理现状，各高校应根据自身的战略目标和发展规划来分别业绩评价指标。根据责任中心的职能设立，预算评价将在各个责任中心展开，责任中心各有其特点，故选取的业绩评价指标也不一样。采用KPI，从投入、产出和结果三个方面综合考虑，设计制定业绩评价指标。投入指标用于衡量某项目或服务所消耗的资源量，如人力、资金、场所、设备等。例如，在教学责任中心设立"生均教学经费""生均教学面积""生均教学设备"等业绩考核指标。对成本进行测算在传统预算中具有重要地位。成本测算与业绩测算一起构成业绩预算的两个重要支柱。准确的成本测算要求建立一套能够完整记录、分析成本的会计体系。

产出指标用于衡量预算期内完成的工作量、提供服务和产品的数量。它描述的是一个数量，例如，在管理责任中心设立"毕业生一次性人数""收入完成数""自筹经费完成数""档案入档册数""文件发布数""接待来宾次数"等业绩考核指标。对产出进行测算是早期业绩预算最常用的一个测算工具，在业绩考评中应用比较广泛，因为它们相对而言比较容易获得数据，并且在一个评价环境中总是不具备较强的对比性，刺激性也较弱。结果指标用于衡量服务的结果，也是高校希望通过资源投入所期望达到目标的程度，例如，教学责任中心设立"考试合格率""英语四级通过比例""英语六级通过比率""其他国家资格证通过数"等业绩考核指标；科研责任中心设立"国家级课题占全部课题数量比例""国家级课题占全部课题金额比例""影响力文章发表率""国际影响文章发表率"等考核指标；管理责任中心设立"收入预算完成比率""支出预算完成比率"等财务指标、"解决来访问题满意率""上报文件及时率""各项检查合格率""处理问题及时率""校友捐赠率"等考核指标，公共服务部门采用"绿化率""食堂就餐率"等考核指标。结果考核指标是业绩考核指标体系中最值得人关注的一部分，但是它在资料收集方面难以取得，也很难分析出某项投入和所需要的结果之间的联系。

根据三个方面各责任中心设立不同的考核指标考核不同的业绩有利于各责任中心专注于发展各自的业务，并做好控制。绩效目标考核指标不宜过多，也不能太笼统，尤其是对产出层级的衡量。对于绩效目标的设定，应该是选取关键性领域中的指标。例如，教学部门可设置"成绩合格率""英语四级考试通过率"等控制教学质量的指标。而管理部门应设置"人才引进比率""师生比""预算支出控制比"等管理关键绩效指标。各校各责任中心设立不同，需要根据各责任中心的特点和目标设立不同的业绩考核目标。目标可以按时间安排，也可以按项目安排，还可以根据高校资金安排的重点来设置。若高校今年财政状况不佳，也可以增加部门筹资比例作为绩效目标，对预算管理进行导向。

强求统一指标体系，对于高校发展不利，容易造成既耗费人力成本、物力成本又达不到考核目的的结果，所以高校应在实际工作中，从本部门出发，设立关键业绩指标进行考核。

（二）编制责任预算

本着"事权与财权相一致""权、责、利相结合"的原则，高校各责任中心既然有使用预算经费的权利，必然对经费使用合理合规性负有责任。权利和责任进行比对分析后，对于预算执行情况较好的单位予以奖励，对由于主观原因造成的预算执行不到位的部门单位予以惩罚。首先需要设置一个责任标准，这就需要高校各责任中心在申报预算支出草案时，附带一份详细的经费使用报告，阐述经费申报的原因，经费定量的标准，资金使用时间计划、绩效责任目标，对合理合规使用经费的保证等。财务处收到经费使用报告时，除了编制正常的预算收支报表和资金流量计划表外，还需要将预算目标予以统计归总，提交预算管理委员会讨论决定。

对于预算期内绩效责任目标的设定，如果全部交由责任中心去完成，将造成自由散漫主义和形式主义蔓延，若全部交由高校预算管理委员会去设定，则容易与实际情况相脱节。建议将两者相结合，采用"制定方针－责任中心上报－委员会讨论决定"的方式来确定绩效责任目标。高校应根据高校发展规划及各责任中心的职能选择业绩考核指标，业绩考核指标一经确定，则将三年内该责任中心考核指标的数据做出分析，选取三年内各指标合理最高值作为预算管理业绩考核指标的满意值，最低值为不允许值进行弹性设定，并赋予权重比例。将编制指标体系通知各责任中心，各责任中心在预算申报的经费使用报告上，将预算期内的各项考核指标作为业绩目标。各责任中心在设定业绩目标时要进行明确阐述，经过预算管理委员会统筹考虑并决定其业绩目标的合理性和预算金额。

（三）采用有效的预算控制手段

预算编制完成以后，对于执行中的预算要注意控制，以防止出现偏差，保证最后的预算效果。

1. 设置多段监控点

高校在预算执行开始后，要注意及时设置预算控制额度。由计算机财务报账系统运行财务核算的高校，可将某些日常经费预算控制额度按月或季度设置，有利于控制预算执行程度和资金流量，加强监管，杜绝突击使用经费的情况，提高资金使用效率，也有利于日后权责的划分和评价的实施。

2. 有效的分析机制

财务处按责任中心统计汇总各项经费制成预算表，既包括以新支出功能分类为统计口径的功能预算进度表，也包括由新支出经济分类为统计口径的经济预算进度表，两者总量平衡，统计口径不同。编制预算统计表便于事中控制分析使用。在执行预算的过程中，高校财务处综合预算管理科注意按月比对实际发生的经济情况和预算之间的差异，检查按功能科目汇总生成的报表和功能预算进度表之间的差异，并告知预算管理专员进行分析和控制，有利于下一期预算的编制。检查按经济科目汇总生成的报表和经济预算进度表之间的差异并分析原因和实施控制。

对于预算差异产生的原因，可以从以下两方面进行分析和检查。

（1）外部条件是否变化。预算编制定额标准发生变化带来的差异，如预算编制时，博士生活费按 200 元 / 月发放，执行预算时，接到国家相关部门文件，要求将博士生活费涨至 1 000 元 / 月。或原预算购买 A 产品或服务，由于技术进步等原因，发现购买 B 产品或服务更加节约资金和提高效率。对于外部条件变化带来的差异，有超支也有节约经费的情况出现，预算管理部门要注意分析其特点，给出正确的调整意见。

（2）内部环境是否变化。由于学校内部情况的变化，造成在预算时不能预计的情况发生，例如某部门突然接到任务，要求安排计划外的活动。或者原预算预计程度不够，花的时间和资金比原预计情况要多。高校预算管理要实时监督预算执行情况并定时做出分析，对预算差异造成的原因要准确找到，并提交预算执行部门实施控制。

（四）进行合理可行的预算评价

高校预算业绩指的是高校预算支出活动所取得的实际效果，反映高校所进行的资源配置活动投入与产出之间的比价关系。对预算业绩考核评价就是对高校各责任中心一年内预算运行结果的考核和评价，对预算管理情况的总体评价，对高校预算支出所产生的经济效益、社会效益以及对高校各项事业发展产生的结果进行综合考评，需要对全校各项指标进行考察来衡量预算投入和产出是否有效。预算评价结果直接影响来年的预算编制及执行政策的出台。预算评价是预算管理重要的一环，掌握着预算管理的生命线。如果没有对预算投入产出的考核评价，预算管理就会流于形式，预算就会失去控制力。

高校预算业绩考评的最终目标是对高校预算执行情况及效果做出全面、准确、客观地描述，并根据之前提交的经费使用报告中阐述的预算目标进行考核，对各责任中心执行预算的最终结果做出合理客观地评价。

进行高校预算业绩评价既要考评高校的资源总量是否符合整个高校运行客观比例的要求，又要考评资源的使用效率是否最大化。这是优化高等教育资源配置的要求，也是完善现行的高校预算管理体系的内在要求。因此，应当依据科学、合理、有效的方法对各预算执行部门进行全面评价。

第四章

高校资产管理及其创新研究

第一节　高校资产政策及管理模式

一、高校资产管理政策分析

近年来，随着时代的发展，高校所处的环境发生了较大的变化，高校资产管理工作迎来了巨大的挑战，不仅要管好还要管出水平。面对不断发展的国际、国内形势和高等教育发展的趋势，高校资产管理政策也紧随其变，与时俱进，这种高校资产管理政策的变化主要体现为三个字："全""细""实"。

（一）全：资产管理面越来越全

随着高等教育事业的发展，高校在履行各项职能的同时，涉及面越来越广，资产数量也越来越庞大，涉及的领域包括各行各业。面对高校迅猛发展的趋势和产、学、研结合的市场经济发展态势，高校的资产管理政策也逐渐优化，从以前的点到现在的面，几乎是面面俱到。

（二）细：资产管理工作越来越细

这是资产管理工作人员和广大师生感悟最深的地方。某些教师因为报废一个东西而折腾半天但还是没有搞定，或因为资产上账等问题焦头烂额。产生这些问题的原因，一方面可能是具体工作没有做好或者是信息化手段没有跟上，另一方面其实也是高校资产管理工作越来越细，各方面要求都更精确。资产管理工作也不再像以前的粗放式管理，而是已经进入精细化管理时代，这也是推进资产管理过程中一再强调的工作态度。工作的精细化确实会带来一些不适，但这种不适并非不便。这种不适主要是由以前对这些细节不以为然或者不重视造成的。

（三）实：资产管理越来越实

精细化是一个过程，具体做实才是我们追求的结果。教育部多次下发文件要求深化高校资产管理，提升资产管理水平，落实资产管理细节，强化资产管理过程。虽然在实施的过程中高校确实有更多的自主权，但自主的同时，高校更应该做到自知和自审。只有在资产日常管理工作中做到了自知和自审，工作才能做得更实。

二、高校资产管理模式

（一）高校资产管理现行模式

高校资产具有种类多、数量巨大、储存和使用分散、管理难度大等特点。近年来，国内不少高校已经建立高校资产采购系统、资产管理信息系统、财务管理系统等信息化平台，旨在通过信息化技术，加强资产在采购、使用、处置、维修等环节的全面监管。虽然大多数高校正在逐步建立资产管理制度，但仍存在实施效率不高、整体管理效果不佳等问题。

（二）高校资产管理存在的问题

高校传统的资产管理方式普遍呈现各自为政的状态，管理平台对于资产从规划到处置的全过程也往往难以实时追踪记录，因此，校园资产管理急需更为智慧高效、规范完整的管理模式。

1. 高校资产管理不完善

在规划阶段，程序流程不规范，审核不严谨，采购需求不合理，缺乏计划，导致重复购买同类资产；在采购阶段，未做到通用设备的统筹采购和统一分配，导致后期运行和管理难度大；在使用阶段，软件资源与硬件资源未能共建共享，导致资产普遍利用率不高；在处置阶段，缺乏动态的长期监管，无法准确掌握待报废资产的真实具体信息，难以做到处置时账实相符。

2. 资产管理平台缺乏与其他系统融合互通

智慧校园是整合的、一体化的校园应用系统，具有高度的感知、控制、协同的服务能力。资产管理系统与教务管理系统、人事管理系统、财务管理系统、房屋管理系统、数字化校园平台、办公自动化系统融合互通性较低。各大系统由各部门自建和管理，功能分散、多头管理、相互独立，并未实现互联互通，无法实现资产档案、财务预算核算数据、文件签批信息等数据的共享，导致高校资产信息重复、数据不一致的问题。

3. 资产信息化管理不力

入库入账不严谨，未按照合同和招标文件的资产信息录入和审核；资产调拨后，使用部门、存放地点、使用人等信息未进行实时更新，缺乏长期的动态管理；处置过程缺乏可行性分析论证、市场价值评估，有些资产报废后长期没有下账，仍存放于原使用部门，造成账实不符；资产管理系统只具备简单统计和查询，未有相关数据分析等智能化功能，无法给管理者的决策提供有力支撑。

（三）大数据时代下高校资产管理模式变革的趋势

在大数据时代背景下，高校应该对大数据技术进行充分利用，进而改善资产管理工作中的不足，具体来说，可以从下述四个方面入手。

1. 优化高校信息结构

在大数据环境当中，高校要想对资产管理模式进行变革，就必须优化自身的信息结构。资产管理是高校管理体系的重要组成部分，在过去，高校经常通过人工管理以及计算机管理等方式进行管理，但是，这些传统管理方法存在一定的弊端。传统管理方法不仅耗时费力，而且还无法确保管理效率与管理质量。此外，在这些方法应用过程中，也无法让各个院系之间进行有效联系，无法对信息进行共享。因此，为了对资产管理模式进行创新，就必须对信息结构进行优化。首先，高校需要对各种信息资源进行充分利用，并在各个院系之间实现数据的共享。其次，高校应该对信息管理系统进行完善，将各个院系的资产管理情况融入系统当中，对它们进行集中管理。最后，高校需要对管理制度进行完善，对管理人员的工作行为进行规范，以免产生钱权交易的现象。

2. 完善管理机制

对高校资产管理而言，其信息化管理水平较低。很多高校都没有对先进的信息技术进行充分利用，进而影响了高校的发展。要想对这些问题进行解决，就必须对信息管理机制进行完善。首先，高校应该对各项管理机制进行完善，注重资产管理的信息化建设。其次，高校应该根据自身的情况对资产管理方案进行合理制定，并引导各个院系进行有机配合。最后，高校需要对资产管理进行有效划分，如办公设备管理以及教学设备管理等，并根据管理对象的特点，合理制定工作计划。

3．注重管理原则

在大数据环境下，高校在资产管理过程中，应该遵循以下几点原则：

第一，先进性原则。现阶段，国内外多数高校都将大数据与资产管理进行了有效融合，其中有些高校资产管理经验比较丰富，其他高校可以对这些先进的经验进行学习和引进，分析一些资产管理案例，进而对自身的资产管理模式进行完善。在资产管理过程当中，资产管理设备占有重要地位，是提升管理效率的有效手段，因此，高校需要对互联网技术进行充分利用，增加资金投入，对资产管理设备、资产管理仪器以及管理技术等进行引入，进而提升管理信息化水平。

第二，整体性原则。大数据是一个极为复杂的动态系统，高校要想在大数据环境下实现资产的有效管理，就必须对大数据特点进行充分考虑，对网络系统进行合理铺设，对各种信息技术进行充分利用，将信息技术与系统建设进行有效结合，进而提升资产管理效率。

第三，适用性原则。虽然大数据为高校资产管理带来了极大便利，但是并不是所有的大数据资源都适合高校的资产管理工作，因此，高校应该对大数据技术进行合理选择，确保技术的适用性，进而全面发挥大数据对高校资产管理工作的作用。

4．实行统筹规划管理

高校实行资产管理的目的在于对各种资产进行充分利用，让有限的资产发挥出无限的价值，进而促进高校的发展。要想实现这一目的，高校必须加大对资产管理的力度，对资产管理给予高度重视，并对资产进行统筹规划管理。首先，高校可以聘请软件开发工程师或者是计算机专家等，对信息管理系统进行完善，通过这个系统实现数据信息的集中管理。其次，完善信息管理机制、奖惩机制和监督机制。成立信息管理小组，做好数据收集、整理、分析、共享等工作；对资产管理人员进行定期考核，对于表现出色的人员，给予奖励，对于一些工作态度较差或者是经常出错的人员，进行相应的惩罚；全面监督资产管理工作的各个环节，以确保资产管理工作的实效性。最后，各个院系应该对资产管理部门进行有机配合，及时上交资产管理数据，确保高校资产管理工作可以顺利进行。

第二节 高校有形资产管理

一、仪器设备管理

根据全生命周期管理理论，本书将仪器设备等资产生命周期分为三个阶段：使用前期；使用中期；使用后期。使用前期即仪器设备投入使用前的阶段，包括预算申购、论证立项、采购、验收入账环节；使用中期主要为仪器设备等的管理环节，包括使用维护、调剂调拨、绩效考核环节；使用后期主要为仪器设备的淘汰报废处置环节。具体关系如图 4-1 所示。

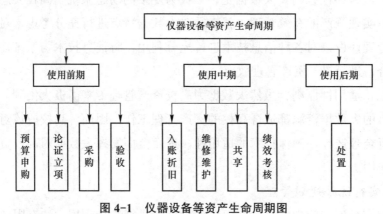

图 4-1　仪器设备等资产生命周期图

（一）使用前期

1．预算申购阶段

从资产生命周期理论角度来说，预算申购是仪器设备等资产生命开始的起点。从源头上加强资产预算管理，不仅可以保证高校仪器设备等资产购置的合理性，而且有利于提高高校资产资源利用效率，尽量避免仪器设备等资产重复购置、长期闲置、低效运转和超标准配置等问题。从国有资产管理制度来说，《事业单位国有资产管理暂行办法》规定："事业单位国有资产管理活动，应当坚持资产管理与预算管理相结合的原则……实现资产管理和预算管理的紧密统一。"《教育部直属高等学校国有资产管理暂行办法》规定："高校国有资产管理活动，应当坚持资产管理与预算管理相结合的原则。"因此高校需重视实物管理与价值管理的联系，构建有效的资产管理与预算管理相结合的新型管理模式。

（1）建立完善资产配置标准。

本质上，预算管理实际上是对高校拟新购置资产即资产增量的管理，而资产管理是对高校现有资产即资产存量的管理。因此，构建有效的资产管理与预算管理相结合的新型管理模式需解决好资产增量和资产存量的关系。其核心要点是高校要根据国家管理政策、学校资源情况、发展方向及现有资产存量确定资产增量，以减少"为花钱而花钱"的盲目购置情况，降低仪器设备等资产的重复购置率及闲置率，提高资源利用效率，从源头上保证新增资产的合理合规性。

（2）建立预算审批编制机制。

高校内部对仪器设备等资产进行的实物管理和价值管理往往分属于不同部门。据了解，大部分高校仪器设备等资产管理的部门均为学校资产部门，而价值管理基本分属财务部门。因此，为了构建资产管理和预算管理相结合的管理机制，需要在职能部门之上建立一个资产管理机构，负责明确校内涉及仪器设备等资产管理的具体部门的职责，制定仪器设备等资产的校内预算管理流程，协调解决各部门在资产预算管理中出现的问题，并作为仪器设备等资产预算汇总编报初审的部门，负责收集下一年各职能部门和学院的仪器设备等资产的预算，并根据校内财务部门、校内财务预算可用于仪器设备资产购置的经费，结合校内相关办法规定的配置标准，编制最终的全校仪器设备类资产预算草案报学校审定。该资产预算经学校审定后作为下一年全校仪器设备购置的计划，下达到学校采购部门，在该计划范围内进行采购，做到"无预算不采购、有预算不超支"。同时，该部门还需编报上一年仪器设备等资产的决算，即对上一年资产预算执行的结果进行汇总和分析，作为来年优化资产配置标准、改进管理流程和具体购置计划的依据，逐年提高资产预算编制的合理性、可行性和精确性，不断增强仪器设备等资产增量和资产存量的科学联系。

（3）建立资产管理与预算管理相结合的信息化系统。

随着高等教育事业的高速发展，高校固定资产存量增量都非常可观，并且每年增量巨大，同时考虑到固定资产管理的多环节多部门，工作复杂且任务较重，为了提高管理效率，实现资产的动态管理、数据实时共享、方便师生网上办理业务等目标，高校需建立覆盖资产全生命周期的、校内统一的资产信息化平台。资产预算管理模块应该作为资产信息化平台的第一个重要部分，将国家和高校制定的仪器设备等资产的配置标准和每年经学校审定的资产预算和预算申购流程电算化内嵌入信息系统，该系统可以自动分析各单位现有的仪器设备等资产存量情况，并在经审定的资产预算范围内按配置标准自动有效控制资产增量，学校资产部门、财务部门和采购部门可以有效地实现对新增资产预算申购的审批，还可以提高职能部门工作人员审批资产预算申购工作的效率，从而提升预算管理工作的精细化程度，促进高校资产管理与预算管理的有效结合。

2. 论证立项阶段

作为办学最重要的物质支撑条件，高校每年购置的仪器设备等资产从数量到经费总额都非常可观，虽然我国近年来加大了对高校的经费投入，但就高校发展速度来说，高校的经费资源仍是有限的。此外，近年来高校为了引进人才，提高科研水平，购置了很多价格昂贵的大型科研仪器设备。论证立项不仅可以保证学校购置的仪器设备达到预期的使用效益，提高设备利用率，避免盲目重复购置，还可以通过论证导向性地统筹规划优化仪器设备配置，促进仪器设备共享。因此，在购置仪器设备，尤其是大型仪器设备等资产前，应当建立仪器设备论证机制，做好充分的购前论证工作。具体可以从以下方面着手。

（1）建立分级论证制度。

由于高校仪器设备等资产购置业务较为频繁，从工作量和成本效益原则出发，仪器设备等资产论证一般对单价昂贵的大型贵重仪器设备和总金额达到一定标准的批量或系列仪器设备的购置进行论证。按照教育部《高等学校仪器设备管理办法》规定，贵重仪器设备范围为：单价在 10 万元（含）以上的仪器设备；单价在 40 万元（含）以上的仪器设备；单台（件）价格不足 40 万元，但属于成套购置或需配套使用，整套在 40 万元（含）以上的仪器设备；单价不足 40 万元，但属于国外引进、教育部明确规定为贵重、稀缺的仪器设备。

高校可以在教育部公布的贵重仪器设备标准框架内，根据仪器设备的价格和性质制定本校的仪器设备分级论证标准。

（2）建立论证受理审批流程。

由于购置单位经费来源不同，经费审批归口管理单位也不同。例如，横、纵向科研经费一般由科发（研）院归口负责，"双一流"建设经费由学校学科管理部门负责，中央高校改善基本办学条件由后勤与基建管理部门或资产部门负责。因此，需根据不同性质的经费建立"分级审批、分级论证"的论证审批流程。

（3）积累完善论证专家库。

论证工作中最重要的一环是专家组的论证意见，专家组的论证意见在很大程度上决定了学校层面是否同意购置相关仪器设备。为了保证专家意见的专业性、科学性，高校必须建立分专业领域的论证专家库，专家来源涵盖校内外人员。高校不仅可以建立本校的论证专家库，还可以同其他兄弟高校分享论证专家库，同地区、同上级主管部门的高校可以共同组建仪器设备论证平台，广泛征求论证意见。

（4）建立信息化的论证审核模块。

为了提高论证工作效率，服务教师，减轻相关职能部门工作压力，提升论证工作智能化水平，高校必须在资产管理平台建设论证审核模块，加强论证工作的信息化网络化建设。通过信息化的论证审核模块主要实现以下功能：

①实现预算模块与论证模块信息化的衔接。预算模块与论证模块的有效衔接，有利于建立预算管理与论证审批的高校互动机制，预算模块中的仪器设备预算内容一经学校审定即推送至论证模块，上述设备即具备论证资格。

②实现论证的全链条式职能化管理。论证模块可将购置单位、归口管理部门、论证专家、校仪器设备主管部门、校级领导等流程链接起来，全部流程可在网上实现填写、修改、论证、审批和备案，极大地提高了论证工作的及时性、便捷性、公开性、公正性。

3．采购阶段

高等学校属于公益二类的事业单位，为差额拨款单位，少部分资源来自社会配置，绝大部分资金还是财政性资金。高校仪器设备采购从采购方式来说基本属于政府采购的范围，受国家政府采购相关法律法规的约束，从资金来源来说必须符合财政拨款资金开支范围和执行进度相关要求，因此，高校在采购环节需要主要解决以下两个问题：第一，要在合法合规的基础上，提升采购工作效率，提高服务水平，达到预期采购目的；第二，从全生命周期的角度来看，采购属于仪器设备生命周期的一个重要环节，要优化采购流程，使其与预算管理和资产管理环节进行有效衔接。

（1）加强制度建设，规范本校采购制度。

从 2003 年《中华人民共和国政府采购法》颁布以来，国家通过不断出台政府采购相关的政策法规和实施细则，强化对高校政府采购的政策性要求。根据现有政策分析，从仪器设备、家具等资产采购的组织方式来讲，高校采购方式分为集中采购和分散采购两种，其区分点在于拟采购的仪器设备是否列入集中采购目录（政府集中采购目录和部门集中采购目录，以下简称"目录"）。集中采购分为两种：拟购仪器设备列入了"目录"和高校规定的本校必须按照集中采购方式进行采购的情况。分散采购指拟购仪器设备没有列入"目录"，同时也未达到学校规定的集中采购标准，由学校采购部门组织采购或采购人自行采购的行为。在实际采购工作中，集中采购和分散采购还有不同的采购方式，如图 4-2 所示。

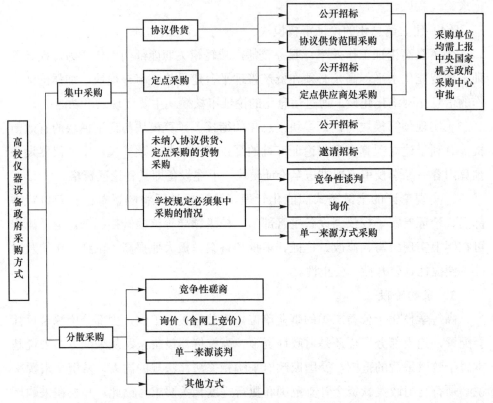

图 4-2　仪器设备等资产采购方式（按采购组织方式分）

综上可知，高校仪器设备的采购工作政策性、专业性极强，采购方式多样化，高校需根据相关法律和政策法规，制定细化本校的采购制度和实施细则。面对不熟悉购置政策的校内购置单位，高校需根据不同的采购方式制作详细的流程图进行宣讲，使购置单位和相关职能部门能在了解采购管理政策后提前做好预算规划和论证工作。

（2）梳理采购流程关键节点，与预算管理和资产管理高效衔接。

高校采购部门在国家采购法律法规和本校采购管理办法细则的框架下，需制定优化学校的采购流程，同时还需考虑采购流程业务的上下游，即与预算管理和资产管理衔接的问题。高校从预算编制到采购完成的业务流程具体如表4-1所示。

表4-1　采购流程

序号	流程	业务内容	责任单位
1	预算编制	大致型号、数量、规格，预算金额	购置单位；归口管理部门；校资产管理部门
2	论证申购	主要包括：仪器设备的主要技术指标、价格、品牌型号、质量、维护服务等，大型贵重仪器设备论证、进口设备论证和可行性分析等（根据标准分级论证）	购置单位；归口管理部门；校资产管理部门
3	审核立项	购置单位申报，归口主管单位审核预算内容和落实经费	归口管理部门
4	编订采购需求计划	采购项目名称、项目概况、资金来源、论证材料、采购清单、预算金额、详细技术指标、计划采购时间、完成周期、验收标准、安装地点等	购置单位
5	提交采购计划	通过采购系统提交所需的采购需求计划电子版	购置单位
6	复核采购计划	结合本单位立项情况，复核采购计划内容完整情况和材料的齐全情况	购置单位

序号	流程	业务内容		责任单位
7	审核采购计划	经费落实情况、采购内容相符情况、实施时间安排合理情况、采购方式适用情况、调研论证材料充分完整情况、实施环境和实施条件核查	经费落实	财务部门
			立项确认、论证审核、采购内容符合性、采购需求合理性、采购方式适用性、实施环境和实施条件匹配情况等	归口管理部门；校资产管理部门
			校采购部门从专业角度对采购内容、采购方式、资料完备性、程序合法合规性等审核	采购部门
8	采购活动实施	采购部门根据具体采购计划确定相应的采购方式，并根据不同的采购方式承担或协助购置单位完成采购活动		购置单位；采购部门
9	公示采购结果	采购活动结束后，按照采购方式不同，在不同的媒体公示采购结果，采取不同的公示方式，公示日期按照国家法律法规办法和学校相应政策严格执行		采购部门
10	确认公示结果	公示期结束，填写公示结果。 无质疑投诉的及其他问题的，直接发送下一环节。对有质疑或投诉的或其他特殊问题的，视情况处理。复核或调查结果没有问题的，进入下一环节；复核或调查结果有问题的，选择"成交结果无效"，另行处理		采购部门
11	确认采购结果	根据采购计划、采购结果材料和公示情况确认采购结果		购置单位；项目归口管理部门
12	合同签订	按国家和学校合同管理办法规定签订合同		购置单位；项目归口管理部门
13	组织验收	按学校相关要求组成验收小组进行验收，供需双方现场签字确认		购置单位；项目归口管理部门；校资产管理部门
14	资产登记	对经验收合格的项目，按学校相关要求办理资产入库登记手续		购置单位；校资产管理部门
15	资金支付	按学校相关规定和合同约定办理资金支付手续		购置单位；项目归口管理部门；财务部门

序号	流程	业务内容	责任单位
16	履约评价	验收完成后购置单位对供应商进行履约评价，若结果为"差"，需将评价材料以书面形式上报项目归口管理部门和采购部门	购置单位
17	材料归档	按照学校采购管理、财务管理、资产管理和档案管理等相关规定，及时将采购项目全过程记录及相关材料进行归档	购置单位；采购部门

从表4-1可以看出，高校采购业务的特点是多部门参与配合（涉及购置单位、采购部门、归口管理部门、校资产管理部门等）、多环节管理，因此高校在梳理采购流程时，不能单一化、碎片化管理，要避免产生"孤岛效应"，即相关部门间出现政策间的口径矛盾和业务断层，而是应将所有参与部门的政策制定、责任分配、工作流程等统一考虑并一一明确，从而规范有效地完成采购工作，提高服务水平。

（3）搭建智能高效的采购信息系统。

采购工作的特点主要包括：政策性专业性强、采购方式多样化、采购业务多环节管理、采购工作多部门参与、工作量大等。与此同时，高校用于采购的财政性资金不仅开支范围有特殊规定，执行进度也有强制要求，大部分财政性资金必须要在一个会计年度内执行完毕，并且要在月末、季末、年末等时间节点进行考核。因此，采购工作不仅要合法合规，更要高效顺畅。

在任务重、要求高的情况下，只有建立覆盖采购全过程的采购信息系统才能解决上述问题。在设计过程中，需要注意以下问题：第一，采购业务环节全覆盖，业务环节设计参考表4-1的业务环节（预算编制、论证申购、组织验收、资产登记、资金支付单列模块），各高校可以根据本校实际情况细化调整；第二，采购业务参与部门全部纳入，不仅需要纳入购置单位和相关职能部门，还需要赋予相关单位不同的审批或使用权限，使其各司其职；第三，整个采购过程全程记录存档，便于校内外审计部门对采购工作的审计和监督；第四，配备各种数据对接功能，可以与校内的资产管理平台、电子竞价平台等系统实现实时对接；第五，具备数据分析统计及报表上报功能，可以自动生成校内及上级主管部门要求的主要的报告和统计分析资料。通过采购信息系统，可以提高仪器设备采购工作的智能化、高效化和透明化。

4. 履约验收

根据《中华人民共和国政府采购法》规定："采购人或者其委托的采购代理机构应当组织对供应商履约的验收。大型或者复杂的政府采购项目，应当邀请国家认可的质量检测机构参加验收工作。验收方成员应当在验收书上签字，并承担相应的法律责任。"根据《高等学校仪器设备管理办法》规定："学校配备仪器设备要实行优化配置的原则，要根据该校的实际，制定仪器设备申请、审批、购置、验收、使用、保养、维修等的管理制度。"

为了切实维护学校利益，保证仪器设备采购合同的履约质量，最直接最有效的手段是规范仪器设备等资产的验收环节，认真履行仪器设备验收工作流程。因此，高校需高度重视仪器设备等资产的验收工作，通过建立完善的验收管理制度和规范的验收工作流程来保证验收工作的质量和标准。为了做好仪器设备的验收工作，需要做到以下几点：

（1）建立标准完善的验收规范。

通过查阅部分高校公布在网站上的关于仪器设备的验收管理规定，发现绝大多数学校均有仪器设备家具验收的规定，大多数的高校仪器设备的验收规定作为仪器设备管理办法中的一部分，仅有少数高校单独制定有仪器设备家具验收管理办法或验收管理细则，因此，从制度上讲，绝大部分高校是具备验收制度的，但从内容来说，绝大部分高校的验收办法缺乏详细明确的仪器设备家具的验收条款，包括验收完成时间（非进口设备合同有规定的验收期，进口设备需在索赔期即货物到港起 90 天内完成验收等）、验收需存档的书面资料（招投标文件、购置合同、使用说明书及全套技术资料、合格证、进口仪器设备的"进出口货物征免税证明"及有关技术、商务文件、装箱单、开箱记录、保修单、翻译资料、阶段性验收报告材料、安装调试结果证明等）、验收具体标准（由于仪器设备种类多样，同时仪器设备和家具的验收标准也不尽相同，校仪器设备等资产主管单位要分类将仪器设备、家具的验收标准加以完善，形成具体、同类别统一的验收操作规范和操作规程，减少因不规范、不到位的验收操作导致仪器设备家具验收合格后出现不符合购置需求的情况）。因此，各个高校需要分类建立标准完善的验收规范。

（2）建立覆盖全过程的验收流程。

高校不仅要建立统一、标准的验收规范，同时还要建立覆盖验收工作全部工作过程的验收流程，且对每个环节均要严控，避免因遗漏导致验收结果与实际情况出现较大偏差。常规的验收流程如图 4-3 所示。

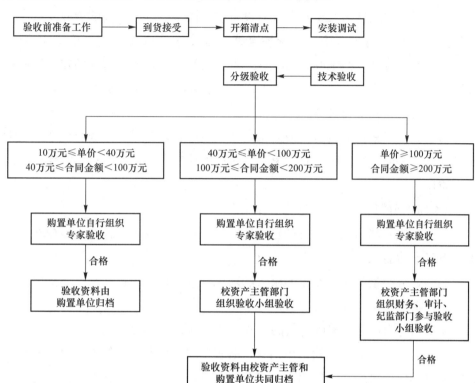

图 4-3　仪器设备验收流程

各个高校可以根据本校相关职能部门工作职责对上述环节进行合并或细化，此外，通过查阅各大高校的设备仪器等资产的验收管理办法，发现在分级验收中，各高校基本是按照仪器设备等资产的购置单价或合同总金额的不同而制定分级验收标准，具体标准也可根据实际工作进行设定。

为了保证履约验收的质量，必须强化落实上述验收工作的每个环节，将验收工作落到实处，此外，需完善保存每一步验收工作的验收记录和验收资料，做到"环环详细记录、步步落实责任"。

（3）加强第三方验收队伍建设，提升验收工作技术保障。

由于高校购置的大型贵重仪器设备或批量购置的学生公寓家具等业务越来越频繁，种类较多，合同金额也较大，就技术保障而言，验收工作的成员仅仅包括购置单位的技术人员或校资产主管部门的工作人员是远远不够的，学校必须合理利用第三方力量来提升履约验收工作的质量。

①建立本校验收专家库。

学校必须建立针对大型贵重仪器设备或合同金额较大业务的验收专家库，验收专家库可以与采购论证专家库互通。在专家选取方式上，单价40万元（含）以上或合同金额100万元（含）以上的，由校资产主管部门在专家库中随机抽取，针对重大项目，校资产主管部门还可以专门聘请库外的专家。

②聘请第三方中介机构。

对于大型贵重仪器设备，或复杂的实验室平台设备采购，或合同金额较大的家具批量采购，建议聘请有国家认可资质的第三方机构参与验收，保证履约验收质量。

（4）加强履约验收的信息化工作。

校资产主管部门在本校资产管理平台中需建立验收工作模块，该模块需包含以下三个功能：

第一，分类型的校内专家库录入和随机抽取功能，保证能根据不同品类的验收进行相应专家组人员的抽取。

第二，分合同保存验收资料的文档上传和保存调取功能。

第三，供应商验收履约信用档案，购置单位和校资产主管部门可以根据验收结果对不同的供应商的信用进行打分和评价，该信息记录在案的同时还可以与校采购部门互通，对于信用不良的供应商可以进行有效排除。

（二）使用中期

1．入账

（1）入账的定义及分类。

按照《企业会计准则》和《事业单位财务规则》的定义，仪器设备和家具属于固定资产，必须同时满足几个条件："有形资产；使用寿命超过一个会计年度；单位价值在规定标准以上或单位价值虽未达到规定标准，但是耐用时间在一年以上的大批同类物资，作为固定资产管理。"

根据《政府会计准则第3号——固定资产》应用指南，仪器设备和家具分类见表4-2。

表 4-2　仪器设备和家具分类及折旧明细表

固定资产类别	内容	折旧年限
通用设备	计算机设备	≥ 6 年
	办公设备	≥ 6 年
	车辆	≥ 8 年
	图书档案设备	≥ 5 年
专用设备	机械设备	≥ 10 年
	电气设备	≥ 5 年
	雷达、无线电和卫星导航设备	≥ 10 年
	通信设备	≥ 5 年
	广播、电视、电影设备	≥ 5 年
	仪器仪表	≥ 5 年
	电子和通信测量设备	≥ 5 年
	计量标准器具及量具、衡器	≥ 5 年
	探矿、采矿、选矿和造块设备	10 ~ 15 年
	石油天然气开采专用设备	10 ~ 15 年
	石油和化学工业专用设备	10 ~ 15 年
	炼焦和金属冶炼轧制设备	10 ~ 15 年
	电力工业专用设备	20 ~ 30 年
	非金属矿物制品工业专用设备	10 ~ 20 年
	核工业专用设备	20 ~ 30 年
	航空航天工业专用设备	20 ~ 30 年
	工程机械	10 ~ 15 年
	农业和林业机械	10 ~ 15 年
	木材采集和加工设备	10 ~ 15 年
	食品加工专用设备	10 ~ 15 年
	饮料加工设备	10 ~ 15 年
	草加工设备	10 ~ 15 年
	粮油作物和饲料加工设备	10 ~ 15 年
	纺织设备	10 ~ 15 年

固定资产类别	内容	折旧年限
专用设备	缝纫、服饰、制革和毛皮加工设备	10～15 年
	造纸和印刷机械	10～20 年
	化学药品和中药专用设备	5～10 年
	医疗设备	5～10 年
	电工、电子专用生产设备	5～10 年
	安全生产设备	10～20 年
	邮政专用设备	10～15 年
	环境污染防治设备	10～20 年
	公安专用设备	3～10 年
	水工机械	10～20 年
	殡葬设备及用品	5～10 年
	铁路运输设备	10～20 年
	水上交通运输设备	10～20 年
	航空器及其配套设备	10～20 年
	专用仪器仪表	5～10 年
	文艺设备	5～15 年
	体育设备	5～15 年
	娱乐设备	5～15 年
家具、用具及装具	家具	≥15 年
	用具、装具	≥5 年

为方便管理，高校可在上述分类的基础上进行细化，同时根据上报上级管理部门（教育部、财政部）的报表系统对仪器设备和家具的详细分类进行相应的挂钩和对接。

（2）资产入账与财务入账的对接。

在2016年教育部组织的对直属高校的资产清查工作中发现的一个突出问题就是固定资产尤其是仪器设备家具的"账账不符"问题，资产管理部门的资产账与财务部门的财务账无法一一对应。产生上述问题的原因在于：

①入账方式不同。资产管理部门的仪器设备入账是按照品类逐项入账，而财务部门是根据合同或业务批次合并入账，在账务处理上无法进行逐一对应，导致在发生入账错误时无从追溯，在资产处置下账时也无法一一对应。

②资产系统和财务系统"各自为政"。由于历史原因，资产管理系统发展缓慢，从原来的"手工纸质版"到"单机版"再到"网络版"，一直是一个独立的管理系统，没有与财务系统进行对接。国家对资产管理工作要求不断提高，特别是财政部于2017年印发了《政府会计制度——行政事业单位会计科目和报表》，对仪器设备家具的折旧进行了规定，并且要求各高校从2019年1月1日起执行，资产管理系统与财务系统必须从仪器设备家具入账开始到处置全过程一一对应才能满足国家和高校对资产管理的相关要求。

（3）仪器设备等资产入账的信息化模块。

前面提到，为达到国家和高校对仪器设备家具的管理要求，实现仪器设备家具的全生命周期管理，同时满足国家对仪器设备家具从入账到处置全过程的管理，资产管理系统与财务管理系统必须实现系统对接，对接的基础是同时在资产管理系统和财务管理系统建立具有对应关系的仪器设备家具资产电子卡片的数据库。每个设备以唯一一个识别号（可以是业务流水号，也可以是拟生成的设备家具编号）作为标识将两个数据库连接起来，以此作为两个系统对账的基础。一旦资产管理系统入账审核通过，自动通过唯一识别号推送至财务管理系统。若财务管理系统也审核通过，该识别号下即产生相应的仪器设备编号并反馈信息至资产管理系统，两者匹配后资产入账成功；若财务审核不通过，该识别号下不产生仪器设备编号并将错误信息反馈至资产管理系统，由资产管理部门重新进行处理。此外，资产管理部门和财务部门必须每月进行对账并对跨月跨年账项约定处理方式。

2．折旧

财政部2015年颁布了《政府会计准则——基本准则》，2016年印发了《政府会计准则第3号——固定资产》，2017年发布了《〈政府会计准则第3号——固定资产〉应用指南》（以下简称《指南》）和《政府会计制度——行政事业单位会计科目和报表》（以下简称"新制度"）。上述政策的颁布彻底改变了高校固定资产的会计计量基础、分类和折旧方式等。尤其是"新制度"要求高校从2019年1月1日起对固定资产进行折旧，仪器设备家具也在折旧之列。

根据相关规定，仪器设备家具折旧需要注意以下几个方面：

（1）折旧的年限。

《指南》中规定了仪器设备家具的折旧年限（表4-2），高校可以根据本校管理要求，在表中注明的折旧年限的基础上制定更详细的折旧年限的要求（不能低于表中折旧年限），在其框架下细化，报批通过后执行，且折旧年限一经确定不能随意变更。

（2）计提折旧的时间节点。

《指南》中规定："固定资产应当按月计提折旧，当月增加的固定资产，当月开始计提折旧；当月减少的固定资产，当月不再计提折旧。固定资产提足折旧后，无论能否继续使用，均不再计提折旧；提前报废的固定资产，也不再补提折旧。已提足折旧的固定资产，可以继续使用的，应当继续使用，规范实物管理。"其中，与企业会计制度明显不同的是计提折旧的时间节点，企业当月增加的固定资产，当月不提折旧，从下月起计提折旧；当月减少的固定资产，当月照提折旧，从下月起不提折旧。而行政事业单位是入账当月开始计提折旧，减少当月不再计提折旧。

（3）计提折旧的方式。

《企业会计准则第4号——固定资产》中规定，企业可选用的折旧方法包括年限平均法、工作量法、双倍余额递减法和年数总和法等。《指南》中规定："事业单位一般应当采用年限平均法或工作量法计提固定资产折旧，事业单位固定资产的应折旧金额为其成本，计提固定资产折旧不考虑预计净残值。"因此，对高校来说，一般仪器设备家具都根据确定的折旧年限，在不考虑残值的基础上按照年限平均法进行折旧，部分特殊的仪器设备家具若需按工作量法计提折旧，需报销资产主管部门审批后确定执行，且折旧方式一经确定不得随意变更。

（4）仪器设备折旧新旧制度衔接。

因"新制度"规定从2019年1月1日起执行固定资产折旧，所以必须考虑到2018年12月31日以前入账的仪器设备家具的折旧问题。高校需全面清理截至2018年12月31日（含）前所有固定资产，对其预计总使用年限、已使用年限、预计尚可使用年限进行确定，并补提折旧，已提足折旧的在信息系统中单列备案管理，并于2019年1月1日对尚未计提折旧的固定资产补提。

（5）建立资产折旧模块。

如前文所述，为实现仪器设备家具的"实物账"和财务系统"资产账"实现一一对应，需在两个系统中同时建立对应的固定资产卡片数据库，在数据库建立好后，每月从资产管理系统发起针对每一仪器设备家具编号的折旧业务，推送至财务系统，财务系统审核进行财务入账，入账完成后，反馈至资产管理系统，由此完成折旧工作。

3．维修维护

为了延长仪器设备特别是大型贵重仪器设备的使用寿命，充分发挥仪器设备等资产的使用效益，提高仪器设备家具的完好率和使用率，高校必须制定完善的维修维护管理体制和机制。

第一，建立维修管理制度。首先由校资产管理部门牵头制定仪器设备家具的维修管理制度和维修工作流程。具体的管理制度应包括：分级分类的仪器设备维修责任主体，具体的维修程序和工作流程，仪器设备家具维修经费的款源预算等。

第二，建立日常维护管理制度或细则。校资产管理部门牵头督促各二级单位（学院或实验室）制定针对本单位的仪器设备家具，特别是大型仪器设备，建立日常维护管理制度并做好详细的维护记录，保证仪器设备处于良好的工作状态，校资产管理部门不定期进行抽查，并根据抽查结果进行评价，以此作为下一年核拨维护经费的基准。

第三，建立完善的日常维修工作流程。由于高校仪器设备众多，校资产管理部门需牵头制定仪器设备家具的维修工作流程。通过查阅部分高校公布在网上的维修工作流程和相关文献，仪器设备维修流程总结如图4-4所示（由于家具的维修较为简单，本书不再详述）。

第四，根据维修工作流程完善仪器设备家具信息化管理模块。校资产部门需根据图4-4建立网络化的设备故障申报维修流程，方便学校购置部门进行维修申报和维修记录的保存。同时，建立维护模块，实现维护日期到期前自动提醒功能、维护工作记录功能、维护费用统计功能、维护供应商服务评价功能等。

4．仪器设备共享

仪器设备共享多见于大型贵重仪器设备，本书不再详述。

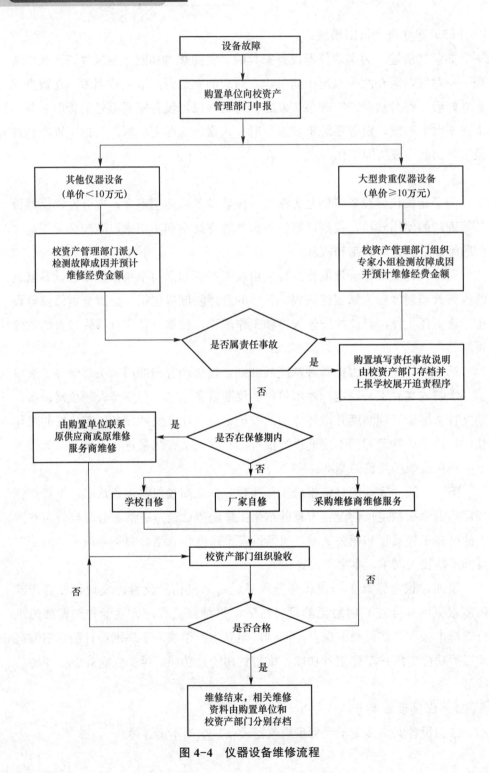

图 4-4 仪器设备维修流程

5．绩效考核评价

随着教育事业的发展，国家投入高等教育经费的大幅增加，国家和社会各界对高校各方面绩效愈发重视。投入高校的财政性资金沉淀下来的多为固定资产，国家作为高校固定资产产权所有者，需要了解财政性资金投入高校产生的效益。国家出台了多个文件明确规定高校需建立国有资产管理的绩效考评机制（表4-3），绩效评价有了明确的政策指引和支撑。

表4-3　国有资产绩效评价办法明细表

序号	年份	文件名称	发文机构	国有资产绩效评价方面
1	2008年	《中央级事业单位国有资产管理暂行办法》	财政部	第六条第八点：研究建立中央级事业单位国有资产安全性、完整性和使用有效性的评价方法、评价标准和评价机制……提高资产使用效益
2	2009年	《中央级事业单位国有资产使用管理暂行办法》	财政部	第三条：中央级事业单位国有资产使用应遵循权属清晰、安全完整、风险控制、注重绩效的原则。 第十一条：中央级事业单位要建立健全自用资产的验收、领用、使用、保管和维护等内部管理流程，并加强审计监督和绩效考评
3	2012年	《教育部直属高等学校国有资产管理暂行办法》	教育部	第六条第七点：各高校应组织实施高校国有资产管理的绩效考核
4	2018年	《关于贯彻落实〈中共中央国务院关于全面实施预算绩效管理的意见〉的通知》	财政部	第一条：全面实施预算绩效管理作为当前和今后一段时期财政预算工作的重点，真抓实干、常抓不懈，确保全面实施预算绩效管理各项改革任务落到实处，不断提高财政资源配置效率和使用效益

高校自身基于现实的需要必须尽快展开对固定资产的绩效考评。首先，高校预算管理和固定资产管理脱节，缺乏科学、有效的资产配置机制，存在配置不均衡、不合理、重复配置等问题；其次，"重购置，轻使用"，部分高校只关心固定资产的购置，而对其日常管理和维护不够重视；最后，高校固定资产使用效率不高、闲置浪费现象依然存在。考虑到高校的资源在分配中也具有竞

争性，购置了固定资产就不能考虑人员经费、运行经费等情况，高校也需要了解投入固定资产购置的资源产生的直接和间接效益，必须通过引入"绩效理念"增强外部约束，从而不断促进内部自生动力的提升，实现资产资源的合理配置和高效利用。

高校要建立合理科学的固定资产绩效考评机制，应当包括以下内容（此处的固定资产仅包括仪器设备和家具）：

（1）完善的绩效考评体制。

高校固定资产绩效考评体系的构建需根据不同目标导向，调整优化绩效评价指标，建立一套完整且实用性强的绩效评价指标体系。考虑到国家将资产管理与预算管理相结合的政策要求，高校需尝试将绩效评价结果与预算拨款和资源配置挂钩，推进资产预算管理和财务管理相结合，同时构建与绩效考评体系相结合的合理的奖惩及问责体系，开展适度而有效的激励。

（2）合理的绩效考评指标。

高校可以根据上级主管部门的要求（如报表要求），结合本校构建绩效考评的需求，以考核目标为导向构建科学合理的绩效考评指标。考评指标确定的途径是可以组织不同学科不同部门的校内外专家和同类型高校职能部门管理者构建定性和定量指标，并对指标体系的各项指标按其重要程度进行打分，以确定各指标以及指标的权重。其中，定量指标包括但不限于：仪器设备存量、仪器设备年增量、仪器设备占比、仪器设备不同用途占比（行政、教学、实验、科研等）、仪器设备利用率、仪器设备年更新率、大型贵重仪器设备利用率、大型贵重仪器设备接待人次、仪器设备账物相符率、仪器设备完好率、大型贵重仪器设备完好率等；定性指标包括但不限于：学校固定资产完善与否、固定资产管理人员职称人数年龄学历等、固定资产管理机构、管理制度和工作流程完善与否、固定资产信息化程度等。

（3）建立绩效考评报告自动生成模块。

固定资产绩效考评报告的编制是一项复杂的系统工程，涉及固定资产管理的方方面面，涵盖的基础数据信息庞大，编制工作烦琐复杂。若全由人工完成，费时费力且可能造成统计误差增多等诸多情况。为了解决这一问题，必须建立智能化的固定资产绩效考评报告生成模块，根据资产管理平台中的特定格式的资产统计数据表，自动分析测算并生成相关图表，最终自动生成相应的绩效考评报告。

（三）使用后期

高校固定资产处置是指高校对其占有、使用的国有资产进行产权转让或者注销产权的行为。处置方式包括出售、出让、转让、对外捐赠、报废、报损以及货币性资产损失核销等。由于高校仪器设备等固定资产的最终所有权人为国家，高校国有资产权利人为国家，财政部门代表国家行使权利人的职责。从管理关系上，教育部直属高校国有资产管理由教育部、学校分别依据委托权限共同完成[①]。因此，仪器设备家具等固定资产的处置必须严格按照国家相关政策进行。国家近年来颁布了多个逐步加强固定资产处置的相关政策法规，如表4-4所示。

表4-4　固定资产处置相关政策明细表

序号	文件名称
1	《中央级事业单位国有资产处置管理暂行办法》
2	《教育部直属高等学校国有资产管理暂行办法》
3	《教育部直属高等学校、直属单位国有资产管理工作规程（暂行）》
4	《教育部关于规范和加强直属高校国有资产管理的若干意见》
5	《关于落实直属高校国有资产管理有关政策的通知》

二、高校公房管理

（一）高校公房管理的主要内容

1．规划管理

管理部门要统筹本校公有房屋配置需求，根据配置需求做好公房使用规划，及时提出购建计划。对多校区高校，管理部门要统筹规划各校区公有房产功能和布局，充分利用存量资产。

2．建章立制

管理部门要根据上级主管部门对房屋资产管理的相关要求，制定和完善本

---

① 张军民，连彦青. 高校国有资产处置实践探讨［J］. 实验技术与管理，2017，34（11）：255-258.

校公房资产管理制度，建立健全本校公房资产的使用考核与评价体系，指导校内二级单位建立公房资产管理的实施细则，督促校内二级单位规范公房资产使用管理，提高公房使用效率。

3．台账管理

管理部门要做好本校房屋、构筑物资产的台账管理，建立从购建到报废报损的全生命周期管理体系，做到房屋、构筑物资产及时建账、账账相符、账实相符。

4．配置管理

配置管理是高校公房管理中的关键环节。《教育部关于规范和加强直属高校国有资产管理的若干意见》中指出，高校应按照国家对事业单位资产配置数量、价格上限、最低使用年限等规定，结合本校实际，科学论证，从严控制，厉行节约，建立健全资产配置标准；要积极推进资产管理与预算管理相结合，将资产配置管理职能嵌入预算管理流程，新增资产配置必须综合考虑现有资产存量情况，充分论证，纳入学校预算统一管理；要加强对存量资产的有效利用，积极推进国有资产整合与共享共用，避免资产闲置浪费。

在高校公房配置管理中，尤其要注意突出二级单位整体教学、科研工作成效在用房配置中的导向作用，充分发挥市场在资源配置中的决定性作用，着力推进公有房产、设施资源全成本核算和共享共用工作，促进公房资产高效利用。

（1）配置方式。

根据公房使用性质的不同，高校一般应采取定额配置、协议配置、论证配置和特殊配置四种方式，分类实施公房配置管理。

①定额配置。对校内所有行政办公用用房，严格按国家有关规定配置；对教学、科研单位各类用房（含办公及辅助用房、教学用房、实验用房、基本科研用房），依据单位规模、学科类别、科研经费量（实际到校的资金）等因素采取定额配置。

②协议配置。对使用单位超出定额面积且需要继续使用的用房，由学校公房管理部门与使用单位签订用房协议，明确使用范围、使用期限、租金标准、缴费方式、违约责任等。此外，根据公房存量情况，有条件的高校可以提供一定数量的科研周转用房，由科研团队、科研项目组、科研人员经所在二级单位批准同意后有偿使用。

③论证配置。对引进人才用房、国家级科研平台建设用房、校级公共服务平台用房、国家级实验教学示范中心建设用房、教室、服务用房、专用场馆及设施等可以采取论证配置。其中，引进人才用房需求论证一般由人事部门牵头组织，房屋资产管理部门等相关部门参与；国家级科研平台建设用房需求论证由科技主管部门牵头组织，教务部门、研究生管理部门、房屋资产管理部门等相关部门参与；校级公共服务平台用房、国家级实验教学示范中心建设用房、教室、服务用房、专用场馆及设施等需求由实验室设备管理部门，或房屋资产管理部门牵头会同相关职能部门进行论证。对于配置面积较大的事项，论证结果应按学校相关决策程序进行决策。

④特殊配置。有涉及国家秘密、国家安全等特殊重大用房的情况，可按特殊事项进行用房配置，用房需求经学校决策会议审定后，由房屋资产管理部门进行公房配置。

（2）公房配置审批制度。

为规范公房配置管理，高校应建立统一的公房配置审批内部控制制度，根据不同的房屋类型进行分级审批。

①办公用房、教学用房、基本科研用房。办公用房、教学用房、基本科研用房用于保障学校管理、教学、科研工作的基本运转，应优先予以解决。对于这几类用房，高校应设立专门的议事机构或建立常态化的议事机制，专门审议或商议面积较大的用房需求事项。对于面积较小的用房需求，如单次申请新增或置换200平方米以内的用房需求，可由公房资产管理部门根据学校公房配置制度进行需求审核和房屋配置；对于面积较大的用房需求，如单次申请新增或置换200～1 000平方米以内的用房需求，可由公房配置议事机构或议事会议审定，由公房资产管理部门进行公房配置；对于面积特别大的用房需求，例如单次申请新增或置换1 000平方米以上的用房需求，可由公房配置议事机构或议事会议审议后报学校决策会议审定，由公房资产管理部门进行公房配置。

②经营用途的公房。高校利用富余或闲置公房开展有偿使用活动或对校外出租时，一般应由公房资产管理部门提出建议方案，由学校资产管理委员会进行审议，报学校决策会议审定后执行。若涉及出租公房装修期减免或因其他不可抗力因素造成的租金减免，应按减免金额，设定分级的减免审批权限和相应的审批制度。

5. 运营监管

管理部门必须对公房资产经营行为加强监管，提高内部控制水平，防止国有资产流失。应尽量避免公房资产出租出借行为，首先确保教学、科研事业的改革发展需要。对确需出租出借公房资产的，应当按照规定程序履行报批报备手续，原则上实行公开竞价招租，必要时可采取评审或资产评估的方式确定出租价格。此外，要建立出租、出借资产台账，实现动态跟踪管理。

6. 使用监督与使用效益考核

（1）使用监督。

加强使用监督是确保公房资产规划合理、高效使用的必要保障。一是管理部门要做好公房配置信息公开，接受校内监督；二是管理部门要加强对二级单位进行公房规划使用的指导和巡查，确保公房按配置时确定的功能高效使用，杜绝二级单位"占而不用"或擅自改变既定用途；三是要严格控制行政办公用房配置、使用标准和装修改造标准。

（2）使用效益考核。

管理部门应按照社会效益和经济效益相结合的原则，建立公房资产绩效考核评价体系，通过科学合理、客观公正、规范可行的方法、标准和程序，真实反映和评价校内二级部门公房管理和使用的绩效。此外，要强化绩效考核评价结果的运用，将绩效评价的结果作为资产配置、调整的重要依据，不断提高公房资产的使用效益。

7. 信息化建设

信息化建设的水平直接影响到公房资产管理的效率和水平。高校应按"统筹设计、整体规划、稳步推进"的原则，加强公房资产管理信息化建设，充分考虑上级主管部门的监管要求以及自身的管理需要，加强内部控制环节设计，准确把握未来业务发展变化，持续推进管理信息系统优化工作。

（二）公房资产的使用监管

公房的使用监管主要分日常管理、监督巡查、装修改造监管三个部分。

1. 公房日常管理

（1）资产清查盘点。公房资产管理部门应负责建立全校各类公房资产管理台账，校内二级单位应负责建立本单位的公房资产分台账，房屋使用信息发生变更时，及时报管理部门调整更新，确保资产台账信息与实际使用信息完全相符。公房资产管理部门每年应定期组织对使用单位的公有房产、设施配置进行清查盘点，确保账账相符、账实相符。

（2）契约化管理。在公房配置时，公房资产管理部门应与使用单位签订配置协议，核发用房分配使用凭证，约定公房使用范围。使用单位应当严格按照配置协议约定在核定面积内合理安排使用，不得擅自改变公有房产使用功能，不得调整给其他单位使用。

（3）信息公开。公房资产管理部门应对公房安排使用情况定期汇总，并在学校网站、公示栏等校内公共平台予以内部公示，接受校内监督。

（4）安全管理。公房使用单位负责本单位公有房产、设施的防火、防盗等日常使用安全管理。按照"管理单位负责安全职责监督、使用单位负责使用安全落实"的原则，使用单位严格执行学校安全生产工作管理规定等相关规定，制定安全防范预案，开展对本单位公有房产、设施的日常安全检查，及时发现各种安全隐患，并采取有效措施予以消除；公房资产管理部门定期对公有房产、设施使用和管理安全情况进行检查，发现隐患及时提出整改要求，对管理中造成安全事故的使用单位将会同学校安全管理部门进行追责和处罚。

（5）用房调整。

①用房置换。使用单位之间需要将学校配置的公房资源进行置换时，相关单位须将经双方主要负责人签字认可的置换调整方案报公房资产管理部门审核，批准后方可进行，并在公房资产管理部门办理相应的资产台账调整手续。

②退房管理。使用单位将各类公房交回学校前，须进行必要的清理，确保房屋清洁和完整。对于使用单位交回脏乱无序的公房，公房资产管理部门不予接收并要求原用房单位限期整改。对于室内的家具、设备资产，必须由原用房单位清理，若需移交给学校，则应及时办理资产调拨手续。

2．公房监督巡查

（1）制度建设。

①管理体制与机制。公房资产管理部门负责建立健全学校公房使用情况巡检考核制度。在巡检过程中，公房资产管理部门应会同纪委、监察等有关部门组成联合巡检工作组，定期对使用单位公房使用情况及管理情况进行专项联合巡检，及时发现和纠正违规问题。公房专项巡检应当与党风廉政建设责任制检查考核、绩效考核检查以及使用单位党政班子和领导干部年度考核相结合，巡检考核结果作为干部管理监督、选拔任用的依据。

此外，还应建立健全公房管理责任追究制度，对有令不行、有禁不止的情况，学校纪委、监察部门依据有关规定追究相关人员责任，对相关责任人予以通报批评或处分，并抄送组织部、人事部门作为干部考核资料备案。

②举报奖励制度。应鼓励校内任何单位和个人对校内各类公房管理和使用中存在的违规违纪行为进行监督和举报，公房资产管理部门接到举报信息并核实取证后，应对举报单位、个人给予奖励。

③限期整改制度。对未经批准强行占用学校公房的单位和个人，公房资产管理部门应责令其限期迁出，并从下达整改要求时限之日起收取非法占用费。

对公房闲置浪费或违规使用情况，公房资产管理部门应下达整改通知书，使用单位接到通知后应在限期内完成整改任务，限期内整改不到位的，也应进行行政处罚或经济处罚。此外，应对新建成的公房设定自竣工验收起到搬迁入住的时限。

（2）巡查重点。

使用单位有下列情形之一的，依纪依法追究相关人员责任：

①擅自将公有房产权属登记在本单位或者所属单位名下，或者不配合办理权属登记的；

②未经批准建设（含新建、扩建、改建、装修、维修等）或者大中型维修公有房产的；

③不按规定腾退移交公有房产的；

④擅自改变公有房产使用功能或者超标准装修改造公有房产的；

⑤未经批准租用、借用公有房产或出租、出借学校公有房产的；

⑥擅自安排企事业单位、社会组织等使用学校公有房产的；

⑦为工作人员超标准配备办公用房或者未经批准配备 2 处以上办公用房的。

公房资产管理部门有下列情形之一的，也应依纪依法追究相关人员责任：

①违规审批公有房产、设施或不按规定处置公有房产、设施的；

②不按规定履行调剂、置换、租用、建设等审批程序的；

③为使用单位超标准配置公有房产的；

④对公有房产管理中发现的问题不及时处理的；

⑤公有房产管理调剂信息报送中瞒报、漏报的。

3．公房装修改造监管

近年来，国家对高校国有资产管理的要求愈加严格，公房资产作为高校国有资产最重要的组成部分之一，更是成为教育主管部门的重点监管内容。通过清理和整改，高校办公用房面积超标的情况已基本得到控制，但公房装修改造由于存在的历史问题较多、重视程度不足、对国家政策理解执行尺度不一等，有待进一步规范。

（1）目前高校公房装修改造管理中存在的问题。

①重视程度和认识程度不足。

一是对国家和教育部相关文件精神的理解和认识不足，很多高校在清理整改中只重视办公用房面积达标与否，往往忽视各类公房装修改造中已经存在或将会发生的超标现象，尤其是会议室、学术报告厅、接待中心等极易发生"豪华装修"。

二是对公房装修改造管理的重要性认识不足，公房管理中"重建设、轻管理"是大部分高校普遍存在的弊端。只考虑前期一次性投入，而对于房屋交验后的管理和维修工作考虑甚少，房产建成后往往没有长期、稳定的维修经费作为保障。

②缺乏统筹管理。

一是管用分离导致的问题。各高校很大一部分公房资源由校内各二级单位掌握，学院、系部只负责使用而不负责管理，如果缺乏有效的沟通，势必造成归口管理部门对其房产的使用情况知之不详，公房有装修改造或维修需求时无法及时处理。

二是高校管理部门间缺乏统筹协调导致的问题。大部分高校房屋规划建设归口基建管理部门，房屋统筹管理归口资产管理部门，房屋装修改造归口后勤管理部门，在缺乏联动机制的情况下，极易发生急需的装修改造的公房未及时解决，不急需的公房反复装修改造的情况。其结果是房屋维修的费用投入很大，却无法达到预期的效果。

③管理制度缺失。

一是国家相关政策颁布后，高校没有及时按照要求制定相应的管理制度。虽然《党政机关办公用房建设标准》等文件具有普适性，但其更加适用于国家和地方各级党政机关，高校应根据自身特点，在符合文件精神的基础上因地制宜地制定规章制度或实施细则。

二是绝大部分高校未能按《党政机关办公用房建设标准》要求，结合所在地区和学校实际情况制定相应的规范，导致公房装修改造随意性过大。

④信息化管理滞后。

近年来，各高校对国有资产管理信息化建设越来越重视，使用的公房、仪器设备、家具等资产管理信息系统逐渐完善，但往往忽视公房装修改造档案信息库的建设，制定每年装修改造计划的依据往往是管理人员的经验判断，难免造成工作失误和资源浪费。

（2）关于做好高校公房装修改造管理的若干建议。

①建章立制，规范行为。

为规范高校内部公房装修改造行为，制定完善的管理规定，完善管理制度，势在必行。在制定规章制度的过程中，必须严格执行国家和教育部相关文件精神，并根据高校自身的特点和实际需求进行细化。其核心要素应包括：

第一，划定管理范围。由于新建房屋报规报建、设计建设等工作都有相应的规定，所以管理对象应以校内二级部门使用的各类公有房产的二次装修改造为主，党政办公用房、教学科研用房、实验用房、配套业务及生活服务用房、体育文化场馆等都应纳入其中。

第二，明确基本原则。高校公房装修改造，应以满足基本功能需求、节约办学为基本原则，并符合国家关于安全、资源节约、环境保护、卫生、绿色建筑等标准和规范要求。

第三，设定装修改造期限。为节约办学资源，必须严管公房重复装修改造。因此，需设定装修改造期限。对同一公房，不论使用单位是否变更，装修改造后三年内，不得再次进行装修改造。

②分工明确，各行其责。

要抓好抓实公房装修改造管理工作，必须在校内形成多部门联动的管理机制：一是在装修改造申请审批过程中，资产管理、基建、后勤、保卫等相关部门都应履行相应的职责，从公房使用规划、结构安全、用水用电安全、消防安全等不同的角度进行严格审核；二是在装修改造工程实施和竣工验收过程中，应多部门进行检查或抽查，做好过程管理；三是在工程经费结算过程中，应严把审计关，杜绝二级部门擅自超项超预算的现象发生。

③建立规范，明确上限。高校公房装修改造应参照《党政机关办公用房建设标准》规定的基本装修标准或中级装修标准执行，即选用建筑所在地区经济

型普通装修或中等价位材料（构配件），且对房屋地面、墙面、天棚、门等主要装修材料选材范围进行限定。为便于管理，应在执行上述规定的装修标准、装修材料选材范围之外，制定相应的装修改造控制价格，即依据高校所在地区装修材料、人工成本市场行情，制定单价上限。为便于操作，可将装修项目和改造项目分开，单独设置单价上限。高校普通公房（不含体育场馆及具备特殊功能的实验室）装修标准建议如表4-5所示。

表4-5　高校普通公房装修标准建议

序号	类型	可用材料（构配件）
1	房屋地面	选用中低档复合木地板、普通 PVC 地材、地砖、水泥砂浆等
2	墙、柱面	中档饰面板、普通涂料或壁纸
3	天棚	普通涂料或普通饰面板吊顶
4	门	普通复合木门、普通钢制防盗门、玻璃门

注：同等档次室内装修材料，提倡采用新型环保节能材料。

④实事求是，分类管理。高校与党政机关不同，其部分公房具有特殊功能需求，例如具有通风、洁净、辐射保护等特殊需求的实验室等。因此，在制定管理规定时应实事求是，做好分类管理：一是将有特殊功能需求的公房装修改造纳入管理框架内，其基础装修改造仍按一般的规范和标准执行；二是对特殊功能改造实行差别化标准，可依据其行业标准执行；三是前沿学科的特殊科研实验室，若其功能改造具有首创性或唯一性，应单独组织论证制定专门的装修改造标准。

⑤其他建议。规范的物业管理不但有利于美化学校的整体环境，还能延长建筑物使用寿命，物业管理与公房管理密切相关。通过规范化、高水平的物业管理，做好日常的维修维护工作，不但可以避免问题累积，还可以减少装修改造投入。

（三）高校公房管理中存在的问题

由于长期以来缺乏整体规划和系统有效的管理，高校公房管理体制机制陈旧等，高校公房管理中普遍存在基建速度与办学规模不同步，公房资源供不应求与二级单位用房管理薄弱造成公房资源闲置问题并存等问题。具体来讲，高校公房管理中存在的问题有以下几点。

1. 管理机构不明确，分配机制不健全

一是大多数高校没有公房归口管理部门。高校内设的资产处、实验室设备处、教务处、研究生院、后勤、产业等部门都不同程度地承担着公房的管理职责，公房分配、使用和调节没有明确由谁主管。院系需要申请或置换公房找不到主管部门，只能去找校领导。公有用房分到各单位之后，没有专门的管理部门进行管理控制。高校不能准确掌握各单位办公行政用房的使用状况，也没有全校办公行政用房的明细，更不能根据使用状况和需求进行调配。

二是缺乏科学有效的公房用量核定、配置、调剂的相关制度，从而会出现管理混乱、占房严重、只进不出的局面。

三是分配机制缺乏合理性。高校公房分配方式往往是由院系多次向高校提出申请，主管领导在有限的房源中进行调整周转。应该给多少，决策是否科学合理，以什么标准去衡量，由哪个部门负责等问题都不能很好地解决。有时还会出现另外一种现象：院系由于新增实验室、科研项目等情况需要办公用房时，即使是院系内有空闲房，也不会在内部调节，直接将问题上交到学校层面，向校领导申请房源，进一步加剧了公房资源紧张和分配使用不合理的情况。

2. 分配不均，调配困难

多年以来，高校在逐步调整办学方向，很多专业在此过程中不断增设和扩大，有些专业则逐渐压缩。在这种情况下，要求对教学及办公用房的使用进行调整，但实际上却是阻力重重，应该减缩办公用房的单位往往以各种理由或提出种种困难不愿调整，从而使新增专业受到现有条件的限制，得不到必需的用房，只能挤压自身的公房用于教学。部分教研室无活动场所，多名行政人员挤在一间屋子办公，多数院系教师没有休息室和会客室。而其他一些有独立办公大楼的院系，则用房充裕，各类功能的用房分设齐全。

3. 存在违规用房现象

由于高校公房无偿使用，部门、院系对自身房源的态度是多多益善。一些院系原有专项科研用房，课题研究早已结束，但是科研用房却迟迟不退还。个别院系未经学校同意占房和改扩建房的现象也时有发生，甚至有的楼道内洗手间被擅自改造，上锁自用。这些现象既影响了公房的合理周转，也不符合消防安全规定，埋下了安全隐患。

4. 观念落后，改革步伐缓慢

虽然高校办学理念逐步更新，但是，与之配套的办公用房管理使用观念还始终滞后，制定并切实执行公房定额管理、有偿使用制度的院校不多，大部分高校仍然存在用房紧张、观念落后、改革迟缓的问题，这也是造成资源不能有效利用的一个重要原因。

5. 信息化程度低，台账管理不规范

高校公房管理信息化程度低，主要体现在三个方面：一是由于高校公房管理历史遗留问题较多，对校史悠久、拥有多个校区或多校合并的高校来讲问题更甚。高校公房资产一直未能彻底清理，家底都无法摸清的情况下，基础数据本身就存在缺陷，不论信息化手段有多么先进，都难以达到预设的管理目标。二是由于高校对信息化建设的重视程度不够，公房管理信息化建设相对于教务管理、财务管理来讲较为滞后，有的高校公房管理信息平台功能主要以台账管理、报表管理为主，无法满足更高层次的管理要求，即便满足台账管理功能，也无法与校内财务、人事等信息平台进行对接，数据交换效率低下。三是由于没有归口管理部门，有的高校公房信息化建设缺乏整体性，各部门各管一段，需要汇总数据时七拼八凑，既影响效率，又无法保证数据的准确性。

6. 权证管理问题较多

由于高校的特殊性，它在基本建设过程中受地方政府部门节制相对较弱，造成高校基本建设资料缺失、手续不齐，很多房产无法办理权证，这种情况在中央部委直属的高校中体现得更为集中和突出。随着时代发展，高校公房权证缺失，对管理工作带来的影响越来越大，也不符合教育主管部门对高校公房管理提出的新的要求。按照目前的不动产登记管理政策，高校基本建设过程中缺失的资料、手续无法补办，因此无法按正常程序办理不动产登记，唯有通过高校所在地政府开通绿色通道予以特殊办理。

第三节　高校无形资产管理

一、无形资产的范围

（一）专利权

专利权简称"专利"，指国家专利主管机关依法授予发明创造专利申请人对其发明创造在法定期限内所享有的专有权利，包括发明专利权、实用新型专利权和外观设计专利权。专利权具有如下法律特征：①专利权是两权一体的权利，既有人身权，又有财产权；②专利权的取得须经专利局授权；③专利权的发生以公开发明成果为前提；④专利权具有利用性，专利权人如不实施或不许可他人实施其专利，有关部门将采取强制许可措施，使专利得到充分利用。专利权具有时间性、地域性和排他性三个方面的性质。

专利权有主、客体之分。主体是指专利权人，依法享有专利权并承担相应义务。主体主要包括发明人、设计人或受让人等。客体是指依法应授予专利权的发明创造，也称专利法保护对象，主要包括发明、实用新型和外观设计等。

（二）非专利技术

非专利技术也称专有技术，是指不为外界所知，未经公开也未申请专利，但在生产经营活动中应采用了的，不享有法律保护的，但为发明人所垄断，具有实用价值，可以带来经济效益的各种技术和经验。它主要包括设计资料、技术规范、工艺流程、材料配方、经营诀窍、图纸、数据等技术资料、特殊产品的存储方法、质量控制管理经验，也包括专家、技术人员所掌握的经验、知识和技巧等。

最高人民法院《关于审理科技纠纷案件的若干问题的规定》中规定非专利技术成果应具备下列条件："①包括技术知识，经验和信息的技术方案或技术诀窍；②处于秘密状态，即不能从公共渠道直接获得；③有实用价值，即能使所有人获得经济利益或竞争优势；④拥有者采取了适当保密措施，并且未曾在没有约定保密义务的前提下将其提供给他人。"非专利技术主要依靠保密手段进行垄断，没有在专利部门登记注册，因此不受法律保护。非专利技术没有有效期，可有效使用并可以有偿转让，其计价应经法定的评估机构评估确认。

（三）商标权

商标权是指专门在某类指定的商品或产品上使用特定的名称或图案的权利。商标的构成要素有文字、图像甚至声音等。我国商标权的取得实行注册原则，因此，商标权实际上是因商标所有人申请，经国家商标局确认的专有权利，即因商标注册而产生的专有权。商标权的获取必须履行商标注册程序，而且实行申请在先原则。商标权的有效期为 10 年，自核准注册之日起计算。商标权具有经济价值，可以用于抵债和依法转让。商标权具有独占性、时效性、地域性、财产性和类别性等特征，其取得方式有原始取得和继受取得两种，取得原则有注册原则、使用原则和混合原则三种。

《中华人民共和国商标法》中规定了获得商标权的核心条件，即商标具有显著性、便于识别，即标识作为商标所应该具备的基本价值也是能够区别商品或者服务来源。因此，申请注册商标具有一定的特点或者独创性并不意味着商标就具有了显著性特征，如果相关公众在心理上并没有用其来区分商品或服务来源的意思，就不能认定其具有显著性。

高校商标权具有多样性，校训、校徽、校名甚至标志的教学建筑图形都有可能是区别高校、代表高校的重要标记，其具有很高的商业价值，但高校商标权在现实运营管理中更加注重教育等社会功能。为确保我国高等教育的健康发展，我国高校应积极构建自己的权利意识，行使和保护自己的各类商标权，防止商标被滥用、盗用。

（四）著作权

著作权过去也称版权，不过随着科技的进步，著作的种类逐渐增加，具体是指制作者对其创作的文学、科学和艺术作品依法享有的某些特殊权利。著作权有主、客体之分。主体指著作权人，即著作权权利、义务的承受者；客体指受著作权法保护的各类作品。著作权的内容由两部分组成：人身权（包含发表权、署名权、修改权和保护作品完整权）和财产权（包含复制权、发行权、汇编权和信息网络传播权）。在我国境内，凡是中国公民、法人或者非法人单位的作品，无论是否发表都享有著作权。

著作权具有知识产权的三个主要特征：无形性、时间性和地域性。无形性是指著作权保护的客体即作品是一种智力成果，其特点是：只有通过使用才能体现出的存在，使用不会减损其价值存在。时间性是指著作权的保护是有时间限制的，过了保护期就进入了公有领域，任何人都可以无偿使用。地域性是指著作权的保护程度依据国家和地区的不同而有所区别。如果有双边条约或国际条约，同一作品在缔约国或地区受保护的内容和程度，在达到有关双边或国际条约的最低保护程度的基础上，再由当地的相关法律确定。

（五）特许权

特许权又称经营特许权、专营权，指企业在某一地区经营或销售某种特定商品的权利或是一家企业接受另一家企业使用其商标、商号、技术秘密等的权利。特许权的具体组成和特许经营的模式有关，不同的特许经营模式对应着不同的特许权。遵照特许权由简单到复杂的顺序，按单一元素到综合模式级别可以把特许经营分为以下六种基本类型：商标特许经营、产品特许经营、生产特许经营、品牌特许经营、专利及商业秘密特许经营和经营模式特许经营。

（六）土地使用权

土地使用权是指国家机关、企事业单位、农民集体和公民个人以及三资企业，凡具备法定条件者，依照法定程序或依约定对国有土地或农民集体土地所享有的占有、利用、收益和有限处分的权利。土地使用权包括农用地、建设用地、未利用地的使用权。土地使用权与土地所有权是土地法规中最基本、最重要的概念。土地使用权是中国土地使用制度在法律上的体现。国有土地使用权是指国有土地的使用人依法利用土地并取得收益的权利，国有土地使用权的取得方式有划拨、出让、出租、入股等。土地使用权的确认包括对土地使用权归属和使用权内容的确认两方面内容。高校土地属于教育设施用地，是以国有划拨方式取得，没有使用年限的限制。按照现行法律规定，划拨土地转让或改变用途必须经依法标准，土地出让收入实行收支两条线管理，高校不得擅自转让国有划拨土地，用所获收益抵偿债务。

（七）商誉及其他财产权利

商誉是指在同等条件下，能够获得高于正常投资报酬率所形成的价值。商誉是一种不可确指的无形项目，不能独立存在，具有附着性特征。它既不能单独转让、出售，也不能以独立的一项资产作为投资。其特点表现为没有实物形态、收益的不确定性和有偿取得。高校商誉指校名，特别是那些百年名校，由于文化历史沉淀丰厚，其学术水平、师资队伍、学生素质以及管理水平等因素都集中体现在校名上。

无形资产的掌握是高校科研水平和综合实力的重要体现，无形资产的质量对其科研与教学活动有直接的影响。然而，长期以来受传统观念的影响，高校一般对有形资产的管理给予了较高的重视，对无形资产的管理则较为滞后，从而导致巨大的损失。因此，无形资产的管理逐渐成为高校资产管理的重要内容。

二、无形资产的类型

（一）知识产权类

知识产权类无形资产是以智力成果为客体的独占性权利，这类无形资产包括专利权、商标权、著作权、专有技术权、土地使用权、特许经营权、商誉以及其他财产权利等。知识产权类资产是高校无形资产的重要组成部分，在当前的市场环境中具有广泛的经济开发空间，如科研活动中开发的计算机软件、申请的职务专利等，高校的域名、服务标志，以及与高校相关联的其他标志等。

（二）人力资源类

人力资源类无形资产是高校拥有的各类高级专业人才：一方面，指高校所拥有的各种优秀人才素质能力所转化成的资产，例如在专业领域具有重要影响力的学者和学术权威；另一方面，指高校毕业生中的知名人物对母校发展给予的经济捐助以及对提高学校知名度产生的积极的作用，也就是分布在各个领域的高校毕业生所带来的影响和作用。

（三）办学理念类

办学理念类资产是指高校在长期的管理实践活动中，经过长期经验积累所形成的管理理念、管理制度、文化特质等的先进性和优秀性，也指高校由于政府给予的优惠政策而拥有的政策优势所转化成的资产。具体而言，办学理念类资产包括高校创立的管理制度和管理方法、独特的办学模式、拥有的文化特质和文化氛围等。

（四）市场资产类

市场资产类无形资产是指高校凭借自身拥有的、与市场相关的无形资产而获得的利益。市场资产包括信息资产、关系网络资产和学校形象资产。信息资产是指由信息技术系统的开发所形成的信息拥有量和信息捕捉能力形成的资产；关系网络资产是指高校经过长期努力建立起来的有助于自身发展的各种社会关系所形成的优势；学校形象资产是指高校在发展过程中，逐渐在公众心中形成的评价和口碑，也就是由高校的美誉度、知名度转化而成的使高校具有竞争优势的资产。

三、无形资产管理中存在的问题和应对措施

（一）存在的问题

1. 管理意识淡薄，认识不充分

无形资产因没有具体的实物形态，看不见、摸不着，在高校资产管理中重视程度不够，对其产生的经济效益及其对高校综合实力的提升作用认识不够，难以评估其具体价值所在，因此，部分高校对单位内部的无形资产有哪些不清楚，也不了解无形资产对单位发展的重要性，尤其缺乏对无形资产及其价值进行定性和定量的分析和认识。所以，很多高校相对更加注重对固定资产的管理，而忽视了将无形资产作为国有资产进行管理，对无形资产管理的认识尚不到位，意识相对比较淡薄。例如，作为高校无形资产的校名校誉被滥用或侵权用于商业目的的现象时有发生，从而造成高校声誉和经济损失。

2. 管理制度不健全

为规范国有资产的使用和管理，防止国有资产流失，财政部制定了《中央级事业单位国有资产使用管理暂行办理办法》及《补充通知》，教育部也出台了《教育部直属高等学校国有资产管理暂行办法》，各事业单位也拟订了有关国有资产管理的配套政策文件。但这些管理规定更加偏重固定资产、流动资产和对外投资的管理，对无形资产的登记、使用管理和处置等只有简单的阐述，并没有明确的规定。事业单位在实际操作中无法有效建立无形资产管理制度，从而造成无形资产有关制度不健全，指导性、操作性不强，管理不尽如人意，管理和监督比较粗放。

3. 管理机构不到位

各事业单位一般都设有专门的固定资产管理机构和人员，有的高校是单独设置固定资产管理部门，有些是在财务等部门设立单独的科室。但很多高校对无形资产管理未有专门的机构负责，从而导致对无形资产的管理力度不强，无

形资产的价值确认没有形成统一的、规范的评价体系，只是对一些无形资产进行简单登记，台账模糊不清，无法进行量化管理。对无形资产的使用、报废处置等环节也监管不严，致使对无形资产滥用侵权现象突出，导致无形资产严重流失。

4．人才流动造成无形资产流失

随着我国高等教育"211工程""985工程"和"双一流"建设的不断实施，人才强校已成为很多高校发展的主战略，所以高校人才的合理流动已逐渐成为必然的趋势。现在许多高校以国家实施"千人计划"等重大人才计划为契机，加强了人才引进的力度，以优厚的条件和待遇广泛吸纳人才，致使在教学、科研、学术上具有高水平的人才交流频繁，使经济欠发达地区的高校教学、科研、学术上具有高水平的人才向经济发达地区外流，以致经济欠发达地区的高校声誉和实力水平受损，造成了无形资产流失。

5．核算不规范

根据财务有关规定，行政事业单位在购入、委托开发或自行开发取得无形资产时，应按照确定的无形资产成本，计入无形资产进行核算。但实行作中绝大多数事业单位对取得的无形资产一般都按实际支付金额直接列入支出，而且未按财务规定确认无形资产。部分事业单位的财务报表中，无形资产账面价值始终为零，不能真实和直接反映出本单位无形资产价值，造成账实不符。

6．无形资产的转化率较低

目前，我国高校大多数的专利技术还被陈列在实验室里，一定程度上导致了人力、物力资源的浪费。究其原因，一方面是许多教师、科研人员单纯追求学术水平而忽视了科技成果的实用价值。较多高校科技人员认为科研项目完成的标志是通过成果的鉴定，很少有人会关注到科技成果转化的问题；另一方面是缺乏完备的专利转化激励政策，导致科技与生产相结合的中间渠道不畅通，致使急需科学技术的企业得不到技术支持，同时高校的科研成果推销不出去，也在一定程度上影响了无形资产的转化效率。

（二）应对的措施

1．加强宣传，增强管理意识

无形资产与有形资产均是高校的重要资产，对增加高校的影响力和综合实力而言都是不可或缺的，同样要加以严格保护和科学管理。因此，各高校有必要广泛宣传无形资产的相关知识，包括专利权、土地使用权、非专利技术、著作权、商标权、商誉等，增强人员对无形资产的保护意识和能力，要尽可能使无形资产的研发、使用、核算、处置等过程精细全面，消除无形资产流失的隐患，保护高校无形资产的完整性和安全性。建立无形资产保护意识是一个逐步深入的过程，为保证宣传效果，宣传工作起初主要针对全校科研人员、管理人员和在校学生进行，逐步加强和完善高校全部人员对无形资产的认识和重视，提高对无形资产保护的意识。只有在思想上强化了对无形资产的认识，才能采取相应的措施。

2．成立专门机构，加强人员培训

应设立单独的管理机构，配备具有财务和法律等专业背景、具有专业知识的专职人员，对无形资产进行日常管理，确保无形资产管理工作的高效统一。高校应明确国有资产管理处等类似机构是无形资产的综合管理部门和牵头部门，协调校内各无形资产的归口管理部门，具体开展无形资产管理和保护工作，统筹办理无形资产的登记入账等手续，高校应根据本校实际情况定期开展无形资产的清查等工作，如半年或一年一次。建议在无形资产管理部门内部设立法务组，专门负责无形资产的法律注册登记工作以及产权法律纠纷的处理。同时，应全方位开展人员培训，不断提高管理人员的业务水平和能力。

3．完善和增设会计核算科目，建立核销审批制度

事业单位财务制度有明确规定："事业单位转让无形资产，应当按照有关规定进行资产评估，取得的收入除国家另有规定外应计入事业收入。事业单位取得无形资产发生的支出，应当计入事业支出。"财政部发布的《事业单位会计制度》中第124号科目"无形资产"明确规定了无形资产的范围、取得后如何入账、各种无形资产应合理摊销、明细账的设立等。除此之外，很少有相关法规对此做出更加具体的规定，这样就难免出现一些不规范之处。如不实行内部成本核算的事业单位购买专利技术时，或用自己的商誉价值参与投资时，无形资产的摊销处理过程中出现了账外资产。而处理无形资产过户时就核销了无形资产的价值，无形资产不再有余额，资产负债表也不能反映出无形资产的存在，无形资产都将处于账外资产的状态。

高校向外转让已入账的无形资产时出现了没有成本可转的现象，需要增设

"无形资产基金"科目，加以弥补。该科目属净资产类科目，与无形资产科目同增同减，余额相等，互为对应科目。无形资产在摊销列作支出后，仍以原始价值保留在资产负债表中。这既能及时反映事业单位用于无形资产的支出，保证事业单位消耗的资金及时获得补偿，又避免了账外资产的出现，同时也有效解决了会计制度前后矛盾的问题。需要增设"累计摊销"科目。该科目属于负债类科目，核算实行内部成本核算的事业单位对使用寿命有限的无形资产计提的累计摊销。事业单位按月计提无形资产摊销时，借记事业支出、经营支出等科目，贷记本科目。该科目期末贷方余额反映无形资产的累计摊销额。增设了"累计摊销"科目，实行内部成本核算的事业单位无形资产摊销列作支出后，能够准确完整地反映出事业单位无形资产的摊销过程和余额。《企业会计准则》中明确规定了无形资产的范围。随着市场经济的深入发展，无形资产的内涵日益丰富，原有的列举性规定已经远落后于经济的发展，如商业秘密、营销网络、商号等在准则中均未被提及。这就需要出台新的制度或法规，加以补充和完善，进一步明确无形资产的评估、认定、登记和核算相关条文。监管部门应根据现有法规和制度制定细则，进一步细化核算，将现有无形资产纳入账内核算，建立对无形资产的核销审批制度。

自行开发的无形资产成本应该包括创造发明成本、法律保护成本、发行推广成本等，这些成本需要依照政策和法律规定或者投资合同及协议来确定。一项无形资产获利能力通常与评估价值是正相关的，无形资产使用期限的长短又直接影响其评估值。在正常的条件下，其获利能力越强，评估价值越高；获利能力越弱，评估值越低。当然，有的无形资产尽管投入成本很高，但不被市场所认可，或由于收益能力低，其评估值很低。无形资产越先进，其领先水平越高，使用期限越长，其无形损耗程度越低，其具有实际超额收益的期限（或收益期限）越长。

无形资产的适用范围越广，适用程度越高，需求者越多，需求量越大，评估值就越高。此外，还要科学地对无形资产进行评估和核算，一般只可用于以成本补偿为目的并可单独计算取得成本的无形资产，适用于那些能被重建或替代无形资产的价值计算，也可估算因无形资产使生产成本下降、原材料消耗减少或价格降低、浪费减少和更有效利用设备等带来的经济收益。

第四节　高校资产管理的信息化创新

一、高校资产管理信息化建设的现状和要求

高校资产管理信息化建设目前基本解决了资产存量的实物管理需求，但是无法满足更高的要求。高校资产管理工作的核心问题是无法量化地回答"这批资产有何用"的问题。没有有效的绩效考核措施核算国有资产的投入和产出，用和不用都一样，因此，资产管理工作必然疏于日常管理，造成账实不符、重复购置、闲置等国有资产流失的行为，进而造成巨大的浪费和财产损失。

近几年，国家各级管理部门对高等学校的资产管理工作提出了绩效考核的管理要求，如要求固定资产计提折旧、采取权责发生制进行会计核算等。因此，高校资产管理工作必须转变工作思路，资产管理上不仅仅要求资产实物管理的规范性，更要进行精细化的绩效考核管理工作，才能满足上级部门的管理要求和自身事业发展的需要。采用各种主流成熟的信息化手段，以资产为信息载体，对围绕资产开展的各项教学科研及其配套辅助活动的相关信息进行精细化的数据采集，核算各项教学科研的资产成本，以此为依据不断优化资源配置使用规则，实现资产效益最大化。

二、高校资产管理信息化建设的难点和可行性

（一）高等学校资产管理信息化建设的难点

高校资产是由国家拨款形成的公共财产，可以给各级用户带来切实的利益，同时又没有有效的手段来监管资产的使用情况，因此职能部门之间、管理单位与教学单位之间、单位与教师之间、教师与学生之间等资产使用对象主观和客观上易形成各种信息壁垒。各类信息壁垒的形成有各种各样的客观原因，传统的信息化建设试图通过行政管理手段打通各种信息传递的渠道，通过开协调会，出台各种管理办法，甚至拆并部门，往往花费大量的金钱和时间但是收效甚微。具体体现在以下方面：

（1）系统管理业务需求反复修改，仍然无法满足现实的管理需求。这主要是因为业务需求方的管理思路落后，无法适应信息时代的管理标准，但是需求方作为甲方拥有绝对的话语权，开发方作为乙方一般不会提出异议，因为按照甲方的要求开发更符合乙方的利益。因此，按照传统思路的需求做出来的系统必然无法使用，最后结果是线上一套，线下又是另外一套。

（2）高校的资产动态数据量虽然不大，但是这批数据是由成千上万的用户共同维护，形成的一个完整数据库，同时，对于这批公有财产的信息，缺乏有效的统一监督和沟通手段，资产数据库会混入各种不真实的虚假数据。系统需求设计首先得围绕如何获取确信并可追责的数据，通过日常的不断使用来维护数据，使得资产数据库越来越准确，否则信息系统将会越用越乱，最后停用。

（3）高校资产信息化工作并不能带来任何直接的效益，如果短期内没有管理成效，特别是选取的信息技术手段虽然先进但是不成熟，投入过高，用户接受度低，同时增加了师生的学习使用成本，达不到提高服务效率的目的，也只能以失败告终。

总之，高校资产信息化建设不仅仅是建设一套软硬件系统，而是依托软硬件形成一套现代化、信息化的高效服务的资产管理工作思路。

（二）高等学校资产管理信息化建设的可行性

当代社会已经进入高速发展的信息时代，生产类型企业、物流类型企业，包括各类直接面向公众的公益服务型政府职能的信息化程度非常高，各种最新的软硬件信息技术都能在上述企业很好地推广并投入应用。其根本原因是这些社会机构在大的市场经济环境中需要创造效益才能生存下去，相关信息与使用者的个人利益密切相关，所以信息化建设过程中会自发地以效率导向为中心构建系统需求，自觉形成诚信的监督机制。

高校资产的动态数据量相对上述社会机构小，业务逻辑复杂程度低，相关技术手段已经在社会上广泛使用。高校与上述机构的区别是不用严格考核资产使用效益，故无法形成保证信息准确的内在监督动力。因此，高校只能依靠纯技术手段，解决数据源的动态采集，建立信息公开的监督机制，才能将如一潭死水的高校资产数据池搅活，提供有参考价值的绩效考核和决策分析的信息。

因此，在现有高校管理模式下，如果想要把高校资产信息化建设落到实处，必须坚持以下原则：

（1）采用低成本的成熟软硬件技术。高校的资产管理基本都是日常事务工作，信息化的瓶颈不在于技术，而是人为的主观和客观阻力，只要技术成熟可靠，都可以轻松实现功能需求，避免由于投入大量的不成熟的技术增加项目实施失败的风险。同时，新的技术需要使用者拥有高级别的使用技能，这种学习成本无法估计，加剧了信息化实施失败的风险。

（2）基础数据的采集必须脱离传统人工采集审核的方式，没有经过认证的数据进入系统，对整个系统的顺利运行影响巨大。系统也许运行了几年后才可能发现错误，但是又无法核实错误的原因并进行更正，只能作为遗留问题，从而对资产管理工作造成无法估量的损失。应采用基于大数据、云计算、图像识别、物联网建立智能化的采集、处理、输出数据处理机制。例如固定资产入账时，可以通过读取发票号自动获取相关资产的型号、规格、单价、购置日期、资产名称等核心资产信息，而不是完全由人工录入。要利用图像识别技术对资产的使用效率、人员出勤率进行智能识别并统计。可采用各种可动态采集传输的传感器，对资产标签（包括房屋）、资产的位置变动、用电量、开机时间等进行自动显示、传输和统计。也可以通过手机移动终端，扫描发票号、设备标签自动完成资产信息录入、变更操作。

总之，高校的资产信息具有空间范围广、种类多、数量庞大、责任主体多且杂、存在时间长等特点，特别是与资产相关的信息量更加繁杂，但是同一资产的数据变化频率非常低，因此很难建立资产与其他相关科研教学活动的动态关联关系，更加难以在时间、空间维度进行统计和决策分析。因此，数据出了问题也就很难及时发现和解决。完全依靠人力解决这些问题是不可能的，唯有通过现代信息化技术手段，实现资产数据智能采集、变更、统计分析，让资产数据池高效运转起来，保证数据的及时、准确、有效，才能有效地解决目前资产工作中的效率低下、经常犯错且犯了错也不知道错在哪里的尴尬局面。

三、高校资产信息系统的功能创新

（一）高校资产信息化系统的目标

采用各种主流信息技术手段，实现资产信息化系统如下功能目标。

1．方便快捷

只要有网络环境，就可以通过手机、计算机、高拍仪、扫描枪、支付平台、云客户端等终端工具进行系统访问，完成各类资产相关数据的采集和展示。

2．自动化程度高

以前只能通过人工处理的业务，现在通过系统自动完成数据采集和输出分析数据的工作，并且系统高度集成，相关联的系统可以实现数据自动共享，减少人力成本和办公耗材成本。

3．多平台数据共享

作为校园数字信息化战略的一个重要子系统，系统必须突破以往"数据孤岛"的局限性，相关资产管理科室、相关管理处室的管理平台进行数据交互，使得信息在纵向与横向上得到及时的传播，有利于各部处及本处的工作紧密衔接和通力合作，如大型设备共享系统本身没有数据库，而是同时共享资产采购管理系统、仪器设备网络管理系统以及校园一卡通人事信息系统的相关数据；实验室管理系统同时共享仪器设备网络管理系统、房地产管理系统以及校园一卡通人事信息系统的相关数据。

4．全员参与

让设备购置人、设备使用人、设备负责人以及实验室工作人员都参与或了解设备采购与管理的日常工作，加深他们对业务的熟悉程度，也加强他们对设备管理工作的重视程度。

5．信息查询与共享

系统可以分配权限，让不同人员根据需求使用相关数据，如设备管理人可以根据权限查询其管辖下的所有设备信息；大型设备共享系统可以不用进行身份认证，就实现网络预约使用时间，方便外院或校外人员使用。

（二）高校资产信息系统模块设计

高等学校组织规模巨大，结构层次繁多，业务活动复杂。随着近年来高等教育事业的迅猛发展，学校资产规模急剧膨胀，构成日趋复杂，管理难度越来越大，尤其是扩招、校际合并、学校内部推行的后勤、财务、人事、分配等制度的改革，对学校的资产管理工作不断提出新的要求。财政部颁布的《事业单位国有资产管理暂行办法》更是明确提出，要建立和完善事业单位国有资产管理信息系统，对事业资产实行动态化、精细化管理。但是，多年来资产管理工作一直是高校管理的薄弱环节，管理职能分散，管理基础工作不够规范，资产安全控制体系尚不完善，家底不清、账账不符、账实不符、资产流失的现象在不少的高校依然存在。因此，需要从顶层设计一套统一规划的高校资产信息系统。

1.资产配置预决算系统

充分引进和利用物联网、移动APP、互联网等技术和理念，利用数字化校园平台集成的经验，对资产管理相关的各个系统进行了统一规划和整合集成，按照"统一的信息标准、统一的技术路线、统一的业务规范、统一的基础架构和统一的组织管理"原则，设计开发了全新的、体现"互联网资产管理"思维的资产配置预决算系统。

（1）建立统一的信息标准，严格遵循教育部的《教育管理信息化标准》和行业标准，为确保数据的完整性、准确性与一致性提供依据。

（2）构建统一的信息门户，为广大的资产管理、使用人员提供快捷、便利的信息服务通道。

（3）构建统一的身份认证系统，集中人员管理、统一权限管理，保证用户电子身份的唯一性、真实性与权威性，实现众多系统的用户单点登录。

（4）构建安全可靠的公共数据交换系统，实现各个应用系统之间的数据交换与数据共享。

（5）对办学条件进行分析，为教学、科研评估提供支持；对学校资产进行绩效考评；对海量数据进行智能分析，为管理决策提供支持。

2.资产账务管理系统

资产财务管理系统的功能覆盖所有的固定资产管理业务活动，包括固定资产验收、增加、处置、变动、分布、清查、统计、分析、账表、产权登记、上报数据等，与财务管理、预算管理相结合，体现《事业单位国有资产管理暂行办法》《关于进一步规范和加强行政事业单位国有资产管理的指导意见》的要求，为学科建设、分配制度改革等提供支持。在吸收先进管理思想的基础上，该系统以信息技术为手段，以实现固定资产的动态化、精细化管理为突破口，以"人人都管理物、物物有人管"的资产管理理念，实现固定资产管理的"账账相符、账实相符"的最基本要求。

（1）固定资产的增加。

购买人员填写验收单，生成资产卡片，打印出规范的验收单、卡片、条码标签，在校园网上自动提交至不同的归口部门审核，经过财务部门审核与记账，完成固定资产增加手续。不同种类的资产对应不同的物质属性，支持分散采购和集中采购模式。提供智能的资产分类查询，并可自动转换对应的资产分类。

（2）资产日常变动。

使用部门对资产在使用过程中对一些主要使用属性的变化，如现状、使用单位、使用人、使用方向、存放地点、单价等进行管理。选择要变动的资产，填写并打印变动报告单，经过归口部门审核，完成变动。

（3）资产处置。

对于要报废、报损、出售、无偿调拨的固定资产，填写并打印处置报告单，提交归口部门评估、审核，再经过财务部门审核与记账，完成资产处置。

（4）资产盘点。

利用已有的固定资产数据和校园网络资源，实现特定时点的以账对物、以物对账式的资产盘点。可以利用条码采集设备，对已粘贴条码标签的资产进行快速清查，准确率高、工作效率高、劳动强度低。可以对特定单位、特定使用人、特定地点、特定类别的资产进行清查。系统支持自查、普查、移动终端APP 清查等方式。

（5）查询。

以简单、直观的方式，查询所需各种信息，生成各类查询表格，栏目、样式可自行设定，可以直接得到日常管理活动中最常用的按使用单位、使用人、存放地点的查询表。查询结果可以直接输出到常用数据库、Excel 中。支持资产时间回溯查询功能，实现资产的时态化管理。

（6）财务管理。

可以自动生成符合财务规范的各类账表，如固定资产总分类账、分类、分户、明细账等，并在教育部十六大类的基础上，自动生成财政部十大类、六大类固定资产总分类账。根据管理需要生成各类财务分析图表。

（7）统计报表与自定义报表。

根据设定条件，生成各种常见的统计表，包括基本情况总表、固定资产增减情况明细表、使用方向分户统计表、现状分户统计表、结存表、分户结存统计表、分户明细表、分户分类结存表等，为固定资产日常管理和领导决策提供全面、准确的依据。

（8）数据上报与数据交换。

严格按照教育部《关于报送高校实验室和仪器设备统计数据盘及报表的通知》的规定，生成需要上报的有关教学科研仪器设备的数据文件和报表。

系统与财政部、各省财政厅、各地市财政局的《行政事业资产管理信息系统》能够完全对接，实现数据同步，完成资产的动态管理和数据上报。

系统遵守国家规范，能够与其他各类系统进行数据交换。所有查询、账表、统计分析等结果都能以多种方式提供给任何系统使用。

（9）分析图表。

利用系统中的各类数据，根据管理需要，设定各类条件，可以对学校资产进行全面的统计与分析，并生成样式丰富的分析图形和账表，直观实用，可用于资产管理和统筹决策等。

3. 房地产管理系统

在很多高校，房屋土地成了固定资产管理中最容易受到忽视、最容易产生管理漏洞、最难以精细化管理的部分。目前，在房屋土地管理中存在的主要问题有：

（1）管理基础工作薄弱，管理不规范，管理手段滞后。历次清查都把车辆、办公设备等作为清查重点，房屋土地被认为不会丢失、遗漏，反而最不受重视，得不到彻底的调查盘点。

（2）房屋土地管理中没有办理产权证、管理脱节问题突出，权属不清现象较多。

（3）房屋土地的出租、出借、对外投资等过程不规范，收益管理不透明。

（4）财务管理较为混乱，账实不符现象较为普遍。由于土地多数为划拨，有的没有价值，有的没有入账。部分房屋建筑物不入账或入账不及时。

（5）单位之间、单位内部存在配置不合理，占有和使用分配不均、差距大，短缺与浪费并存，造成资产得不到有效利用等情况。

针对房地产资源管理工作中存在的问题，采用最新的虚拟三维空间数字房地产管理平台技术，设计一体化房地产管理工作平台方案。基于虚拟三维数字仿真技术，结合 GIS、CAD、物联网、4G 移动、工作流引擎等技术，打造一体化数字房地产资源管理综合工作平台，实现房屋土地资源管理的图形化和信息化。

建立动态化、精细化的管理工作平台，实现房屋土地资源从购建、入账，到办公用房配置管理，到日常修缮养护，到部分资源的出租出借，直到房屋土地最终被处置的全生命周期的管理。单位内部财务、资产、教务、实验室、纪检等部门可以对整个管理过程和数据进行预警、抽查、查询和统计分析。

系统内置先进的工作流引擎，能够实现出租出借、修缮、处置、办公用房分配等业务的工作流程动态管理。为方便工作，对于一些审批事项为管理者提供 4G 移动办公功能。

土地管理应加强和规范管理，提高土地利用率，确保事业发展用地需要和土地资产保值增值，这是土地管理的基本目的。

依据国家有关土地管理方面的法律法规和政策，结合土地管理的业务运行模型，实现土地管理的信息采集、存储、处理、分析，满足土地流程化管理的工作需求。主要功能包括：

（1）国家有关土地管理的法律法规和政策的管理与查询，单位有关土地管理的规章制度的管理与查询。

（2）对每宗土地基本信息的登记和管理，包括名称、土地等级、坐落位置、性质、面积、价值、获得方式、获得日期、地形地貌、特点、土地证号、使用权面积、使用权类型、终止日期、批准机关等。

（3）土地资产评估管理。

（4）土地地块分割管理。

（5）土地地上附着物、地下设施登记。

（6）土地在二维、虚拟三维数字地图上的标识、制作和管理。

（7）土地地籍图纸、权属证书、照片等的上传和管理。

（8）土地租用管理，记录和上传土地租用合同。

（9）土地处置管理。

（10）土地信息的查询、汇总和统计分析，结合地图对土地进行基本价值分析，各类利用率分析。

房产管理不仅仅是管理整栋楼房，而是要实现从楼栋到楼层到房间，再到房间内的人员和资产的、不同层面的、全部相关信息的管理。房产管理不仅仅是实现对各种数据的管理，而是要实现对空间信息的管理。

基于虚拟三维数字地图，以三维空间展示，可以从整栋楼房形象地管理到楼层，从楼层形象地管理到房间，从房间形象地管理到房间内的人员和资产。与 CAD 技术相结合，重点建立房间的三维空间模型，为房间的优化使用奠定基础。从楼栋到楼层到房间，建立详细的数据模型，逐级细化管理，管理到各类详细信息，如房屋用途、房屋使用状态、房产证信息、供暖情况、建筑面积、使用面积等，甚至可以详细到内墙面积、外墙面积、门窗数、门窗类型等信息。

从范围来说，管理从园区到分幢房屋再到楼层到房间。从类别来说，分类管理行政用房、科研用房、教室、食堂、宿舍、厂房、实验室、会议室、附属用房等。从功能来说，可以管理房屋购建、登记入账、日常使用、检修修缮、分配、出租出借、拆迁处置全生命周期。主要功能包括：

（1）国家、上级管理部门、单位有关房产管理的法律法规、规章制度的管理和查询。

（2）对园区信息进行登记和管理，主要包括名称、空间位置、占地面积、地形地貌、建筑面积、主要景观等。

（3）园区在二维、虚拟三维数字地图上的标识、制作和管理，实现航拍图、交通图的上传和管理。

（4）楼栋详细信息的登记和管理，包括建设、设计、施工、结构、材料、验收、图形图像等基础信息，从设计、购建到维修维护等日常变动，到拆除全生命过程信息，附属设施管理信息，占有、使用、收益和处分的确权信息。

（5）可以按楼房的结构、类型、产权、当前状态、用途等分类管理每一栋房屋。

（6）由楼栋划分楼层，进行楼层详细信息的登记和管理，包括楼层建筑结构、使用面积、房间数量、布局、平面图等基础信息。

（7）实现楼层图纸图像的上传和在虚拟三维数字地图上的链接、标识。

（8）由楼层划分房间，进行房间详细信息的登记和管理，包括结构、使用面积、布局、朝向、暖气、电源配置、性质、使用方向、平面图等基本信息，建立房间卡片，生成可供分配使用的房间明细。

（9）实现房间图纸图像的上传和在虚拟三维数字地图上的链接、标识。

（10）实现与固定资产的无缝连接，可动态化、图形化地得到每一栋楼、每一楼层、每一房间的固定资产明细数据和办公人员名单。

（11）房产的查询、汇总和统计分析。通过系统全面地了解房产的"家底"，包括房屋总面积、套数和间数，空房源等信息，可以按照"房屋用途、房屋分类、房屋类型、建筑结构、坐落、状态、产权"等分类统计，也可以按照使用部门或个人分类统计。

4. 设备仪器管理系统

目前，很多高校设备家具系统已经实现线上业务流的申请、审核办理，保证了学校设备家具的"账账相符""账实相符"，但是还无法满足对教职工的服务要求，为使服务更加人性化、便捷化，还需要做大量的工作。

（1）采用流行成熟的信息技术手段，进一步优化设备家具入账、调拨、报废、盘点业务功能，全面满足教职工的设备家具信息公开和业务办理。具体功能包括：

①整合同类成熟的业务流，分层实现面向用户的一站式服务和一站式审核。

②手机端全面实现设备家具入账、调拨、报废、盘点功能。

③校区内布点安放自助标签、预约报销单打印机。

④实现手机二维码验证入账报销单、调拨单、报废单。

⑤实现手机电子签名，逐步实现无纸化办公，资产档案管理电子化。

（2）设备资产管理"驾驶舱"功能，可做到足不出户，资产信息一目了然。具体功能如下：

①分层整合入账、调拨、报废、盘点、查询等相关业务，实现面向用户的一站式服务和一站式审核。

②设备、家具从预算到处置的全过程信息状态查询。

③自动生成各类报表，如资产决算报表、财政部资产信息系统报表、年度财决报表。

④全字段自定义字段组合查询统计功能，并可输出各类图表。

⑤采用数据快照技术，实现任意时点全部资产状态的查询。

⑥设备家具信息与房产信息共享关联，房产系统可以定位到每一台在校设备，设备系统可定位到具体的地理位置。

⑦设置关键数据预警，各级用户配置总量预警，资产处置预警。

⑧采用数据挖掘技术，对海量资产统计数据逐层挖掘，对核心数据精确定位。

⑨自动生成常用定制统计报告。

⑩采用软硬件技术，实时监控关键硬件设备的使用情况，如具有高利用率并产出效益高的检测仪器设备。

5. 资产共享共用平台

资产共享共用平台包含大型仪器设备运行管理系统，大型仪器设备、实验室、专家共享平台，教室管理系统，会议室预约管理系统。

（1）大型仪器设备运行管理系统。

近年来高校购置了大量大型仪器设备，培养出大量专业技术人才。但同时，大型仪器设备管理的问题仍然很多，某些大型贵重仪器设备资源仍相对紧缺，某些仪器设备紧缺与闲置的情况并存，安装放置更为分散导致管理跟不上，设备故障得不到及时处理。因此，系统需从管理机制创新、软件技术、硬件技术、无线网络和 Internet 有机结合，大型仪器设备网络化实时管理、仪器分管共享、开放预约、科学管理、经费结算、效益评估等方面入手，建立起一套完整的仪器设备综合管理系统，实现对大型仪器设备的实时监控管理和使用绩效管理，节省人力资源投入，提高工作效率和管理效益。主要功能包括：

①日常管理，方便管理仪器设备的基本技术资料、分布和使用情况。

②运行过程管理，大型仪器设备考勤与运行监控管理，多渠道运行监控。

③绩效管理，对大型仪器设备的日常使用绩效进行监控和管理。

④收费管理，进行网上预约使用和财务结算，实时了解使用计费情况。

⑤运行跟踪记录，对课题实验经费的分配和授权，实时了解课题组成员的经费使用情况和大型仪器设备使用进度。

⑥教学工作量考核，为考核教师工作量核提供依据。

⑦数据上报，自动生成教育主管部门对大型仪器设备的有关报表。

⑧决策辅助支持，为管理者提供决策支持。

（2）大型仪器设备、实验室、专家共享平台。

随着高校迅速发展，学校投入巨资购置了大量的仪器设备，建设了许多先进的实验室，培养和引进了一大批知名的专家和学者。然而，仪器设备重复购置、共用共享程度低、使用效率不高等也成为困扰资产管理部门的亟待解决的问题。

为了提高仪器设备的利用率，实现资源优化配置，推动大型科学仪器设备资源、先进实验室的共用共享，建立一个大型仪器设备、实验室、专家共享平台，为学校的师生服务，为教学科研服务，为企业服务，为社会服务，不失为一个有益的尝试。主要功能包括：

①根据价值条件和种类条件，自动生成共享共用的大型仪器设备清单。

②对共享共用的大型仪器设备信息进行管理和维护，公开设备的资产信息、技术参数、实验内容、服务范围、服务时间、收费标准等。

③对可以共享使用的实验室的信息进行管理和维护，公开实验室的资产信息、仪器设备情况技术参数、实验内容、服务范围、服务时间、收费标准等等。

④建设和管理知名专家库，为科研、实验、设备应用提供咨询服务，为科学研究提供方案，为设备维修和维护提供帮助和指导。

⑤对学生、教师、校外人员三类不同角色的使用人员进行注册、审核和管理。

⑥依托互联网，实现仪器设备、实验室、知名专家信息公开透明和网上预约服务。可以按流程进行预约申请、预约审批管理。

⑦借助技术手段，实现对大型仪器设备的使用、实验室的运行实时精确监控。

⑧对收费进行管理，可以与校园一卡通进行对接。

⑨建立绩效考核体系。

（3）教室管理系统。

①教室基础数据。必须涵盖现有所有教室的基础信息，如校区、楼宇、楼层、房号、面积、座位数、多媒体设备配备情况、教室类型（公共教室、专用教室、研讨教室、小型学术报告厅等），可对现有教室基础数据进行维护，进行增删改查询。

②教室设备管理。与设备资产管理模块实时对接，可对教室设备进行管理。

③教室借用管理。用户根据要求填写借用申请，根据学校实际情况设立审核权限并设定管理角色，管理部门根据教室情况及用户要求安排借用要求。

④教室维修管理。一般由物管部门提出维修申请，根据学校实际情况设立审核权限并设定管理角色，管理部门审核通过后进行维修，随后上传维修情况。

⑤统计分析。根据教师类型、管理单位、教学容量、维修情况、借用情况、设备情况等进行查询统计，同时生成工作报告。

（4）会议室预约管理系统。

①会议室基础信息。必须涵盖所有会议室的基础信息，如校区、楼宇、楼

层、房号、面积、座位数、多媒体设备配备情况、会议室类型（校级会议室、院系级会议室、学术报告厅等），根据会议室的属性，管理员可维护各类会议室信息，并进行增删改查询。

②会议室预约借用的申请与审核。

预约：申请单位根据要求填写申请表信息，审核通过后按照要求使用会议室。

审核：人工审核与自动审核相结合，可以实现分别按照单位或会议室自动设置审核权限。

通知：已审核和未审核的会议室申请均发送短信通知管理员，已审核的申请会自动发送短信给申请单位及物管部门。

③系统统计功能。

实现按时间、会议室、单位统计使用率，可做成柱状图和饼状图。

查询功能：可以准确按照会议室名称、借用单位来查询当天的借用记录。

④人员信息。

使用人：同步教职工工资号，及时更新学校教职工登录账号。

审核人：超级管理员和二级单位管理员。

6．实验室管理系统

（1）实验室信息综合管理系统。

实验室是保证学校教学科研和培养高层次人才、专业人才的物质基础和重要条件。通过对实验室、仪器设备使用的全过程管理，减轻对实验室管理的工作负担，提高工作效率和对外服务水平。主要功能包括：

①实验室基础信息管理的内容包括实验室名称、介绍、所属部门、获奖情况、开设的实验项目、实验室基础设备情况、实验室位置、用房面积、实验室年度低耗品经费等。

②实验室人员信息管理的内容包括专职、建制实验室技术人员档案信息，实验教师档案信息，任职岗位管理，培训管理、成果管理。

③实验室人员工作管理的内容包括实验室技术人员和实验教师的工作业绩、成果的实时管理、统计，工作绩效考核管理。

（2）实验室项目建设和管理系统。

实验室项目建设和管理是实验室科学、健康发展的基础，严谨的态度、科学的流程、规范的审批，是保障项目建设的条件。主要功能包括：

①实验技术研究项目管理。实验技术研究项目管理的内容包括，立项管理、审核管理、实施管理、验收管理、评估评价管理，采购审核，入账。

②实验项目库管理。实验项目库管理的内容包括，实验项目增加、考核、减少管理。

③实验教改项目管理。实验教改项目管理的内容包括，实验教改项目申报，实验教改项目审批。

④项目专项资金管理。项目专项资金管理的内容包括，专项资金项目的计划执行、审核以及完成情况的实时监控。

⑤进口设备审批管理。进口设备审批管理的内容包括，进口仪器设备审批、免税办理等相关工作。

⑥查询和统计分析。

（3）实验室安全管理系统。

做好实验室的技术安全、环境保护是关系到人身和财产安全的大事，是确保学校教学、科研工作正常进行的前提条件。主要功能包括：

①规章制度管理。规章制度管理的内容包括，国家、省市相关法律法规，学校相关规章制度，实验室管理制度、工作流程等内容的管理。

②安全教育管理。安全教育管理的内容包括，安全教育制度，安全知识管理，实验教师安全教育管理，实验室技术人员安全教育管理，学生安全教育管理。

③实验室安全管理。实验室安全管理的内容包括，安全分类，危险品分类，安全事故预案管理，日常安全管理，安全检查管理，安全事故备案。

④危险品申购管理。危险品申购管理的内容包括，实验室购置申请填写"危险化学品购买申请表"，部门领导审批，保卫处审批备案，主管部门审批，公安部门备案。对于管制类危险化学品同时提交安全责任承诺书、操作规程、安全措施、安全应急处理预案以及有资质供应厂商情况等。

⑤危险品库存管理。危险品库存管理的内容包括，库存管理制度和保存要求，库房检查管理，入库登记，库存管理，出库登记，清查盘点。

⑥危险品领用管理。危险品领用管理的内容包括，领用申请，领用审核，仓库审核，使用记录，使用核查。

⑦危险废弃物管理。危险废弃物管理的内容包括，回收登记，处理记录，检查管理。

⑧放射卫生管理。放射卫生管理的内容包括，领用申请，领用审核，仓库审核，使用记录，使用核查，检查管理。

⑨特种设备管理。特种设备管理的内容包括，使用申请，使用审核，使用记录，使用核查，检查管理。

⑩查询和统计分析。

（4）实验教学管理系统。

实验教学管理系统管理实验室教学活动的整个流程和全部环节，确保实验教学的质量和秩序。主要功能包括：

①实验教学基础信息管理。实验教学基础信息管理的内容包括，设置并维护与实验相关的学期信息、专业信息、班级信息、学生信息等。

②仪器设备管理。仪器设备管理的内容包括，对任一实验室、任一实验项目所使用的仪器设备进行管理和信息分类维护，并可以分类设置收费标准。

③实验教学研究管理。实验教学研究管理的内容包括，专业培养计划管理，实验项目开设，实验课程大纲管理，实验指导书管理。

④实验教学计划管理和预约管理。实验教学计划管理和预约管理的内容包括，设置实验教学项目，制定实验教学计划，安排实验指导教师，实验预约管理，实验排课，生成实验计划表和课程表。

⑤实验考勤管理。实验考勤管理的内容包括，对实验学生和指导教师进行考勤，可以手工考勤，也可以连接考勤机，直接读入考勤机数据，自动分配并记录实验机（台）位，自动生成缺勤人员名单。

⑥实验教学管理。实验教学管理的内容包括，对每一个实验学生进行过程监督和打分，实验学生生成并录入实验报告，教师可以对学生实验报告进行审阅和打分，对实验学生的成绩进行管理，自动生成实验消耗的物资数量和费用。

⑦实验网络学习考试系统。实验网络学习考试系统的内容包括，开放式网络学习与网络考试系统，可以提前录入各课程题库，可以自动生成考卷，学生在线考试，自动阅卷生成分数，对考试成绩进行管理。

⑧查询和统计分析。查询和统计分析的内容包括，高校资产管理信息化是做好资产管理工作的前提和基础，高校资产管理信息化建设过程实质上是对传统管理思路变革的过程，传统模式下的资产管理思路本身就是资产管理现代化、信息化的最大阻力，唯有充分利用社会资源和采用现代化信息化的技术

手段，对高校资产管理中的难点和重点问题进行及时有效的监控，逐步建立起现代化信息化的管理体系，最终形成开放和诚信的资产管理生态环境，才能够为高校资产管理工作提供最大助力，才能做到充分发挥高校国有资产的使用价值，实现资产的高效使用。主要体现在以下方面：

①转变传统的管理工作思路为信息化的工作思路，将落后的书面管理方式转变为高效的无纸化信息化管理方式，为高校资产管理提供一个快捷性、开放性、多元性、交互性的信息管理平台。校内各学院、部门能随时从网络中查询学校资产、实验室、人员等情况，从而实现对学校资产的管理进行有效的监督，使封闭式管理逐渐变成开放和透明的管理。

②转变传统的各个部门各管一摊、各自为政的管理方式。将学校各个职能管理部门的信息系统关联起来，实现数据的实时共享，建立一个高度统一的网络化管理系统，资产配置管理、日常使用管理、大型设备共享共用、实验室信息、房地产信息、教学课表信息、科研项目信息、财务预算信息进入统一数据平台，打破以往各个系统的信息"孤岛"，并提炼出核心共享业务，实现协同办公。只要通过人事管理系统进行身份认证，就能做到一站式与资产相关的教学、科研日常业务的办理办结。

③转变传统的资产数据只对管理部门单向透明的信息公开方式，将一人或者一个部门管数据的模式通过信息共享平台转变为全校教职工共同维护的模式，真正实现信息透明，进而实现公开、公平、公正的管理。把管理工作做到日常工作中，既避免了费时费力的统计和清查工作，又能始终保持数据的实时性和准确性，达到固定资产实时性与准确性的统一，极大地方便全校教职工的使用，真正提高工作效率。

④转变传统的汇报决策机制为看数据说话的机制。资产信息管理系统自动实时形成各类资产管理信息，能使校领导以及各级管理者掌握各类资产的使用和运行状况，便于对资产进行及时、有序的配置、调剂、处置，提高资产的使用效率。

第五章

高校财务内部控制及其创新研究

第一节　高校财务内部控制的理论分析

一、内部控制理论

（一）西方内部控制理论的代表性成果

在西方内部控制理论的发展过程中，比较具有代表性的成果有美国 COSO 报告、加拿大 COCO 报告、INTOSAI 内部控制准则以及巴塞尔银行监管委员会的 FICSBO。

1. 美国 COSO 报告

20 世纪后期，美国"反对虚假财务报告委员会"下属的 COSO 委员会发布了《内部控制整体框架》（以下简称"COSO 报告"）。COSO 报告指出，内部控制是由企业董事会、管理人员及其他员工共同完成的，为实现经营的效率和效果、财务报告的可靠性以及遵循现有的相关法律法规的过程，并提出了"三个目标"（经营效率、财务报告可靠和遵循法律法规）和"五个要素"（控制环境、风险评价、控制活动、信息与沟通、监控），至此，"内部控制整体框架"超越了以往的内部控制理论，取得了巨大成就。

21 世纪初期，COSO 委员会在原有的 COSO 报告的基础上对企业风险管理进行了发展和创新，提出了《企业风险管理整合框架》（即新的 COSO 报告），确立了新的"四个目标"（战略目标、经营目标、报告目标、合法目标）和"八个要素"（内部环境、目标制定、事项识别、风险评估、风险应对、控制活动、信息与沟通、监控），新的 COSO 报告从战略的高度对内部控制提出新要求，并将内部控制的重心向风险管理转移，标志着内部控制理论体系的完善。

2．加拿大 COCO 报告

加拿大注册会计师公会控制基准委员会（The Canadian Criteria of Control Committee，COCO）在 1995 年发布了《控制指导纲要》（以下简称"COCO 报告"），认为内部控制由组织资源、系统、结构、过程、文化及作业等元素组成，遵循外部相关法律法规及内部制度，目的是达到组织运营的效率效果。它主要从目的、承诺、学习、能力和监督四个方面共提出 20 项控制标准，更为精简并具有动态性。

3．INTOSAI 内部控制准则

最高审计机关国际组织（International Organization of Supreme Audit Institutions，INTOSAI）为了制定一套准则来建立并有效地维持内部控制制度，成立了"内部控制准则委员会"（Committee on Internal Control Standards）。

INTOSAI 内部控制准则包括能为企业提供合适控制环境的合理保证、支持态度、忠诚与能力、控制目标以及监控制度的一般准则和最终达成控制目标的方法及程序的详细准则。该准则认为内部控制是一个组织拟订的计划，它包括了管理者的态度、方法、程序及其他能够达到配合企业战略、保护企业资源、遵循法律法规并能提供真实可靠的财务信息等目标的评量措施。

4．巴塞尔银行监管委员会的 FICSBO

巴塞尔银行监管委员会（Basle Committee on Banking Supervision）认同并发展了 COSO 报告，于 1998 年发布了《银行组织内部控制系统框架》（Framework for Internal Control Systems in Banking Organizations，以下简称"FICSBO"），它针对商业银行内部控制系统提出了 13 项指导原则，认为内部控制的目标包括操作性、信息性和合规性。

FICSBO 相较于 COSO 报告，更重视管理层的监督与控制；除了关注风险的评估外也同样关注风险的识别；在控制活动中指出职责分离的重要性；并把纠正缺陷并入内控活动；另外还增加了对监控行为自身的检查及评价。

（二）我国内部控制的相关理论

1．我国内部控制的概念

内部控制包括"内部"及"控制"两部分。其中"内部"指出了控制行为人的范畴，即企业的内部人员包括企业所有者、企业管理者及企业员工等，并

指出了控制行为的范畴，即在企业内部运行的管理制度和活动，而非企业外部相关方面对其实施的监管制度和活动。但是控制制度和活动虽然在企业内部运行，却也与企业外部相关方面有着息息相关的联系，如企业与政府、投资人、债权人、上游供应商、下游代理（分销）商以及顾客等。所以，有效的内部控制不仅能直接规范企业自身的行为，也可以优化企业与外部相关方面的联系，间接为企业带来效益。其中"控制"，即"掌握住对象不使任意活动或超出范围；或使其按控制者的意愿活动。"引申到管理学中则表示"监督管理各项活动，以保证它们按计划进行并纠正各种重要偏差的过程"，其实质是确保实际活动与规划活动相一致。

在我国《企业内部控制基本规范》中对内部控制的概念是："内部控制，是由企业董事会、监事会、经理层和全体员工实施的、旨在实现控制目标的过程。"

2．我国内部控制的目标

内部控制的目标，首先是理解内部控制基本理论的起点，其次是施行内部控制活动并以达到控制效果的终点。它对内部控制制度和活动的运行方向及方式起着决定性的作用。在我国《企业内部控制基本规范》中明确提出内部控制的目标是："要求企业在保证经营管理合法合规、资产安全、财务报告及相关信息真实完整、提高经营效率和效果的基础上，着力促进企业实现发展战略。"

（1）合规目标。要求企业遵守国家相关的法律法规，这是对企业经营最基本的要求，它能够帮助企业规避法律风险并避免其带来的损失，是其他各项内部控制目标得以实现的前提。

（2）资源目标。要求企业在经营过程中保证资产的安全及完整，并防止其发生减损。它既是企业顺利开展经营活动、实现发展与盈利的保障，也是企业管理者的基本职责。

（3）报告目标。要求企业对出具的财务报告及其相关信息保证其真实及完整。财务报告是企业对之前经营活动的总结，其内容的真实及完整能够帮助企业管理者分析之前的经营活动中的成败原因，并为之后的经营活动提供更有意义的指导。

（4）经营目标。要求企业提高自身经营活动的效率效果。它是企业存在的动力，是企业发展的来源。

（5）战略目标。要求企业实现经营的可持续发展，实现企业的价值。它是内部控制制度和活动所要到达的终极目标。

以上五个目标相互联系、相互影响，构成了一个全面的企业内部控制目标体系。

3．我国内部控制的原则

在我国《企业内部控制基本规范》中指出内部控制应遵循以下五个原则：

（1）全面性原则。要求企业从不同的维度施行内部控制制度和活动。如从企业管理过程看，包括决策、执行、监督、反馈；从企业层次看，包括各总公司、分公司、子公司；从企业层级看，包括企业所有者、企业管理者、企业员工；从业务和事项看，包括企业经营的采购、生产、销售、投融资等部分，也包括企业所有的人、财、物。

（2）重要性原则。要求企业在全面注重内部控制的同时也要突出重点，对重要业务和容易出现高风险的环节加大控制力度。

（3）制衡性原则。要求企业在内部的治理结构上，形成股东的所有权、董事的决策权、监事的监督权以及经理的执行权之间的制约关系；在机构设置及权责分配上，各司其职、相互协调且相互制约；在业务流程上，不相容岗位互相监督和牵制；此外，在制衡的同时兼顾协调与配合，不能牺牲营运效率。

（4）适应性原则。要求企业的内部控制制度和活动不能一成不变，要用发展的思维来制定和运营，随着企业所处内外部环境的变化而与之相配合，并不断总结完善。

（5）成本效益原则。要求企业用最小的实施成本获得最大的控制效益，这是经济活动普遍适用的一个原则。企业的最终目的是获取利益、实现价值，要做到这一点，就要不断优化每一个环节，包括内部控制。

以上五个原则缺一不可，综合考虑才能为企业构建和运营健康可持续的内部控制制度和活动。

4．我国内部控制的内容

在我国《企业内部控制基本规范》中以 COSO 报告的内部控制框架要素为基础，借鉴并改进形成适合我国国情的五个内部控制内容：内部环境、风险评估、控制活动、信息与沟通以及内部监督。分别要求企业从结构、监督、人力、文化等方面，首先进行风险的设定、识别、应对，然后针对企业具体的业务和事项进行控制活动，同时保证信息能及时地传递、保证沟通能有效地进行，最后在过程和结果时运用监督及时发现和纠正偏差，以达到控制的效果。

这五个内容将内部环境作为内部控制实施的基础，将风险评估作为控制对象范围和重点的依据，将控制活动作为控制行为的手段，将信息与沟通作为保障控制的辅助条件，将内部监督作为对控制制度和运营的评价和优化来源，从而形成一个有机的整体。

二、财务内部控制理论

1. 财务内部控制的概念

目前，我国国内对财务内部控制的概念还没有形成一个统一的结论，本书在收集、整理了相关文献资料后认为：在一般情况下，财务内部控制是指财务人员根据国家法律法规、企业财务制度、企业年度财务预算等对资金的流转及日常财务活动等，进行组织、安排、约束及监督，以确保企业财务预算目标按计划完成的管理过程。

但是由于现在的财务管理更偏重于其管理职能，所以从行为的主体上看，财务内部控制的主体除了一般财务人员外也应该包括企业投资者、企业管理者，实现完善的治理结构有助于建立健全财务内部控制体系；从行为的目标上看，财务内部控制的目标不能再仅仅局限于单纯合法有效地按财务预算执行计划活动，还应该加入均衡目前的低成本与未来的高收益这一目标，并以实现企业财务价值的最大化为最终目标；从行为的客体上看，财务内部控制的对象应由原来的企业的资金和企业的内部人员，如企业投资者、企业管理者、企业员工等，进一步扩大到企业的其他财务资源，如信息、技术、人力等。

综上所述，本书认为财务内部控制是指企业运用一系列方法、程序、技术来规范、监督、评价相关活动，以期实现企业财务管理目标及其价值的过程。

2. 财务内部控制的目标

根据我国内部控制的目标内容，本书将财务内部控制目标引申为：严格执行国家相关法律法规和企业规章制度，确保企业资产的安全及完整，确定企业财务信息的真实及全面，配合企业经营目标的实现，发挥识别、防范及控制企业风险的功能。

三、高校财务内部控制理论

（一）高校财务内部控制的理论基础及概念

目前我国的公办高校是政府利用国有资产设立的，经费以财政拨款为主，从事教育、科研、社会服务等活动的事业单位。财政部于2012年颁布的《行政事业单位内部控制规范（试行）》指出：包括事业单位在内的各单位，为了加强廉政风险防控机制的建设需要进一步提高其内部管理水平，即通过制定规范化的内部控制制度、具体的实施措施和详细的执行程序等，在经济活动中对可能出现的风险进行防范和管控，并最终实现单位控制目标。同年，在财政部、教育部印发的《高等学校财务制度》中则细化为：各级人民政府或其他社会组织和个人举办的高等学校，应本着根据国家相关法律法规和财务相关制度，秉承勤俭办学的指导方针，合理兼顾学校发展需要和资金融通来源的关系、经济效益和社会效益的关系、国家与学校以及第三方利益的关系等原则，在日常经济活动中完成预算的合理编制、有效控制执行，决算的准确编制，财务报告的真实出具，依法开源、努力节流，建立健全学校的经济核算及绩效评价等制度，合理配置和有效利用资金资产，防止流失，加强学校的财务风险防范和经济活动的财务控制和监督任务，以进一步达到对高等学校经济活动的管理和监督、提高学校资金的使用效率、促进我国高等教育事业健康可持续发展的目的。

综上所述，高校财务内部控制是高校各级党委、行政教学部门为了保护学校资产的安全完整，实现日常教学、科研工作及其经营活动的管理目标，有效的防范和控制在运行过程中可能会出现的风险而制定财务内部控制制度并加以实施的过程。

（二）高校财务内部控制的目标

1. 遵守相关法律法规

依法治校是高校的立足之本。高校的各项经济业务活动都必须在国家法律、相关部门规定以及校内制度允许的范围内开展，严禁发生违法违规行为，这是高校财务内部控制的前提和基础，也是其最基本的目标。

2. 保障资产安全完整

我国公办高校的资产所有权归属于国家，但目前存在高校的法人治理结构不合理以及产权不明晰等问题，这样就对高校财务内部控制提出了更高的要求。在这种情况下，高校需要更成熟的管理理念和方法、更先进的技术手段等保障高校资金和财产的安全完整，实现其控制目标。

3．会计信息真实完整

会计核算能够客观真实地记录经济业务，并对其进行反映和监督，高校财务内部控制必须保证会计信息的真实完整，反馈高校预算的执行情况，为其管理层的决策提供可靠的依据。

4．教学的效率和效果

高校是非营利性组织，虽然不用追求利润的最大化，但也同样要讲求教学的效率和效果。所以，要充分发挥教学资金的利用率、最大化地配置教学教研资源，培养更多的人才、提供更好的社会服务，这是高校财务内部控制的重要目标。

5．防范舞弊，预防腐败

财务内部控制的一个基本效果即实现管理权利的制衡，高校应该充分认识到这一点，在校内财务内部控制中完善决策权限、执行权限和监督权限的制约机制，从而有效地遏制校园贪腐。

（三）高校财务内部控制的内容

1．环境控制

良好的控制环境是保证财务内部控制能够得到有效进行的基础，主要包括财务内部控制文化建设、科学的治理结构、财务内部控制制度、人事管理制度等。

2．风险评估

财务管理活动和日常经济活动等都可能发生与其既定目标出现偏差的现象，这就是风险。一方面，风险的产生是由不确定性带来的；另一方面，风险的产生又是相对于目标的实现而言的。高校想要对可能发生的风险进行控制，就要以风险评估为前提，而有效的风险评估工作又包括对风险的辨识、防范和应对等，是高校财务内部控制的重要环节之一，也是高校对经济业务活动进行控制的依据。

3．控制活动

控制活动则是对高校的具体业务提出了指导和规范，主要包括预算控制、资产控制、成本费用控制、财务指标分析、融资控制、投资控制、采购与招投标控制、基建工程控制、科研管理控制、合同控制等。

4．信息与沟通

及时有效的信息与沟通能够最大限度地优化工作流程、提高工作效率，主要包括建立健全办公信息传递系统有利于部门协作、加强财务会计信息披露有利于内外监督。

5．内部监督

高校一般都设有自己的纪委监察部门，可以从提高其部门人员的专业素质，加强其部门工作的独立性、权威性和执行力等方面有效地发挥其内部监督的职能。另外，高校还应该注意发挥教代会等组织在内部监督方面的作用。

第二节　高校财务内部控制存在的主要问题

近年来，我国高校财务内部控制越来越受到各方的重视并取得了一定的成效。上级相关部门相继出台了各项经济业务活动管理制度、风险预警制度等；高校自身也在逐步加强校内财务内部控制制度的建设、建立单位层面的财务内部控制运行制约机制、梳理主要经济业务活动管理流程等，都表明我国高校财务内部控制正在迅速发展并逐步完善，但在此过程中仍然存在一些不足。

一、制度层面

1．国家缺少针对高校财务内部控制的系统制度和实施细则

就目前相关部门出台的制度来看，有财政部于 2012 年颁布的《行政事业单位内部控制规范（试行）》、财政部和教育部于 2012 年颁布的《高等学校财务制度》以及财政部于 2013 年颁布的新《高等学校会计制度》等。这些制度只是从相关管理部门的角度、笼统地提出了一些指导意见，缺乏系统性和可操作性。但是随着经济的发展及教育制度的改革，我国高校目前面临的业务越来越多样化，不同高校之间也会需要不同的适合自己办学特色的财务内部控制制度，在这种情况下，相关制度的缺失在很大程度上制约了高校自身财务内部控制制度的建设。

2．高校自身制定的财务内部控制制度水平参差不齐

随着市场经济的深化发展，我国高校面临越来越复杂的多元化业务，对其

财务内部控制提出了更高的要求。但是，高校与高校之间根据自身办学水平的不同，需要处理的业务有所不同，校内财务内部控制制度的建设也不同。

首先，不同高校根据自身教育事业发展的程度不同，相应制定的财务内部控制制度水平也参差不齐，教育事业发展程度较低的高校，财务内部控制制度建设较为贫乏，而教育事业发展程度较高的高校，其制定的财务内部控制制度则比较全面，但也存在相关制度的制定散见于各种日常业务的管理文件之中的现象，这些都反映出高校对其财务内部控制方面的工作思维缺乏系统性、制度建设缺乏完整性；其次，高校相关的财务内部控制制度多从实际工作出发，对可能发生的风险的辨识、防范、应对涉及较少，管理者对风险关注度低，所以我国高校普遍欠缺对风险评估制度的重视；再次，控制活动上主要考虑的是对较大层面活动的约束和监督，但高校更多的业务活动发生在日常的教学工作中，具体到一般教学项目经费的相关规章制度存在欠缺；最后，相关规章制度中反映的内部监督管理力度不够，难以对违规行为起到预防和控制的作用。

二、人员层面

1．全员认识度不高、参与度低

与西方相比，我国内部控制的理论研究与实践起步相对较晚，我国高校财务内部控制更是在近几年才渐渐进入人们的视野，所以目前还没有一套典型、完整的适合我国高校财务的内部控制体系。在这种情况下，高校管理者没有开展财务内部控制的压力，对其认识不够重视；高校财务人员没有开展财务内部控制的动力，对其认识不够积极；高校教学、教辅人员更是没有开展财务内部控制的认知，对其认识一片空白。而这种全校全员对高校财务内部控制认识度不高的现状又直接导致了对其参与度低的现实。

2．重教育、轻管理

高校的主要任务是开展教学教研活动，从管理学的角度来看，教学部门是高校的一线部门，财务部门是高校的参谋部门，这两种部门往往容易产生矛盾，而事实也正是如此。高校教学部门的人员从事的教学教研活动是高校运行的主要业务，所以高校人员整体上都会存在"高校其他部门应该以高校的教学教研活动为中心开展服务工作"的认知。这种认知使得高校凡事皆以教学教研活动为主，如果出现管理工作的开展对教学教研活动产生影响，也会寻求对教学教研活动更为有利的方式进行。这种重教育、轻管理的观念，在很大程度上制约了高校财务内部控制的发展。

3. 相关人员的专业素质跟不上教育事业的发展

目前，高校风险评估、经济业务核算以及监督评价的方式、方法较之企业更为简单、缺乏，所以高校财务部门人员和纪检部门人员在长期从事高校相关工作的时，专业知识和经验明显不足。但是随着经济的发展和国际合作的加深，我国高校面对的业务活动日益复杂、相关经费来源也越来越多样，传统思维模式下的财务管理方式、方法已经不能满足高等教育事业的发展，只有提高相关人员财务内部控制的专业素质，才能为高校的可持续发展提供助力。

三、行为层面

1. 对现有内部控制制度的执行不力

高校人员对管理缺乏重视，最直接的行为表现就是对现有制度的执行不力，财务内部控制方面尤其如此。从普通职工层面看，目前很多高校的教学教研人员在面对财务管理制度的执行时可能会产生一些抵触情绪，一旦遇到执行障碍则更容易从主观上认为这些制度的执行影响了其正常工作。例如，教职工在报销时受到各种财务制度的约束，加上对报销标准和要求不熟悉，容易存在例外办理心态；再如，教职工有大额支出发生时，可能会受到高校相关授权审批制度的约束或相关监督，而将业务拆分多次办理，以达到逃避审批和监督的目的。从高校领导层面看，高校管理者在工作中遇到事件的具体执行与学校财务内部控制制度发生矛盾时，容易忽视制度的约束性而做出主观决定，如不严格执行高校相关授权审批制度等。

2. 二级财务管理缺乏效率

目前，很多高校实行的是二级财务管理模式，在这种模式下，高校将财权下放到各二级部门。这种分权管理的模式，使决策领导较集权模式更接近基层，有利于提高决策的质量；也使得各二级部门人员能更多地参与决策，有利于调动其工作的积极性、主动性和创造性。但是，二级财务管理模式的弊端也是显而易见的：二级部门可能会为了实现自身的利益而牺牲学校的整体利益，如私设"小金库"等；二级部门缺少专业财务人员，从事财务助理工作的人员一般由教学教辅人员兼职，使得高校财务内部控制缺乏效率。

3. 预算管理缺乏约束

预算是高校财务内部控制的一个重要部分，它是高校对下一年资金的需求和使用、资源的配置以及高校学费收入的整体规划。从目前高校的情况来看，在预算的申报阶段，各部门主观随意性较强，经常有夸大申报的现象；在预算的编制阶段，编制部门缺乏实地调研，并且对各部门申报的情况缺少控制；在预算的执行阶段，没有建立健全的跟踪与评价机制，执行约束力不强，对预算的调整也较为随意，甚至还存在为了达到执行进度而乱花钱的现象。最后形成预算是预算、执行是执行的结果，预算管理没有起到应有的作用，对高校资金的运行无法有效管理和监督。

4. 对专项经费的过程管理不足

目前，在高等教育扩招以及顺应市场经济规则发展的影响下，高校在教育和基建等方面的专项项目呈现逐年增加的趋势。

在教育专项项目方面，高校为了提升教学教研质量水平、增强自身办学竞争力，积极启动各类实验室建设项目、科研平台项目等。但是，相关的专项经费管理也存在很多问题。如在经费的申报阶段，有的专项经费管理者好大喜功，没有根据事实情况进行规划，而是盲目地根据往年基数递增；在经费的使用阶段，主观认识过重，导致很多浪费、挪用行为出现，使得专项经费分配效率低下；在项目的绩效考核阶段，缺少量化考核机制，只重视达标奖励，缺少不达标惩罚，致使专项经费使用效果不好。

在基建专项项目方面，高校为了满足教育扩招后能达到评估标准的要求，纷纷开始兴建各种基建工程项目。然而，其中也存在较多问题：从一开始的项目决策缺少可行性评估，由高校管理者主观随意拍板；到项目预算由实施部门申报，缺少专业财务、纪检部门控制；再到项目招标过程存在"有关系好中标"等利益分配问题；最后在项目竣工验收与决算控制方面形式化严重等。这些问题使得工程在建设过程中的浪费和验收竣工后的返工情况十分严重，项目经费成本效益性差、容易滋生贪污和腐败。

5. 财务分析能力有限

高校财务人员在实践中必须加强对财务分析的重视，因为有针对性的财务分析可以检验高校财务内部控制的效果，提高高校财务管理的能力。但目前我国高校受到财务人员专业素质有限的影响，高校财务部门对高校整体财务综合情况和具体经济业务发生情况的分析能力还存在不足；其次，高校内部控制制度的不完善，也使得高校财务分析工作缺乏依据和指导，限制了财务分析作用的发挥。

6. 信息与沟通不顺畅

目前，很多高校虽然加强了办公自动化系统的使用，但是这种使用还停留在表面，对该系统的深层次功能的挖掘还不够，没有发挥出其有效传递内部信息的功能。由于先进的信息化建设和使用跟不上发展，很多高校还停留在传统的信息沟通传递模式，且高校职能部门结构的横向扁平性，使得信息沟通传递不及时、不准确，再加上高校特有的人事特征，如专职教师不用坐班、高校管理者缺乏对基层工作的认知且主观臆断性较强、各职能部门工作内容的差异化较大等，都使得高校校内信息沟通不论从横向还是纵向都缺乏效率。另外，高校的财务会计信息，对外仅限于提交上级主管部门检查，对内也只是在学校教职工代表大会上粗略公布。这种程度和范围有限的披露方式，影响了高校内外对财务监督的效果，不利于财务内部控制的有效运行。

7. 内部监督较为薄弱

多数高校未制定专门的财务监督制度，财务管理制度中虽然有一些财务监督条款，但缺乏规范性、系统性和实践性，执行力度、效果不佳财务监督不断弱化，财务监督作用不能正常发挥。此外，目前高校财务部门对相关经济活动的监督主要是预算审核和会计核算，重点在事后、事中监督，缺少事前监督，同时只有纳入预算的资金才可能被监督，监督范围较窄，导致发现问题能力不足，比如很难发现二级单位可能存在的财务问题，财会监督主要是通过预算审批和支出审核方式进行，手段较为单一，影响财会监督目标的实现。

第三节　高校财务内部控制体系构建完善

一、意识方面的完善

1. 强化科学的现代经营管理理念

虽然高校与企业在组织形式、性质等方面有着根本的区别，但在市场经济深入发展的今天，科学的现代经营管理理念对于高校来说同样重要。将科学的现代经营管理理念融入高校的财务管理，具体表现为：成本意识以及资金使用效率意识，强化这些意识能够使高校的各项工作朝着更规范化、标准化的方向进行，帮助推动包括财务管理在内的各项高校管理行为，让高校在越来越市场化的竞争中增强动力，使高校教育事业得到健康、可持续的发展。所以，针对高校人员对现代经营管理理念缺乏认识的现状，高校必须从思想上到制度上强化科学的现代经营管理理念对高校的重要性。

2. 提高高校人员主人翁的责任意识

要想提高高校人员主人翁的责任意识，就要改变高校人员对高校资金"不是自己的，就可以不计成本、不讲效益、大手大脚使用"的思想意识。做到这一点，一方面有利于弱化高校资产所有者缺位的影响，另一方面能够从源头上改善高校人员无计划、无节制配置资金的问题。

二、治理结构方面的完善

要改变高校行政权力过于集中的问题，必须从改善高校的治理结构入手。目前，高校的党政领导人是高校出资者、所有者（即国家或政府）唯一的委托人和代表管理者，为了防止集权情况的发生，从外部考虑，可以尝试在教育部下设置高等院校国有资产管理委员会，并由其代表高校出资者、所有者对高校资产的管理制定方针和政策、拟订有关的法律法规，做好高校国有资产管理工作，以确保高校国有资产的安全和有效运行。从内部考虑，可以尝试在高校内部设立董事会，董事会成员由上级主管部门委派人员、高校党政领导和高校其他利益相关者共同组成，且可借鉴企业经验，邀请业内专家出任独立董事。董事会将代替目前高校的管理者成为高校的最高决策机构，并成为高校出资者、所有者和高校管理者之间的连接。同理，也可以在校内设立监事会，监督高校管理者的日常管理工作。

总而言之，应从"分权与制衡"的角度出发，来达到改善我国高校治理结构的目的。

三、制度方面的完善

（一）强化预算管理

1. 完善预算管理制度

健全的预算管理制度是预算管理工作有章可循、有法可依的保证。除了制定总的预算管理制度以外，还应该从不同的角度制定其他层次的预算管理制度，如从经济业务分类的角度制定适合不同经济业务的预算管理制度，从时间规划不同的角度制定短期、中长期预算管理制度等。另外，预算管理制度中还应明确人员的责任和权限问题，以实现预算管理的约束作用。

2．加强高校管理者对预算管理工作的重视

预算管理工作不是哪一个部门的事，而是需要高校各部门的协调与配合，因此，只有高校管理者认识到预算管理工作的重要性，统一思想，并明确各部门的职责分工，才能将预算的编制、执行和评价工作做好。

3．合理设置预算项目，并强化其经济分析的功能

明确收入项目的来源，将支出项目与高校目前的开支方向相结合，并尽量使各预算项目分级细化，最终达到让预算使用者了解资金来龙去脉的目的。

4．对预算的编制工作予以规范

首先，加强对工作计划的重视，工作计划是预算编制的基础；其次，采用科学的预算编制方法，提高资金的使用效率；再次，把握好预算额度的控制，使支出在满足需要的同时更有效；最后，预算的编制还应细化，便于各部门的执行。

5．建立预算的考评机制

预算不仅是资金使用的计划，也是资金使用的约束。要实现预算的约束作用，就要建立预算的考核评价机制，促进各部门在预算工作中从准确编制和严格执行。

高校应该将对各项经济业务的管理纳入预算管理，并按照预算开展，实行以预算管理为主线、以财务控制为核心、以经济业务信息化为辅助的经济业务管理体系。强化高校的预算管理，有助于提高高校资金使用效率，保障并促进高校教育事业的发展。

（二）改善评价管理

财务评价通过有效控制高校财务内部来实现对其的"再控制"。改善评价管理，首先，要通过了解评价的意义来深化评价意识，以调动高校人员的积极性；其次，要明确评价的目的；最后，通过设计科学、合理的财务内部控制指标分析体系，来完成评价怎么做的问题，并找到有效解决问题的方向。

（三）建立风险管理

我国高校在风险评估制度上还存在很大的欠缺，要完善这一块，首先，要改变高校人员在计划经济时期形成的观念、思维模式和行为模式，切实树立高校人员的风险意识。其次，要采取有效的风险预测和防范措施，如前文提到的改善高校治理结构，避免因为所有者缺位、管理者利益无关而造成的风险责任承担不到位；又如，建立健全高校的风险控制制度、融资管理制度和经济责任制度等，加强财务管理、监控财务风险并建立财务风险预警系统。最后，要在各项经济业务中采用不同的控制和应对风险的办法。例如，在融资方面，一方面要拓宽融资渠道，通过鼓励校友捐赠、发行教育福利彩票、BOT（Build-Operate-Transfer，建设—经营—转让）融资、开办校办产业公司等，改变我国高校目前资金来源以财政拨款为主的局面；另一方面要通过专业测算来控制举债规模，降低财务风险。在投资方面，充分利用校内外各种共享资源，提高资源利用率，减少重复建设的投入。在增加收入方面，高校同样也可以通过资源共享，对外提供服务增加学校的经营收入，另外，还可以鼓励科技成果的转化，拓展科研收入、产业收入。在控制成本方面，杜绝浪费，通过有效的财务管理来降低办学成本、增加办学盈余。

（四）加强相关人员的专业素质管理

重视财务、纪检队伍的建设，落实相关人员参加继续教育培训的效果、提高其综合素质，不仅要强化他们在会计、审计方面的专业知识，还要使他们熟悉高校的教学管理、科研管理等相关工作，符合高校财务内部控制工作的需要。

（五）完善人事管理

高校是知识密集型的组织，因此在其办学成本中，人员成本比例较大。改善高校的人事管理制度要本着"按需设岗、绩效考核、优胜劣汰"的原则，一方面要保持结构合理的教职工队伍，充分饱和各人工作量，以最小化的人员成本获得最大化的办学效益，同时，将节约的人员成本用于教学工作，提高办学效果；另一方面要引入绩效激励机制，推行岗位责任制，并实行岗位工资和绩效工资相结合的分配原则，鼓励多劳多得，提高工作效率。

四、控制与监督方面的完善

（一）加强对采购与招投标、合同的管理

1．加强采购与招投标的管理

（1）体制及运行机制。设立专门的采购与招投标主管部门；建立采购与招投标岗位责任制；根据上级采购与招投标制度制定规范的操作流程。

（2）预算与计划的编制。明确编制要求、规范编制与审核程序。

（3）活动控制。合理确定需求、建立申请制度、规范请购程序；合理选择政府采购与非政府采购的组织形式；合理选择政府采购方式；合理选择供应商。

（4）采购与招投标管理。明确管理的原则和方式，以及招标、投标、开标、评标、中标过程中的主要管控点。

（5）验收管理。制定验收标准，规范验收程序，严格验收手续，规范验收报告。

2．加强合同的管理

（1）组织及运行机制。建立归口管理机制及业务流程控制。

（2）订立控制。强调合同的调查及策划控制、谈判控制、文本拟订及审核控制、文本签署及登记控制。

（3）履行控制。强调合同的履行控制、变更控制、纠纷控制、结算控制。

（二）加强对专项项目经费的管理

1．加强专项项目管理人员的建设

一方面，专项项目顾名思义一般具有较强的专业性，可能会需要相关管理人员使用特殊的方式方法或技术来管理，因此，高校应在注重政治素质、管理素质的同时，注重专项项目管理人员专业素质，以有效地发挥其专业管理水平。另一方面，还要加强对专业项目管理人员的培训，使其跟上不断发展的项目专业化程度。

2．加强规范专项项目工作流程的规范性

要了解专项项目相关部门的职责范围，清楚专项项目工作的有关规定，明确专项项目工作的基本程序，这样有利于专项项目相关部门加强工作的协调性，提高工作效率。

3．加强专项项目的投入控制

在决策阶段，要谨慎提出专项项目，对其可行性进行充分论证，高度重视投入预算，全面分析经济评价，高质量的决策对减少投入的盲目性有很大作用。在设计阶段，由于专项项目的设计对其预算的影响很大，所以也是投入控制的关键阶段，这个阶段要在设计中重视专项项目的具体细节，以减少不确定性导致的投入失控；推行限额设计，在保证项目质量的前提下控制总概算。在招投标阶段，要严格根据程序组织招标，认真审核相关文件进行评标，加强合同的管理，按规定履行合同条款，以提高招投标工作的透明度。实施阶段是专项项目投入控制的重要阶段，要做好项目的准备工作、监督项目的进度并及时调整以避免发生不必要的损失。在决算阶段，要高度重视项目的验收工作，减少虚高造价和事后修补。

4．加强对专项项目的审计

项目审计对高校的廉政建设具有十分重要的意义。项目事前、事中和事后的各项内容的审计，对项目经费的控制至关重要。

（三）严格财务审计工作，贯彻执行财务内部控制制度

与企业相比，高校的财务审计工作还有待加强。工作中要及时发现经济业务活动中存在的问题，有针对性地进行改进，保障收入、控制支出，实现财务内部控制的目标。一是对高校各部门的财务行为进行检查和监督，加强对各部门财务的约束力，更好地贯彻执行学校财务内部控制制度；二是强化预算的管理和执行，加强对资金的控制；三是加强对校办公司的投资控制，做到事前论证充分，事后管理严格，加强约束，减少损失。

（四）强化高校内部审计工作的效果

高校内部审计部门的工作对实施高校财务内部控制的内部监督起着重要的作用。除了要提高审计人员的专业素质以外，高校还要积极帮助内部审计部门建立其工作的独立性和权威性并加强其执行力，如对经济业务进行全面的事前、事中和事后审计，对领导经济责任和项目经济效益的审计等。

（五）发挥校内监督的作用

目前，高校的教职工代表大会等组织基本上没有起到校内监督的作用。要

改善这种情况，首先，要提高组织成员的责任意识、民主意识；其次，需要构建完善的组织制度，提高其决策权；再次，可以建立长效的工作机制，并设立专项工作委员会；最后，完善组织人员培训制度等。

（六）发挥校外监督的作用

要注重校外的监督，一方面我们可以委托会计师事务所等中介机构加强对高校财务内部控制的内部审计监督；另一方面，可以接受上级主管部门对高校财务内部控制的内部审计监督。

五、信息与沟通方面的完善

（一）落实高校财务内部控制信息化

随着科技的发展，政务信息化逐渐成为提升管理水平的重要手段，对于高校财务内部控制来说亦是如此。一方面，将财务内部控制的基本要求固化到信息管理系统，通过信息化手段推动财务内部控制的建设，并有利于其落实；另一方面，通过信息管理系统，能够实时反馈财务内部控制实施效果，实现对高校业务活动客观、及时的控制，帮助财务内部控制的有效运行。

（二）改进对高校财务会计信息的披露情况

高校深入、全面的财务会计披露行为，有利于其财务内部控制的信息与沟通。首先，剔除专业性的影响，对财务会计信息进行通俗化的加工，有利于非专业的利益相关者对高校财务会计信息的解读和使用，扩大财务会计信息披露的范围；其次，剔除孤立性的影响，将财务会计信息与高校的教学、科研、专项建设等联系起来，使其更有效地反映高校的办学效果；最后，剔除抽象性的影响，增加财务会计信息披露的有用细节，能深化其披露的程度。

（三）深化高校各部门的沟通与协作

要提高工作效率就要消除高校各部门之间工作的壁垒。改善这一点，需要统一思想，消除误会，加深对其他部门工作的了解，在工作中学会换位思考，深化高校各部门之间的沟通与协作。

第六章

高校财务风险预警机制的构建与创新

第一节　高校财务风险

一、财务风险的科学内涵

（一）风险及财务风险

1. 风险含义

风险的产生源于现实世界的不确定性及人类对其认识的有限性。人类认识风险是因为风险通常与损失相联系，因此，人们习惯将不利事件发生的可能性称为风险。关于风险，目前尚无统一定义（Stephen et al.，2007）。不同学者分别从可能性与不确定性、预期与实际、主观与客观等角度进行了描述，并提出了不同的定义和解释。韦伯字典将风险定义为：危险；危难；遭受损失和伤害。其他有关风险的定义有：风险指出乎意料的可能性（Scott & Eugene，2003）；风险指人们对结果的期望值与客观实际结果发生差异的不确定性（汤谷良，2006；荆新和王化成，1998）；具有不确定性的损失就是风险（尹平，1998）；风险是在风险状态下一定时期内可能产生的结果变动（顾镜清等，1993）。

彭邵兵和邢精平（2005）将风险归纳为三种观点，即危险损失观、结果差异观和不确定性观，并认为用"不确定性观"来归纳风险更具代表性。他们将风险定义为：风险是事件的不确定性所引起的，由于对未来结果予以期望所带来的无法实现期望结果的可能性。简言之，风险是结果差异引起的结果偏离，即期望结果的可能偏离。该定义指出对未来结果的期望是风险产生的根源，并揭示了风险的实质是结果偏离。

由于风险是以一定的发生概率的潜在危机形式存在和可能性，不是已经存在的客观结果或既定的事实，因此，研究和控制风险的目标应是设法降低风险出现的概率值，阻止风险的潜在性转变为现实性，阻止可能的危机转化为现实的损失（刘格辉，2007）。

2．财务风险含义

研究财务风险首先要了解财务的本质。对于财务本质的研究现有文献有五种代表性的观点：货币关系论、资金运动论或资金关系论、价值分配论或分配论、本金投入与收益论和财权流。其中，资金运动论在中国财务理论界统治长达四十余年（刘贵生，1994）。这种思想也一直接影响着研究者对高校财务风险的界定。

对于财务风险的含义，现有文献有三种代表性的观点：

第一，认为财务风险是企业资金运动（或财务活动）过程中存在的风险，包括投资风险、筹资风险、股利分配风险、资金运营风险、外汇风险等。众多研究财务风险计量、预警、控制和管理的文献都以此为基础。代表学者，如汤谷良（2006）、陈新宁（1999）、韩玲（2006）、刘格辉（2007）等认为，财务风险应该包括资金运动的全部风险，财务风险等同于财务管理的风险。

第二，认为是与企业筹资相关的风险，尤其指财务杠杆导致企业净收益变动的风险，甚至可能导致企业破产的风险。在几乎所有的西方学术著作中，均将财务风险视为筹资风险，它是具有负债筹资的企业所特有的风险。在规范的理财学术研究中，企业资本结构的设计与优化，就是在负债带来的财务风险和利用负债产生的收益间的权衡过程。在财务上投资和筹资是分离的，资本结构属于筹资领域，投资风险属于投资领域。

第三，认为财务风险有狭义和广义之分。狭义的财务风险是由企业负债引起的，具体说就指企业因借款而丧失偿债能力的可能性。广义的财务风险是把企业的财务活动过程作为一个完整的系统，包括筹资、投资、资金运作、收益分配四个有机联系的环节，在各活动环节中都有可能产生风险。熊筱燕和孙萍（2005）认为，财务风险通常有两种理解：广义的财务风险指经济实体各类风险的货币化表现；狭义的财务风险特指经济实体在开展各项经济活动中因资金筹措、投资和日常运营所面临的风险。

（二）财务风险的分类

财务风险针对不同的经营主体和理财项目，在不同的理财阶段，面对不同的理财环境有不同的分类方式。

1．按资金运动过程分类

按资金运动过程，财务风险可以分为筹资风险、投资风险、资金回收风险和收益分配风险。筹资风险指与筹资活动相关联的财务风险，包括负债和自有资金的风险以及因筹资技术不佳或资金投放、使用、收回、分配得不合理而引起的筹资风险；投资风险指企业由于投资项目实际收益与预期收益之间的偏差，而给投资者带来的不利或者亏损的可能主要包括收益风险、投资额风险、购买力风险、变现风险；资金回收风险指企业在成品资金到结算资金再到货币资金的转化过程中时间和金额上的不确定性；收益分配风险指企业由于收益分配而对未来生产经营活动产生的不利影用，主要包括收益确认风险和对分配收益的形式、金额和时间把握不当而产生的风险。

2．按产生原因分类

按照产生原因，财务风险可以分为制度性财务风险、固有财务风险和操作性财务风险。制度是事先做出的用来引导和限制个人行为的确定性规范，由于制度影响期长，相对稳定，一旦其不适应客观环境，就会对企业财务活动产生不利的影响。这种财务风险称为制度性财务风险，包括外部制度风险和内部制度风险。固有财务风险由自身固有风险与财务管理依据信息的固有风险构成。财务管理的许多理论都是建立在假设基础上的，因此理论本身就存在一定的风险。另外，财务管理主要依赖于会计信息，而会计信息本身也存在风险。操作性财务风险指在财务管理过程中，由于财务管理人员操作失误或对财务方法的选用不恰当而引发的企业财务风险。

3．按风险层次分类

按照企业财务风险的不同层次，财务风险可以分为战略财务风险、总体财务风险和部门财务风险。战略财务风险指对企业竞争战略和长期经营产生影响的综合性财务风险，一般通过市场来体现；总体财务风险指企业面临的，在未来一段时间内影响企业总体发展的财务风险，如汇率风险和利率风险等；部门财务风险指企业各下属部门所面临的财务风险，这些风险在特定部门内比较突出，而对其他部门影响较小。

4．按对应的不同期间分类

依据财务风险对应的期间不同，可以将财务风险划分为日常财务风险和特殊财务风险。日常财务风险指企业在日常生产经营中常涉及的财务风险，包括筹资风险、投资风险、利润分配风险等；特殊财务风险指企业只有在进行重大活动时才可能涉及的财务风险，如破产与清算风险、跨国经营财务风险、并购风险等。

5．按风险大小分类

按照风险大小，可将企业财务风险划分为较小财务风险、一般财务风险和重大财务风险。较小财务风险的后果不明显，对企业的各项生产经营活动不构成重要影响；一般财务风险虽后果严重但不至于构成致命性威胁；重大财务风险往往会导致企业的重大损失，甚至使企业生产经营停滞或遭受破产。

（三）财务风险的特点

1．客观性和必然性

财务风险是市场经济条件下企业资金运动的必然产物，是价值规律的客观存在，不以人们的意志为转移，市场经营主体只能将其控制在一定程度之内。外部环境的变化、市场的调整、企业战略的转换、竞争对手的战略转换或新替代品的出现等因素都可能引发财务风险，因此企业对于财务风险无法完全规避，只能通过一定的措施将其控制在一定的范围内，或降低其发生的概率，但不可能完全避免，即财务风险不可能降低至零。

2．相关性

财务风险水平与风险报酬高低有关，一般来说，风险与报酬存在正向关系。对企业而言，财务风险高的经营活动，报酬率比较高，财务风险低的经营活动报酬率也低。因此，企业若想获得超额收益就必须承担相应的风险。不过企业应当注意，要使其风险的承受程度与自身的抵御能力相匹配，盲目地追求高风险高收益也是不合适的。

3．偶然性

财务风险的偶然性指财务风险是可变的，在一定时期内、一定条件下有可能发生，也有可能不发生。这也导致了企业财务状况的不确定性。财务风险的偶然性还表现为企业财务风险的发生往往是突然的。也就是说，企业所处外部环境的不确定使得不同风险发生的可能性也不断变化，无法在事前准确判断某一种风险一定发生或不发生。同时，财务风险对企业造成的影响也具有偶然性，影响范围、影响时间、影响深度等均不确定。尽管财务风险具有偶然性，企业仍要采取措施预防重大风险的发生。

4．复杂性

财务风险的复杂性指财务风险不是一成不变的，它相对于不同的经营主体及各主体抗衡风险能力的具体条件而变化，即财务风险不是一个常数，而是一个变数。另外，引起财务风险有直接因素也有间接因素，有外部因素也有企业内部因素，这些因素有的可以提前预测，有的则无法预测。

5．激励性

财务风险是客观存在的，企业必须制定相应的措施来规避或控制财务风险，企业只有不断完善管理，尤其是建立内部控制制度，才能规避或控制财务风险。所以说财务风险具有激励性，即可以促使企业完善内部管理，使内控制度更加合理化、规范化和科学化，进而提高企业的竞争力。

二、高校财务风险的科学内涵

（一）高校财务风险的定义

1．高校财务风险存在的客观基础

财务风险原本是企业财务管理的一个重要内容。我国公办高校是依靠财政拨款的事业单位，传统意义上不存在财务风险。但是，随着 20 世纪末至 21 世纪初我国高等教育的快速扩展和发展，行业竞争日趋激烈、经费投入的短缺日益凸显、高校在办学资金的筹集和使用等方面的法律环境出现了新的变化、高校自主权不断扩大、高校独立法人地位逐步完善、高校管理的效率意识不断增强，使得高校的管理思维开始更多地借鉴和运用企业管理的有用经验，高校的财务管理也由过去的无风险管理转变为现在的风险管理（王德春和张树庆，2003），由此高校的财务风险也正在凸显（郑继辉，2003）。

2．现有文献对高校财务风险的界定

在已有研究高校财务风险的文献中，对高校财务风险含义的界定比对企业财务风险的界定更广，几乎涵盖了高校已经或可能出现的所有困境。概括如下：

（1）高校财务风险指高校在事业发展过程中因资金运动所导致的某种不利事件或损失发生的可能性及其后果。此观点有比较广泛的代表性，但学者们从不同侧面进行了研究，对高校财务风险内涵有以下表述：

第一，指高校资金在营运过程中，主观愿望与客观现实相背离，现实的财务结果与理想的财务预测之间存在差异而造成的财产损失，代表学者包括肇洪斌（2006）、薛红兵（2007）、万宇洵和黄文雅（2006）、刘艳华（2008）等。

第二，资金运动面临的风险包括资金筹措、投资和日常运营所面临的风险，代表学者包括王德春和张树庆（2003）、李素红（2006）、渠苏平（2008）等。

第三，资金运动面临的风险表现在预算收支不平衡、资本结构不合理等方面，并认为资本结构不合理是财务风险产生的根源，代表学者有王漪（2006）等。

第四，财务状况总体失衡所产生的流动资金短缺和净资产亏损的风险，代表学者有陈琤（2006）等。

第五，指因资金运动受难以预测的因素影响，而出现与初衷利益相悖的潜在损失。它反映了高校财务风险三层管理属性：一是由资金运动而引起的风险；二是风险的货币化表现；三是受不确定因素影响而形成的财务收益偏离预期收益的潜在损失，代表学者有蒋业香和李存芳（2007）等。

（2）高校财务风险是高校运作所有方面的风险。柳志（2008）在运用AHP法计量高校财务风险评价指标权重时提出，高校财务风险不仅包括融资风险、投资风险，还包括扩招风险（如收费风险）、接受投资风险（如联合办学风险）、后勤社会化财务风险、财务管理失衡风险等。

（3）高校财务风险指贷款风险。王诚和毛建荣（2004）提出由于公办高校的财务风险主要来自银行借款，因此对公办高校财务风险的研究就转化成对高校贷款的风险研究。赵荣宾（2007）运用预算软约束和产权等经济理论，对高校贷款风险的产生根源进行了理论分析，认为高校贷款风险体现在偿债风险、利率风险、政策法规风险、委托代理机制风险、管理风险、规模风险、担保风险及发展风险等方面。

（4）财务风险和财务活动相伴而生。万艳丽（2008）认为只要有财务活动，就必然存在着财务风险，高等学校也是如此。

（5）高校财务风险指由于会计人员人为的工作失误带来损失的行为。肇洪斌（2006）认为会计人员人为的工作失误包括由于错报、漏报、多报会计信息，使财务报告失实或依据失实的信息误导监控行为而带来损失的行为属于财务风险。

纵观学术界对高校财务风险的界定，有些是将高校目前已经表现出来的方方面面的困境均视同财务风险，将高校财务风险的内涵无限扩大。郑鸣和黄光晓（2008）在《我国高校财务困境预测研究》一文中引入了高校财务困境、财务恶化、财务危机和财务风险的概念，但没有对它们进行区分和界定。肇洪斌（2006）则提出高校财务风险是在我国社会主义市场经济条件下，在高等教育迈向大众化道路的过程等双重因素下出现的衍生物。

3. 从"现金流"的角度审视和评价高校的财务风险

总体来看，现有文献对高校财务风险的界定更多是对各种风险现象的描述。实质上，这些研究是把对企业财务风险研究的那一套照搬到高校来（熊筱燕和孙萍，2005），没有结合公办高校运行及其资金运行的特点，深入探究高校财务风险的症结和产生这些风险的更深刻的根源。事实上，高校财务风险有自己独特的特点，应该和企业财务风险进行区分（陈琤，2006）。

笔者认为：首先，高校是非营利性组织，财务收支活动的目的及目标与企业不同。虽然，高校的资金流转环节与企业类似，高校的财务风险与企业的财务风险也有类似之处，但因为高校与企业性质上的差异，两者在经营目标、产出内容、经营业绩表现等方面均不相同，财务风险的表现形式也有较大的差异。高校是非营利组织，支出不具有经费上的补偿性，运行成果的价值既难以以货币来衡量，也不追求营利性，资金运行没有可循环性及再生能力。高校投入的是可以货币化的资源，产出的则是很难货币化的、具有社会价值的人才和科研成果等公共产品，其运行的目标就是在特定的经费投入下提供尽可能多且质量高的公共产品，产生尽可能大的社会效益。非营利性组织的这一特性，决定了高校需要的是持续不断的经费投入，以持续不断地为社会提供公共产品。因此，高校财务风险的主要表现形式是缺乏持续不断的现金流来保障其公共产品的生产。

其次，高校的业务活动、资金运作方式不同于企业。高校的现金流入主要是政府的财政拨款、学生的学费收入以及社会捐赠收入等。高校的现金流几乎是与教学科研等活动同步进行的，而教学科研活动一般是由分散在多部门、多层次甚至是不同地点的教职工分别进行，因此现金流出的分布也必然是分散的。除人员支出通常由学校直接支付外，其他各项支出都是根据年初预算由财务处将经费下拨到相关职能部门（如教务处、科研处、各教学科研单位等）以及各院系，相关职能部门和院系再根据实际需求在预算额度内支付各项支出。

再次，预算管理是高校控制财务风险的主要抓手。预算单位细分度大是高校财务管理的普遍现象。高校预算的基本单位是项目，每个高校都有成千上万个项目。如果职能部门和院系没有及时足额地完成预算支出，就会形成学校可动用的沉淀资金，成千上万项目结余的集聚效应，就形成了高校"赤字预算"的客观基础，高校内部俗称"内债"。因此，除了高校按照"量入为出"原则安排的正常预算支出外，高校运行过程中自然形成的可借用的资金沉淀量、学校超预算收入安排的支出的规模、学校预算收支管理的实际控制力三大因素决定着学校现实的支付能力和现金流量的充足与否，即学校的实际财务状况和财务的风险程度。

最后，适度举债成为高校财务管理面临的新挑战。传统的高校财务管理理念认为高校是事业单位，因此必须严格遵循"量入为出"的预算管理原则，学校既不能举外债，也不宜有内债。随着世界高等教育出现的"高校管理革命"，以追求效率为主要特征的企业管理理念逐步引入高校的财务管理，如货币的时间价值、闲置资金的充分运用、财务杠杆的原理、绩效的评估等。同时，随着高等教育行业内竞争加剧，学校发展的法律环境变迁，学校独立法人地位进一步完善，使得高校适度举外债既有了需要，也有了可能。学校在适度举外债及内债求发展时，在"度"的把握上，主要的考量点就是要保证高校有适度的现金流来确保学校的正常运行，这就是高校控制财务风险的主要着眼点。

总之，通过分析现金流量，我们可以了解高校的现金来源和现金运用的具体状况以及现金余缺的信息，及时地识别财务运行的风险点，适时进行资金调度和风险的防范。因此，现金流量控制与财务风险管理是相辅相成、互为依存的：一方面，管控现金流量有利于防范和控制财务风险；另一方面，防范和控制财务风险，有助于高校现金流动的顺畅，保障学校各项事业的顺利进行。

（二）高校财务风险的组成

作为非营利性组织，高校与企业不同，高校的财务风险从总体上看主要表现在以下三方面。

1. 筹资风险

如今，高校资金筹集日益多样化，既有财政拨款、学费收入，也有国内外资助及金融机构贷款等其他形式。在高校的全部流入资金中，财政拨款是政府预算支出项目，来源最为稳定可靠，其风险一般可以忽略不计。而国内外资助资金，由于其在全部资金中所占比重较小，因此，对该部分资金的财务风险也可简化处理。学费收入风险指因学生拖欠学费而使高校遭受经济损失的可能性，此风险主要通过加强学生的收费管理来避免。

高校筹资风险主要体现在高校取得的金融机构贷款风险上。高校的金融机构贷款风险指高校向银行等金融机构取得贷款后，由于贷款结构不合理、贷款使用不当或贷款管理不善，而使高校遭受经济损失的可能性。高校贷款风险的成因主要有国家政策变动、利率波动、高校资金管理不善、资本结构不合理、长短期债务失衡、高校支付能力不足等。目前，向银行等金融机构贷款是高校解决资金短缺的主要途径，但是随着高校贷款规模的持续扩大，长期贷款比重的逐步增加，高校的融资成本也不断上升，巨额贷款使高校面临严峻的财务风险。

2．投资风险

在市场经济条件下，高校与企业一样受到市场经济规律的影响。但是高校不同于企业，企业投资的目的是追求更高的回报和利润，而高校属于非营利性组织，其投资主要是为了满足社会日益增长的教学和科研需求，其投资风险主要体现在基建项目投资风险和校办产业连带风险上。

高校基建项目投资的投向合理性，直接影响着高校的办学水平与质量。高校若对自身定位认识不清，对所投资基建项目缺乏科学论证，则会导致盲目投资或重复建设，倘若项目完成后，不能取得预期的经济效益和社会效益，将会给高校带来巨大的还贷压力。

校办产业连带风险指高校校办产业经营而使高校产生连带经济责任的可能性。高校的校办产业是为了实现高校科技成果转化而成立的，虽然现在大多校办产业已经进行了公司制改造，但高校仍然与校办产业有千丝万缕的联系，一旦校办产业由于经营不善导致经济损失，高校很可能要承担连带经济责任。

3．教育教学风险

目前，随着高校招生规模不断扩大，虽然不断增加教育教学成本，但各高校仍无法保证软、硬件与学生数的同比增长。学校教学基础设施不足，生均校园面积、生均图书拥有量、生均教学仪器设备台件数减少情况在许多高校出现。师资力量不足，教师满负荷工作，知识得不到更新、提高，导致教育教学质量下降，科研能力减弱，学生难以得到提高，最终使得高校信誉受损，影响办学效率，进而引发财务风险。

　　假如为了规避财务风险，高校进一步压缩日常教学经费、科研经费和师资培训经费及教师待遇经费等，只能加剧师资流失和教育教学质量下降，形成"教育教学风险－财务风险－教育教学风险－财务风险"的怪圈。

（三）高校财务风险的特殊性

　　由于高校与一般企业在各个方面的差异，高校的财务风险也体现出其不同于企业财务风险的特殊性。

　　对企业财务风险的考量，往往要根据企业的资金流转环节从筹资风险、投资风险、利润分配风险等方面进行。然而高校与企业有相似的资金流转环节，资金流转的目的却截然不同，即企业资金流转是为了获利，高校则主要从事非营利性活动，是为了满足社会的共同需要。因此，高校运营过程中产生的资金耗费不可能像企业那样，通过销售产品或提供劳务得到价值补偿并取得利润。虽然高校在国家政策规定范围内，除财政拨款外，也可以依法取得一定的收入，但是目前，这部分收入在我国高校总收入中所占份额仍很小，不足以抵补支出耗费，只有依靠国家财政拨款，才能保证高校业务活动的顺利开展。可见，在资金流转方面，高校财务风险管理有其特殊性，主要体现在：筹资方面的政策性较强，开支方面的补偿性差，产品方面的无营利性、周转方面的再生性弱等。同时，资金收支活动渠道多样化、校办产业种类多样化、财务管理政策性强等高校财务管理的复杂性，也会导致高校的特殊财务风险。

第二节　高校财务管理中的风险评估

一、建立高校财务风险评价指标体系的原则

　　高校财务风险指标体系是由一系列反映高校财务风险状况的财务指标组成的，用以评价高校在资金运动过程中所面临的风险。高校财务风险的评价体系就是以高校财务风险指标为依据，借助于多元统计分析方法来评价高校财务风险状况，所以，高校财务风险评价指标体系的建立是非常重要的。本节在考虑

到高校财务活动自身的特点和规律的情况下，提出了建立高校财务风险评价指标体系应遵循的原则。

1．科学性原则

所谓科学性，指指标的代表性及其体系的完整性，要求指标不重复、不遗漏，指标之间相互具有独立性，又互为补充，能基本反映财务核算和绩效评价的主要特点。只有遵从评价指标设计的科学性原则，才可能保证评价数据的准确性和权威性。

2．总体性原则

高校应当将事业发展、基本建设、校办产业和后勤服务等系统作为一个整体，全面评价学校的财力状况。这样有利于将财务实力和风险指标统一起来，正确评价学校的经济管理和财务运行状况。

3．整体优化原则

由于财务风险评价体系是一个多变量输出的复杂系统，所以不能选用局限性较大的单一指标进行评价，而要建立多个财务评价指标来反映高校的财务状况。但指标又不能太多，以免失去评价的重点。

4．可比性原则

建立评价指标体系的目的，就是要对高校财务风险状况进行核算和评估，而这种评估只有通过校与校之间、指标与指标之间相互比较，才能更充分地体现出来。因此，必须考虑指标之间的可比性和通用性，即要求指标建立在统一的核算范围之内和相同的可比基准点之上，进行量化和比较。

5．可行性原则

建立指标体系，既要从理论上注意它的完整性和科学性，又要兼顾到现实中的可行性与实用性。所以，在设立评价指标体系时，要保证指标体系所使用的全部数据均能由现有的财务资料和会计核算数据提供，这样，一方面可以充分利用财务数据，另一方面也可以增强可操作性。

6．动态完善原则

高校财务评价，不是一项临时的突击性任务，而是一项长期的不断完善的动态任务。时间方面，考核评价的时间越长，高校绩效的趋势性事实也就越明显地反映出来。如果仅仅关注某一年份的评价结果，就可能由于某项工作的缘故而出现偶然性的跳跃。目前的评价还很难剔除这种偶然性，但坚持动态完善，不断加以修订，就可以根据教育管理的新要求和会计核算的变化，逐年修订指标，就能更准确地反映出各高校的财务风险状况的总体水平。

二、高校财务风险指标的选取

根据前面章节的分析，高校目前的财务风险主要存在于三个方面：高校筹资的风险、高校投资的风险和高校整体运营的风险。高校成长能力不会使高校产生风险，但是成长能力的增强，充分说明高校应对风险的能力较强，规避风险的可能性比较大。财务指标的选取要能够准确和真实地反映高校目前的财务状况，综合高校财务风险评价体系常用的指标以及创新点，将指标分为四部分，即筹资风险指标、投资风险指标、总体运营指标和成长能力指标。除了选取了一些以往研究中常用的偿债能力的指标外，还选取了反映该校成长能力的指标，虽然这些因素在高校财务因素中占比例较小，但是成长能力指标的数值相对越大，说明高校成长能力较强，未来应对高校财务可能发生风险的能力就越强。

1．筹资风险指标

指标选择中筹资风险主要放在偿还债务方面，许多高校处于债务化解的时期，所以以往债务的化解仍然占高校财务风险较大的比重。

（1）高校资产负债率＝负债总额／总资产金额。

高校资产负债率反映高校债务总额所占高校总资产的比值，这个比值越小说明高校化解债务的能力越强，高校正常经营以及相关财务活动的可以得到保障；相反，如果高校该比值大，甚至超过二分之一，就说明高校债务金额过大，已经很有可能影响高校日常运营，高校财务风险已经非常大了，高校财务保障不足。

（2）年度借款占年总收入的比值＝年末借款余额／年度收入。

该指标是高校年末债务与年度收入的比例，该指标反映高校清偿债务的能力。该指标越大直接说明高校清偿债务的能力越低，高校债务偿还保障程度越低；如果该指标越小，说明高校很容易或者在很短时期内就可以还清银行借款，清偿债务的能力较强，高校面临还款压力较小，银行收回欠款就越有保障。

2．投资风险指标

投资风险相关指标主要针对高校对校办企业和其他方面的投资。

（1）投资收益率＝（校办企业收益＋其他投入收益）/（校办企业投资＋其他投资）。

投资收益率是反映高校对外投资的收益情况，反映高校投资回报程度，教育部于 2007 年规定高校不得进行债券、股票等风险性投资，高校的对外投资主要校办企业以及风险较低的其他投资。对高校来说，校办企业是高校可以获得较多收益的一种投资方式，也可以利用高校自身的科研成果将其转化为科研收入，成为自筹收入的一部分，所以投资收益率越低说明高校通过校办企业和其他投资获得收益的能力越差，投资面临不可回收的风险越高。相反，投资收益率越高，说明校办企业的收益能力越强，高校的自筹经费的能力也就越强，高校对校办企业投资的回报率就越高。

（2）基建投资财务风险＝（年末基建借款总额＋年末基建应付账款－年末基建剩余资金）/（年末事业基金－投资基金＋年末专用基金－应收及暂付款）。

该指标反映高校对基础设施的投资的风险，基建投资的净额与年末基金的净额的比值，该比值越大说明高校对基础设施投资越高，同时也说明高校借款发展基础设施建设的现象越严重，投资风险较高。如果该指标较小，则高校借款投资的金额较小，投资风险也就越小。

（3）校办企业资产负债率＝校办企业负债/校办企业资产。

该指标反映高校校办企业的负债与校办企业资产的比例，该比值越高说明校办企业的偿债能力越差，高校可能面临投资无法回收的风险。如果该指标较小，说明校办企业的债务较少，高校收到连带责任的可能性也就越小，投资无法收回的可能也就越低。

3．总体运营能力指标

（1）自筹收入能力＝（事业收入＋附属单位上缴收入＋捐赠收入＋其他收入）/高校收入。

高校主要的经费来源是国家的财政性拨款，但是多元化筹资趋势的形成，使得高校就不能只依赖国家的财政拨款，还应该加强自筹资金的能力。高校收入增加，应对财务风险的能力也就越强，高校经济活动的灵活程度也就越强。

（2）经费自给率＝（事业收入＋经营收入＋附属单位上缴收入＋其他收入）/（事业支出＋经营支出）。

该指标反映高校的自筹资金是否能满足高校的日常性开支。如果高校自筹资金可以满足说明高校筹集资金能力较强，整体运营和财务管理的水平较高，完全可以做到自给；如果该指标小于 1 甚至很低，说明高校的自给能力较差，对于国家拨款的依赖程度较高，日常预算管理等相对较差，有可能支出过多或者自筹资金能力不足。

（3）现金支付率 ＝（现金＋银行存款）/（年支出总额 /12）。

该指标是考察高校日常运营能力的指标，高校的银行存款与现金可以用来支付高校支出的月份数，数字越大说明高校日常运营保障较高，应对日常风险的能力较强，但该数字也不宜过大，因为高校部分资金可以用于投资校办企业或者用于科研，如果都只存在银行里无法发挥其效用也是不合理的，所以该数字在一个适度的范围内说明高校财务管理制度制定、日常开支等制定较为合理。

4．高校成长能力指标

（1）净资产增长率 ＝（期末净资产－期初净资产）/ 期初净资产。

该指标是该年净资产的增长净额与上年末净资产的比值，反映高校资产增长的情况。该值越大说明高校资产增长越快，高校的成长能力越好，竞争力就越强，应对风险的能力也就越强。

（2）固定资产增长率 ＝（本年末固定资产总额－上年末固定资产总额）/ 上年末固定资产总额。

该指标是高校本年度的固定资产净增加额与上年固定资产总额的比值。该指标如果过大说明高校资产增加过快，但有可能日常运营的风险增加，高校现金持有量不足。但该比值太低则说明高校成长的能力较差，发展比较缓慢，所以该比值也是一个需要适当的比例。

（3）无形资产增长率 ＝（本年末无形资产总额－上年末无形资产总额）/ 上年末无形资产总额。

无形资产包含的内容较多包含专利、学校声誉等，这些属于高校软实力，它不同于固定资产和流动资产（均为有形资产），所以许多高校容易忽视无形资产的管理，但是无形资产的净增加额与上年末无形资产总额的比值可以反映无形资产的增长程度，无形资产包含高校的专利数等也是高校资产中应该注重的一部分，高校加强对无形资产的管理也是防止国有资产流失中很重要的一部分，所以无形资产增长速度快，说明高校科研能力较强，对高校资产管理得也相对较好，成长能力就较大，这一指标在过去的评价体系中较少被关注，为新增指标。

（4）捐赠收入增长率＝（上年捐赠收入－本年捐赠收入）/上年总收入。

高校捐赠收入占高校总收入的比值很小，每年我国高校总经费收入中捐赠收入不足1%，但是获取捐赠收入是高校多元筹资的重要一环，该比值的不断增加也说明高校成长能力较好，自筹资金能力提高，高校多元化筹资结构发展得更完善，由于高校捐赠收入目前占高校收入比例较小，所以对这一指标的关注较少，该指标为新增指标。

第三节　高校财务风险预警机制的构建

一、高校财务预警系统概述

目前高等教育产业化的趋势已经较明显，特别是近年来，其超常规发展、大规模举债办学，扩张速度之快与竞争之激烈前所未有。随着社会对高等学校人才需求的"买方市场"形成，一旦高校在竞争中失败，对高校财务状况的影响将是难以想象的。对此应早做准备，建立起高校财务风险预警系统。

所谓财务风险预警系统指，是在财务风险控制中，设立一些科学化的敏感性财务指标，通过观察这些指标的变化，对可能或将要面临的财务风险进行预测的一种财务分析系统。市场竞争中，财务风险时有发生，一旦财务状况恶化，经济实体就会面临生存危机。但财务风险从萌芽到恶化并非瞬间发生，而是一个循序渐进的过程。在这一过程中，影响和产生财务风险的因素会直接或间接地通过一些敏感性财务指标反映出来。如果能提前观察到这些指标的变化，便可对财务风险产生预警作用，经济实体可以采取相应措施，以规避或化解财务风险。

（一）高校财务风险预警系统的特征和功能

作为财务管理的一种重要辅助手段，高等学校财务风险预警系统应具备以下特征：超前性、示警性、连续性、系统性、更新性、自适应性、自学习性及稳定性。除以上特征外，作为财务预警系统，还应具有可操作性以及较高的可靠性等。

高校财务风险预警系统在设计上应具有如下功能：

（1）信息采集功能。

（2）信息分析功能：利用会计信息分析财务活动，分析高校的经营活动的效果，财务状况及发展趋势，使之具有决策支持功能。

（3）信息预测功能：主要对未来资金运动情况做出分析、判断和预见。其主要目的是为财务和经营决策提供基础资料。

（4）综合判断功能：对引起财务活动和财务关系的因素进行判断，对高校的经营风险和财务风险产生的原因进行分析、判断，并对风险因素之间的动态关系以及后果进行推断。

（5）跟踪监控功能。

（6）预警提示功能。

（7）对策支持功能：以人机对话方式对不同警级状态提供对策方案。

（8）自我更新功能。

高校财务预警系统随着高校管理状况和外围环境变化能自动调节，使系统与之适应。

（二）高校财务风险预警系统的建立目的和作用

在高等学校财务风险预警研究中，主要的内容集中在以下方面：其一，进行趋势风险分析预警，简要描述为 $Y=f(t)$，其中 Y 是预测变量，t 是时间。其二，进行多因素预测，模型可描述为 $Z=f(a_1, a_2, a_3, \cdots, a_n)$，其中 a_1, a_2, $a_3, \cdots, a_n$ 为相关变量。其三，偶发事件和征兆信息预测。

高等学校财务风险预警系统建立的根本目的在于满足高等学校发展管理的需求，争取竞争优势，合理安排经费预算，适度控制负债规模，加快资金调度与周转，揭示隐性财务风险。

高等学校管理决策层可以依据财务风险预警系统做出各种相关决策，以体现决策的科学性和准确性，就高等学校财务风险预警系统在高等学校管理中发挥的重要作用而言，具体表现为：

第一，为识别高等学校财务运行风险征兆提供依据。高等学校的财务运转情况借助于设置的各种财务比率指标综合反映出来，当容易带来风险的关键因素出现时，预警系统能预先发出警告，提醒高等学校管理层早做准备，采取对策应变，避免隐性风险演变成实际损失。

第二，为上级主管部门决策层提供宏观管理的依据。随着高等学校自主办学能力的增强，上级主管部门介入学校微观管理会越来越弱化，宏观管理成为主导方向。那么，上级主管部门如何来正确进行宏观管理呢？高等学校财务风险预警系统可以提供学校的基本财务信息，预测学校的财务状况，为制定宏观制度提供了基层资料。

第三，为高等学校加强财务管理，控制风险扩大和避免风险重复发生提供依据。高等学校财务风险预警系统的目的之一就是通过财务指标评价的事前、事中和事后反馈，及时提供预警信息，以利于高等学校据此进行调控，预防风险的发生或进一步扩大，避免同类风险的再度出现，保证高等学校财务状况处于良好的运行之中。

第四，为社会公众进行财务分析提供依据。在高等学校资金来源中，捐赠是其重要的组成部分。捐赠者可借助于高等学校财务风险预警系统提供的资料了解学校有关资金的使用情况。其他社会公众也可凭此分析、评价学校的财务管理状况和水平。

（三）高校财务风险预警系统的建立原则

建立高等学校财务风险预警系统是为了满足学校自身及其他方面的管理需求，以快捷、方便、准确、及时地了解财务运行状况，作为一项系统工程，在建立过程中应遵循一定的原则。

1. 预测性原则

系统对高等学校财务风险的监测要有分析发展趋势、预测未来的作用。高等学校的管理成效最终通过财务信息反映出来，预警系统要从众多的财务指标中选取一系列能敏锐反映高等学校财务状况且独立性高、补充性强的指标，运用数学方法测算出高等学校管理绩效的综合指数，从而让大家认识、了解高等学校的发展现状。

2. 统一性原则

高等学校财务风险预警系统应以现行的会计核算体系为基础，在收集信息的范围、方法、口径上应统一，以保证判定结果的可比、准确和连续。

3. 动态连续性原则

高等学校财务风险预警系统能及时预测风险出现的情况，发出警报，亮出红黄牌，但它监测的是高等学校一个动态连续的管理过程，系统也只有坚持动态连续性的原则，才能不断修正、补充，确保先进性，把握未来发展的趋势。

4．实时性原则

高等学校要准确、及时地预防财务风险的发生，尽可能地减少或避免经济损失，就要求高等学校财务风险预警系统必须敏捷、实时地采集信息，分析信息，判断信息，发出预警。

二、高校财务预警的基本方法

（一）计量经济方法

1．单变量判别分析（UA）

1966 年，Beaver 的研究对企业财务预警研究产生了开创性的影响。他选择了 1954—1964 年美国 79 家破产企业，又以产业和资产规模为匹配标准挑选了 79 家未破产企业，并分别在破产前 5 年比较了两组样本中 30 个财务比率的均值，以二项（破产和非破产）分类检验中误判率最低确定比率值的分割点进行回判，发现现金流 / 总负债在企业破产前一年判别精度最高，为 86.7%。该项研究的意义在于发现了不同财务指标具有不同预测企业破产的能力，并为多变量方法预测奠定了基础。

2．多变量判别分析（MDA）

1968 年，Altman 运用 MDA 方法对 1946—1965 年美国 33 对破产 / 非破产企业的财务指标进行了组合实验，建立了含 5 个财务比率的 Z-Score 模型，破产前一年的预测精度达 95%。1977 年，他依据美国 1969—1975 年的企业数据又开发了包含 7 个财务比率的 Zeta 模型，破产前一年的预测精度高达 96.2%。

在 MDA 方法中，常假定不同判别组的协方差矩阵相等，以误判最小为判别准则，因此判别函数具有线性形式。若考虑到协方差矩阵不相等，判别函数具有 2 次形式，并对个别指标变动过于敏感，破产前 2～5 年的预测精度并不如线性模型高。另外，MDA 方法要求预测变量服从独立的正态分布，这使基于 MDA 方法的预警结果可能是有偏差的。

3．线性概率回归模型（LPM）

1972 年，Edmister 用 0-1 线性回归建立了包含 7 个财务比率的财务预警模型，预测精度在 90% 以上。Edmister 认为，MDA 是"黑－灰－白"方法，"灰区"的企业是被误判的，而 LPM 方法得到的是破产概率，对"灰区"的企业需要进一步了解，将财务比率通过模型转化为破产概率，使得结果具有实际意义。由于 0–1 线性回归无法保证结果在（0，1）区间，因此运用 Probit 函数和 Logit 函数对 LPM 进行变换，可得到 Probit 模型和 Logit 模型，其中 Logit 方法逐渐成为主流方法之一。1980 年，Ohlson 使用 Logit 方法研究财务预警，发现高精度的预测并不是最重要的，更重要的是对于不同的数据收集估计程序，模型预测结果具有合理的稳健性。

通过大量研究和继续改进，最终得到了许多不同类型的 Logit 模型。Lau 将企业财务状态细分为五类，运用 MLA 实现了对企业不同财务状态的预测；Laitinen 引入泰勒级数模型建立了包含二次项的 Logit 模型，前两年的预测精度比线性模型高，而前 3 ～ 5 年的预测精度相对较低。

（二）简单的非参数方法

1. 熵值法（EM）

最早是 Theil 和 Lev（1969，1971）将财务报表不同时期的数据按资产和权益结构分解，运用熵值测度分析，发现财务困境具有明显的财务结构不稳定特征。Moyer（1977）利用资产负债表信息分解方法预测企业财务困境，其结果逊于 Z–Score 模型和现金流负债比的单变量模型的预测结果。Booth 和 Hutchinson（1989）利用会计报表信息分解研究了破产企业与高速成长企业的财务结构变化，发现两组企业之间无显著差别。由于熵代表了信息含量，因此可与其他方法结合使用。

2. 递归分割方法（RPA）

Frydman（1985）运用 RPA，以财务比率为判别点建立二叉分类树，以最低误判成本为标准对样本企业进行破产／非破产分类。在 RPA 模型中可以选用非财务指标和定性指标，但复杂的分类树结构可能引起样本数据的过度适应，样本外的误判风险高，因此分类树结构宜简不宜繁，适于灵活应用。McKee（1995，2000）将熵值和 RPA 结合开发了交互两分模型（ID3），以决策树预测企业破产，其预测精度在 95% 以上。

此外，还有 K 临近法（KNN）、数据包络分析、聚类分析等，如果考虑破产时间因素，判别准则将转化为多阶段的条件概率决策问题，可用 Bayesian 决策法则诊断破产。与计量经济方法相比，非参数方法不受变量样本分布、条件概率、先验概率等假定约束，能与主观判断相结合，使用灵活，其中的许多思想已近似于人工智能方法，但由于该方法太过灵活，故很难成为标准化工具。

（三）人工智能方法

严格来讲，人工智能方法也属于非参数方法，这类方法在数据演算推理以及模式识别方面具有强大的功能，在财务预警的研究中发展很快，并取得了很多研究成果。

1．神经网络（NNs）

NNs 于 20 世纪 90 年代初被引入财务预警研究，并取得了良好的预测 / 判别精度结果。NNs 方法中有四个重要环节影响着财务预警结果，即学习算法、网络结构、合适的数据以及训练网络。

该方法可以按照困境程度实现多模式识别，理论上可以用于财务预警管理系统。与计量经济方法相反，NNs 方法更适合于识别非困境企业。在预测的稳健性方面，往往以超出传统统计方法的样本量和变量数据为基础，而预测精度在不考虑误判成本的情况下却没有实质上的改进，而且 NNs 不易构造也不易理解，综合来看，NNs 是否全面优于计量经济模型还很难评价。

2．遗传算法（GA）

遗传算法是利用模仿自然界生物遗传进化规律在大量复杂概念空间内的随机搜索技术而设计的一种算法，它尤其适用于服从大量软、硬约束目标函数的多参数优化问题，且已运用于证券选择、证券组合选择、预算分配以及信用评价等金融财务领域。运用遗传算法，以财务比率为基础提取 if-then 判别规则建立的预警模型，结构清楚且容易理解，同时还能对定性变量进行规则提取。Franco（1998）用遗传算法分别提取了线性函数和判别规则，研究结果表明，遗传算法可以获得不受统计约束的最优线性方程，提取的线性函数与 MDA 相比，省时并且受分析人员的主观影响小，但结果不如线性判别分析准确。

3．粗集方法（RST）

粗集方法被证明是能够运用一组多价值属性的变量描述多个对象的有效工具，可以用来揭示相互关联的财务特征与企业失败风险之间的关系。RST 与其他方法相比具有以下特点：①能够发现隐藏在数据中的重要事实，并能用自然语言表达成一组决策规则，每个决策规则都有案例支持；②能结合使用定性变量和定量变量，无须统计约束和模糊隶属度评价；③节省决策形成的成本和时间，过程透明；④可以考虑决策者的知识背景，并可用于集成决策支持系统。由于粗集方法是一种更可操纵的决策工具，不同样本与决策者的知识均能产生不同的决策规则，因此研究结果并不具有通用性。

4．基于案例推理方法（CBR）

CBR 是在复杂变化的环境中解决问题的一种决策方法，一般运用 K 临近算法对存贮的案例进行分类，并以此为基础判别或预测新增案例的状况，可用于财务预警研究。

Hongkyu（1996，1997）比较了 CBR 方法与 NNs 方法、MDA 方法，发现 CBR 方法与 MDA 方法之间并没有实质上的区别，在数据不充分的条件下使用更有优势，而当将上述方法结合起来使用，比使用任何单个模型的预测能力都强。

将不同的人工智能方法结合起来建立财务预警模型，能够发挥不同模型各自的优势，从而提高预测精度。例如，将自组织图与 NNs 结合，遗传算法与粗集结合，数据挖掘与粗集结合，粗集与神经网络结合，模糊 NNs 与粗集相嫁接等。然而，这些软件计算方法以及它们的结合使用，孰优孰劣很难比较，因此将多种判别／预测方法结合成多目标决策支持系统，成为目前研究的一个发展方向。

三、建立高校财务风险预警系统的基本步骤

财务风险预警属于经济预警范畴，从逻辑上讲，包括这样几个阶段：明确警义；分析警兆；寻找警源；预报警信；实施警控。这里，明确警义是大前提，是预警研究的基础，而分析警兆、寻找警源情属于对警情的因素定性分析和定量分析，预报警信、实施警控则是预警的目的所在。

1．明确警义

明确警义也就是明确预警的对象。警义指警的含义。警义又可从警素和警度两个方面考虑。警素指构成警情的指标是什么，而警度是警情的程度。

2．分析警兆

分析警兆是预警过程中的关键环节。警兆也叫先导指标。一般来说，不同警素对应着不同警兆。警素发生异常变化导致警情爆发之前，总有一定的先

兆，这种先兆与警源之间可能有直接关系，也可能有间接关系。警兆的确定可以帮助高校有效地确定警源。

3．寻找警源

警源是警情产生的根源。从警源的生成机制来看，警源可以分为两种：一种是由高校外部输入的警源，即外生警源；另一种是由高校内部产生的警源，即内生警源。

4．预报警信

确定警兆之后，要进一步分析警兆与警素的数量关系，然后进行警信预报。警信预报是预警的目的，主要有两种方法：①建立关于警素的普通模型，先做出预测，然后根据警限转化为警信；②建立关于警素的警信模型，直接由警兆的警级预测警素的警信。在预报警信中，应结合经验方法、专家方法等，这样可提高预警的可靠性。

5．实施警控

在发出预报警信后，根据财务风险控制制度以及预警系统中专家支持方案，对不同警级状态提供对策措施并自动实施控制，促使风险状况的转变，减少风险损失。

四、高校财务风险预警系统构建应注意的问题

预警系统本身是对过去一段时间内高校经济运行的一种评价，对未来的发展趋势的一种预测，是一种诊断，而不是一剂用来"治病"的良方。各个学校通过预警系统分析学校财务状况以后，对超出警戒线的指标必须认真分析原因，采取措施改善财务状况。预警系统中设计的指标发生问题，往往是学校现有财力与发展速度产生矛盾造成的；连带风险大，一般是校办产业经营管理出现问题和基建投资不足、基建规模过大造成的。为解决这些问题，保持良好的财务状况，在日常财务工作中应坚持做到以下四点。

1．坚持收支平衡

在编制综合预算时，应坚持收支平衡的原则，正确处理经常性支出与建设性支出的关系。所谓坚持收支平衡，指积极的、动态的平衡。在年度预算执行过程中，实际收入大于预算收入时，应相应安排必需的底部支出预算；实际收入小于预算收入时，应相应削减支出预算，在动态中保持预算支出平衡。

2．坚持经济效益

在投资决策时，应坚持经济效益的原则，正确处理资金需要与资金供应、眼前利益和长远利益的关系。经济决定财政；只有经济发展了，财政才会充裕。为了使学校自有财力不断增长，势必要有一定的投入，培育财源生长点，所以，在一定时期内有一定的超前投入，并非完全不可取，关键是，一定要对投入和产出、成本和效益进行充分的可行性论证，充分考虑近期学校财力的可能和未来的收益回报，慎重决策，适度投入，跟踪监督，回收收益。只有这样，才能形成良性循环。

3．坚持有借有还且借款有息

在借出款时，应坚持有借有还、借款有息的原则，正确处理借款规模和还款周期的关系。对于无偿还款能力的财政性垫款，不能作为借款长期挂账，造成隐蔽性赤字，应该在编制预算时统筹安排，逐步解决。

4．坚持统一领导和分级管理相结合

在财务管理体制方面，应坚持统一领导、分级管理的原则。正确处理财权适当下放和财力相对集中的关系，这是加强宏观调控能力的重要方面。

五、高校财务风险预警体系的建立

（一）高校财务风险预警系统预警界限的确定

在阅读的大量文献中，发现大部分专家、学者主张在确定预警界限时应严格一些，适当提高警戒标准，为改善财务状况留出一定的空间。这就像交通信号管理系统一样，以亮出黄灯为预警，有一个提前量，当红灯闪烁时，应是一种禁行信号，表明财务状况已到非改不可的地步。基于这种考虑，指标预警界限确定如下：

1．支付能力

高等学校经费来源中稳定性、可靠性最强的渠道是国家拨款，包括教育经费和科研经费拨款。拨款一般根据预算按季度下达，所以可以将现实支付能力的警戒线划在 3 个月。一般可供周转月数低于 3 个月时，就存在无支付能力的可能，应尽快采取措施，增加货币资金存量，压缩支出。

2. 年末货币资金结构

年末资金结构分析的是年末自有资金、非自有资金、自有资金净余额占货币资金的比重，自然是自有资金所占比重越大越好。但是，警戒线的确定，应有一个量化指标。一般说来，自有资金与非自有资金分布均衡较为理想，即如果自有资金占年末存款的比重低于50%，应注意采取措施改变资金结构。根据教育部财务司杨周复和南京大学施建军教授主持的项目的研究成果，他们对1995年、1996年、1997年的财务决算数据分析后发现，在财务状况比较稳定的情况下，自有资金占年末存款的比重在54%～60%。因此，经验数据与理论判断基本吻合。另外，考察一个学校年末资金构成是否合理，也可以参照同类院校平均水平，自有资金占年末存款的比重低于平均数时就应该预警。

3. 自有资金的动用程度

一所学校在一定时期内自有资金是有限的，借助非自有资金发展是很正常的，但是能占用多少，则不是没有限制的，必须既保证学校稳定均衡发展，又保证占用资金能及时偿还，不影响非自有资金的使用，这就需要保持适当的动用比例。一般来说，自有资金动用程度在100%以内不会造成什么问题，超出100%则应考虑偿还能力。根据相关理论分析，自有资金动用程度的安全限度是100%～120%，即占用其他资金的程度不要超过20%。

4. 连带财务风险

校办产业和基建投资的负债率不应超过100%。若大于100%，就意味着资不抵债，就可能影响学校的财务状况。

（二）高校财务风险预警模型的构建

在已有的文献中，财务风险预警模型的构建对象一般是企业，建模的主要方法是判别分析法，而且是建立在大样本的基础之上的。

在众多的判别模型中又以Altman的Z-Score模型最为出名，应用也最广泛。然而，Z-Score模型虽然在企业已得到普遍采用，但尚没有在高校财务风险预警中成功运用的先例，因此不能简单地把Z-Score模型照搬到高校财务预警系统的研究中，目前Z-Score模型在高校财务预警中运用的难点在于：①Z-Score采用的都是衡量企业财务风险的指标，其不一定就可以衡量高校的财务风险；②Z-Score模型的判断企业陷入财务困境的临界值是针对企业提出的，不能直接拿来作为衡量高校财务风险的标准；③ Z-Score 模型的提出其实也是基于判别分析，因此，也需要大样本作后盾；④判别分析需要事先对样本进行分类，而高校财务状况的优劣没有一个明确的界限。

鉴于高校的财务数据属于机密，难于取得，这就为以 Z-Score 模型为代表的判别分析法在高校财务中的运用设置了天然屏障。在用前人的研究成果的基础上，拟采用 Z-Score 模型的理论模型和模糊综合评价法相结合，作为高校财务风险预警系统的构建方法。采用模糊综合评价法的理由是，高校财务状况的优劣没有一个明确的界限，属于模糊范畴。人为地用特定的分级标准去评价高校财务状况的优劣是不恰当的。此外，影响高校财务状况的因素很多，高校财务状况与影响因素之间以及各影响因素之间的关系都是模糊不清的。因此，在财务综合评价过程中，应用模糊数学的理论和方法对高校的财务状况进行综合分析与评价是可行的。

（三）高校财务风险预警系统的构建思路

高校财务风险预警的基本思路（图 6-1）是，从资金周转角度，将学校作为一个整体，用现有货币资金存量来分析保证正常支付能力；从资金分配角度，分析现有货币资金存量来源构成，明确学校可支配的自有财力及不能支配的非自有财力所占比重；从资金运用角度，分析资金动用的合理程度和承担风险的能力，从而正确把握动用非自有资金的限度；从主体连带风险角度，分析监测对象以外的因素对主体财务状况的影响，主要分析校办产业和基建投资的负债情况。以上四个方面是相互联系的，通过层层深入的分析，可以反映高校现实的财务状况，在一定条件下，及时发出警报信号，同时揭示存在的问题，预测未来前景，引起领导和管理部门的重视，以便及时采取相应措施，保证资金运作的安全性、合理性和有效性，逐步形成资金运作的良性循环。

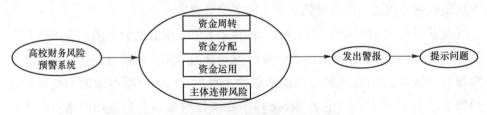

图 6-1　高校财务风险预警系统的构建思路

（四）构建高校财务风险预警系统的相关建议

高校财务风险预警系统要充分发挥其预期的功能，形成良性的动态循环，必须从机制上进行系统设计，实现预知、控制等功能。从系统的构成来看，首先要建立健全的组织机制，其次要建立高效的运行机制。另外，还要通过预警工作人员的工作职责来保证机制的可行性。

1. 建立健全组织机制

为使财务预警系统的功能得到正常、充分发挥，高校应建立健全的财务预警组织机构，高校财务预警系统是对高校现存组织体系的一种补充。在高校财务部门中设立财务预警分析员的工作岗位，这一岗位由财务处长、高层领导、外部财务管理咨询专家等兼任，也可实行专人专职。这种模式的最佳方法是既安排专职的财务预警分析员实施技术性分析的职能，又有分管财务的校领导、财务处长的亲自参与指导，还要有外部专家的咨询协助，"专人负责，职责独立"。这种组织模式的优点在于：由于财务预警工作由财务部门直接开展，因此可以很便捷地获得更全面、更可靠的财务信息作为预警分析的依据，同时也符合经济效益、机构精简的原则。

2. 建立高效的运行机制

一项机制的好坏一方面在于其设计的完善与否，另一方面也在于其运行的好坏。对于高校财务风险预警系统，应从以下四个方面来建立高效的运行机制：

（1）建立财务预警的计算机辅助管理系统。

构建财务风险预警的计算机辅助管理系统是建立高校财务风险预警系统的重要保障。由于财务风险预警系统较为严格、繁杂，仅靠人力不能达到监控的实时、准确和针对性的要求，因此，必须实施计算机管理，并与财务管理系统软件衔接，进行动态监控，减少数据采集、输入过程中的错误，保证信息质量。具体实施时，我们可借助现代计算机的数据库技术、专家系统技术、综合现代风险管理的具体方法和手段，融数据库管理、模型管理及会计领域专家知识于一体，建立财务风险预警的计算机辅助管理系统，使高校财务风险管理计算机化、智能化，为高校财务风险管理提供科学的依据。当实际值超过警戒值时，系统就会自动向系统负责人发出警报，促使相关负责人及时解决高校出现的问题，防范不必要的风险。

（2）建立财务信息收集和传递机制。

财务预警机制的重要前提是建立灵活高效的信息系统，在这个信息系统里关键的是要形成信息收集、传递的完整、快捷的渠道。这个系统应是开放性的，不仅有财务人员提供的财务信息，还要有其他渠道的信息。这个信息系统能提供及时、完整的经营资料和数据，而且要不断刷新，资料系统不断升级，确保财务信息及时、准确和有效，使高校管理者能以实际经营状况的数据体系与财务指标数据比较。同时预警分析员还必须实施信息收集、处理、储存和反馈的职能，并向预警系统输送全面、准确、及时的信息提供必要的技术支持。

（3）建立财务风险分析机制。

高校的财务风险分析机制是财务预警系统的核心和关键，通过分析可以排除影响小的风险，从而将主要精力放在对高校可能造成重大影响的风险上，经研究分析，找出风险产生的原因，评估可能造成的损失。在造成风险产生的成因分析清楚后，就可以制定相应的措施。当然这是以会计信息的真实性、完整性和及时性为基础的。在一定程度上，高校财务风险预警系统进行的是信息再加工活动，通过对原始信息的梳理、分析，向管理者提供直观、有效的决策信息。财务风险预警系统必须以大量的信息为基础，这就要求强有力的信息管理组织机构向预警系统提供全面、准确、及时的信息。要建立信息管理组织机构，配备必要的专业人员，要强化监管和约束，改善会计工作的环境，要明确信息收集、处理、储存到反馈各环节的工作内容和要求以及信息专业人员的职能，并提供必要的技术支持。

（4）建立财务风险责任机制。

责任机制是财务预警系统正常运转的重要条件。要将风险的责任明确到具体的每个人。当发生问题时，能及时找到负责对象，同时与有效的奖惩制度相结合，促使责任人提高警惕。

3．设置财务预警工作职权

财务预警系统组织机制与运行机制都要依靠人的行为来完成，在"以人为本"的原则下对财务预警人员的工作职责进行合理的设置，财务预警分析人员应在既定的职权下密切关注预警资料，根据设置的警戒值认真进行预警分析。值得注意的是，在具体设置工作职权时，财务风险警戒值的确定非常关键，设立的警戒值应具有挑战性，不可降低标准，否则就会削弱预警系统的功能。在具体实践中应注意做好以下两方面的工作：

（1）认清形势同时更新思想观念。

这是建立高校财务风险预警系统的前提条件。财务管理的宏观环境虽然存在于学校以外，学校无法对其施加影响，但并不是说学校面对环境变化就无所作为。建立财务风险预警系统，高校应对不断变化的财务管理宏观环境进行认真分析研究，把握其变化趋势及规律，并制定多种应变措施，适时调整财务预警政策和改变预警方法，从而提高高校对财务管理环境变化的适应能力和应变能力，以此来降低因环境变化给高校带来的财务风险。

（2）增强风险意识同时加强风险教育。

这是建立高校财务风险预警系统的关键。要使财务管理人员明白，财务风险存在于财务管理工作的各个环节，任何环节的工作失误都可能会给高校带来财务风险，财务管理人员必须将风险防范贯穿于财务管理工作的始终。因此，首先，高校管理者要充分认识到竞争和风险是市场经济的重要特征，风险无处不在，试图完全避免风险是不可能的。其次，要树立高校师生员工，特别是高校领导者的风险防范意识，加强其风险教育，从根本上杜绝财务风险，保障广大教职员工利益。

高校在自主办学的过程中财务风险会越来越大，但应该相信，通过有效的风险预警系统的建立，定能消除小风险，规避、减弱、控制大风险，从而使高校走上可持续发展的健康道路，继续为国家输送更多、更优秀的合格人才。

六、实证研究——以 A 高校为例

（一）A 高校的财务现状

A 高校是一所财经类普通高等院校。学院现有在校学生 1 万余人，占地面积约 760 亩。学院现有 10 个教学系部，教职工 739 人，其中专任教师 470 人，有正高职称教师中教授 63 人，研究员 2 人，副高职称教师 131 人，具有博士学位的教师有 23 人。作为一所财经类的院校，其主要融资渠道是财政拨款、银行贷款、教育服务收入，除此之外并没有其他的收入来源。

（二）A高校的财务风险预警体系建立

1．偿债能力分析

对于A高校的情况，选取流动比率作为分析该高校短期偿债能力的指标，用资产负债率来分析A高校的长期偿债能力，如表6-1所示。

表6-1　偿债能力比率比较

年份	2021年	2020年	2019年
流动比率	6.51	13.94	6.36
资产负债率	0.23	0.30	0.27

表6-1显示，A高校的短期偿债能力是非常强的。三年的流动比率都保持在6.00以上，特别是在2020年，其流动比率达到了13.94。但是需要说明的是，虽然高的流动比率意味着该高校对于偿付短期债务非常有保障，但是这么高的流动比率也反映了一定的问题：第一，高校的流动资产并不可能全部用于偿还债务，所以流动比率反映出来的短期偿债能力有一定的局限性。第二，过高的流动比率在某种程度上预示着A高校流动资产的收益率不高，暴露出资产管理不善的问题。

对于A高校的长期偿债能力，其三年的资产负债率都在0.27左右，甚至在2020年达到了0.30，就全国的情况来看属于负债程度较高的资本结构。这说明高校在将来可能会面临较高的还款压力。

2．运营能力分析

对于A高校的情况，选取总资产收益率和流动资产构成比例分析其运营能力比率，如表6-2所示。

表6-2　运营能力比率比较

年份	2021年	2020年	2019年
总资产收益率	−0.87	0	7.89
流动资产构成比例	0.14	0.11	0.16

注：负号表示亏损。

表6-2显示，A高校的资产收益率出现了比较严重的问题。这主要表现在2020年的收益率几乎为零，甚至到了2021年，其资产收益率是负数。这主要

是因为 2021 年费用支出过多所导致的，特别是教育事业的费用支出。此外，根据三年的数据，A 高校的总资产收益率的波动性非常大，这可能是因为 A 高校在这几年来经历了不平常的增长，但更主要是因为高校管理者对高校的发展缺乏明确的规划，导致每年的收益率出现了较大波动。

从流动资产的构成比率来看，A 高校的这一比率一直保持在 0.14 左右，具有比较好的稳定性。

3．现金收支能力分析

对于 A 高校的情况，选取教育事业支出比率和科研事业支出比率分析该高校的收支管理能力，如表 6-3 所示。

表 6-3　现金收支比率比较

年份	2021 年	2020 年	2019 年
教育事业支出比率	0.98	0.95	0.96
科研事业支出比率	1.91	4.92	3.16

表 6-3 显示，2019 年，A 高校的教育事业支出占到了 0.96，到 2021 年达到了 0.98，相比快速增长的教育事业支出，其总资产收益率却逐年下降。这暴露出 A 高校的教育事业支出存在严重的问题。通过研究支出明细表发现，这三年来办公支出过快增长以及较多的资产购置是教育事业支出过快过高的主要原因。这表明现金支付能力的风险主要是因为该高校不平衡的扩张造成的。

4．运行财务风险预警模型

根据前面论述的 AHP 层次分析法得出的指标权重如表 6-4 所示。

表 6-4　计算各指标体系权重

目标	一级指标	二级指标	权重
财务风险预警体系	偿债预警指标	流动比率	0.55
		资产负债率	0.45
	营运预警指标	总资产收益率	0.37
		流动资产构成比例	0.63
	现金收支管理指标	教育事业支出比率	0.95
		科研事业支出比率	0.05

根据专家评估分别对偿债能力体系，运营能力体系和现金收支能力体系进行打分，得出各个体系的风险级别。偿债预警指标专家打分如表 6-5 所示。

表 6-5　偿债预警指标专家打分

二级指标	A₁	A₂	平均分
权重	0.55	0.45	
专家评分 1	84.00	80.00	82.20
专家评分 2	74.00	65.00	69.95
专家评分 3	80.00	70.00	75.50
专家评分 4	65.00	65.00	65.00
专家评分 5	90.00	66.00	79.20
专家评分 6	46.00	45.00	45.55
专家评分 7	58.00	35.00	47.65
专家评分 8	94.00	36.00	81.40
平均分	73.88	61.50	68.31

运营预警指标专家打分如表 6-6 所示。

表 6-6　运营预警指标专家打分

二级指标	A₁	A₂	平均分
权重	0.37	0.63	
专家评分 1	66.00	68.00	67.26
专家评分 2	55.00	98.00	82.09
专家评分 3	66.00	54.00	58.44
专家评分 4	54.00	48.00	50.22
专家评分 5	65.00	65.00	65.00
专家评分 6	84.00	44.00	58.80
专家评分 7	56.00	88.00	76.16
专家评分 8	99.00	66.00	78.21
平均分	68.13	66.38	67.02

收现金收支管理指标专家打分如表 6-7 所示。

表6-7　现金收支管理指标专家打分

二级指标	A_1	A_2	平均分
权重	0.95	0.05	
专家评分1	44.00	65.00	45.05
专家评分2	45.00	54.00	45.45
专家评分3	68.00	15.00	65.35
专家评分4	26.00	65.00	27.95
专家评分5	48.00	26.00	46.90
专家评分6	13.00	65.00	27.95
专家评分7	15.00	45.00	16.50
专家评分8	15.00	45.00	16.50
平均分	40.50	48.63	40.91

专家打分的结果显示，A高校的偿债能力预警体系的评分是68.31，属于"高"级别的风险，严重影响预警指标组对应能力；运营能力预警体系的评分是67.02，属于"高"级别的风险，严重影响预警指标组对应能力；而现金收支能力预警体系的评分是40.91，属于"中等"级别的风险，将影响预警指标组对应能力的达到。

（三）模型运行结果分析及报告

根据模型运行的结果，A高校分别在偿债能力和运营能力方面存在很高的风险，可能会威胁其正常的教学活动。收支的管理则不存在影响正常教学活动的风险。

首先，偿债能力。A高校的偿债能力预警体系的评分是68.31，属于"高"级别的风险，严重影响预警指标组对应能力，即该高校可能不能如期偿还到期的债务本金和利息。其中，其长期偿债能力是风险最高一项指标。

根据分级报告的要求，由于偿债能力预警体系属于"高"级别的风险，需要报告该校的董事会或类似的权力机构。

其次，运营能力。运营能力预警体系的评分是67.02，属于"高"级别的风险，严重影响预警指标组对应能力，即A高校正常的教育计划可能受到干扰，这其中风险最大的指标是资产的收益率。由于没有足够的收益，该高校可能面临在未来的 3 ～ 5 年内教育资金跟不上教育支出的问题。

根据分级报告的要求，由于运营能力预警体系属于"高"级别的风险，需要报告该校的董事会或类似的权力机构。

最后，现金收支能力。现金收支能力预警体系的评分是 40.91，属于"中等"级别的风险，将影响预警指标组对应能力的达到，即该高校的现金收支出现了增长不平衡的现象。

根据分级报告的要求，由于现金收支能力预警体系属于"中等"级别的风险，需要报告该校的中层管理人员，并根据其他相关信息制定相应的政策。

根据以上的分析报告，A 高校的财务风险预警机制可以做出以下改进。

1. 建立一个完整的指标数据库

高校财务风险管理者要想根据特定的风险选用合适的指标体系就必须建立一个完整的指标体系数据库。高校可以根据自身的特点，按照不同的活动设定相应的模块，再对不同的模块设计出相应的指标体系。在遇到特定的风险时，财务风险管理者就可以很容易地从数据库中调用相应的指标来分析特定模块遭到的风险。

2. 建立完善的报告制度

高校财务风险管理的目标是将"正确的信息在正确的时间传递给正确的人"。为此，高校财务风险预警工作者必须建立一套完整的自下而上的报告制度，根据风险级别的不同分级报告。对于那些会导致学校经营目标失败的风险必须呈报给学校的董事会或类似的权力机构。对于那些只会影响学校目标实现，但不会导致目标失败的风险因素，只需要呈报给相关的管理部门做出相应的决策就可以了。

3. 培养风险管理的专业人才

高校财务风险的预警问题并不是单纯依靠一个模型就能解决的。对风险的判断、指标的提取以及结果的分析都需要专业风险管理人员的判断。可以说，高校财务风险预警体系是一个人和制度的合集。缺少了任何一方面都不能够完成对高校财务风险的预警。所以，本书把对风险管理人才的培养作为最后一条政策建议，希望能对高校建立有效的财务风险预警体系有所帮助。

第七章

高校财务管理的其他创新维度研究

第一节 新财务会计制度下的高校财务管理创新

一、新财务制度环境下的高校财务管理创新

结合高校财务管理工作的现状，高校财务管理应重点抓好以下工作：

（一）提高预算编制质量，强化财务决算工作

1. 正确把握结转和结余以及权责发生制对预算编制的影响

新《高等学校财务制度》增加了"结转和结余按规定使用"的预算管理内容，新修订的《高等学校会计制度》也将要求采用权责发生制的原则来反映学校现实的收支情况。在这种情况下，高校的财务预算编制方法与以往相比会有很大的不同。第一，要考虑结转和结余资金的安排，即在安排当年的支出时，除了要考虑当年能够实现的收入以外，还可以考虑以前年度的结转和结余资金。第二，按照权责发生制核算某些收支业务时，要根据专业知识和工作经验科学合理预计收支情况。结转和结余管理以及权责发生制的核算办法将大大提高高校资金的透明度和科学性。

2. 强化财务决算工作

当前高校普遍存在重预算、轻决算的现象，财务决算工作仅仅停留在完成决算报表的编制和通过主管部门的审核阶段，忽略了通过决算来查找管理及核算中的问题这一重要作用。新《高等学校财务制度》预算管理部分专门增加了决算的内容，明确了决算工作的内容和程序，提出要加强决算审核和分析。高

校要重视财务决算工作，既要落实到基础的核算，也要延伸到决算分析这一更高的层面。

一是要将决算真正落实到日常会计核算工作之中。要及时对收入完成情况进行跟踪，严格控制支出并确保核算规范，定期对往来款项进行清理核对，及时进行银行对账及库存现金的盘点，对存货及固定资产要定期或者不定期清查盘点等。

二是加强决算分析，更好发挥决算信息的作用。高校要加强决算的审核和分析，保证决算工作的真实准确，让决算报表真正体现学校整体财务状况的同时，客观说明学校事业发展目标和计划的完成情况；要让决算报表和决算分析既成为下年度预算的依据，也为学校的重大决策提供参考。

（二）重视成本费用管理，不断提高资金使用效益

1. 厘清高等教育成本的内涵

高等教育成本是指高校为开展教育活动而发生的各种资源耗费的货币表现。教育成本与教育事业支出既有联系，又有区别。其联系在于两者的内涵相同，从经济内容看，均由人员支出、公用支出、对个人和家庭补助支出等组成；从两者的经济用途看，均由教学支出、科研支出、管理支出等类型组成。教育成本与教育事业支出的区别主要体现在三个方面：一是外延不同。教育成本是培养某一特定成本对象发生的支出总和，教育事业支出是高校在一定期间发生的支出总和，在教育事业支出中，与培养某一特定成本对象无关的支出不计入教育成本。二是核算基础不同。教育成本的核算基础是权责发生制，教育事业支出的核算基础是收付实现制。三是计算的期间不同。教育成本的会计期间应当按照学生培养的周期确定，教育事业支出的会计期间则是按照日历年度确定。

2. 明确高等教育成本的种类及核算办法

教育成本有不同的类型及核算方法，高校首先应做到以下成本核算：

一是按学生类别进行成本核算。这种方法主要是对不同种类的学生从其入校开始到离校为止整个过程的总教育成本、年度教育成本和生均教育成本。学生类别可分为专科生、本科生、硕士生、博士生等，成本计算时要按照学生类别归集各项支出。如果学校只有一类学生，则全部应计成本可直接计入该对象的成本项目中，不必再进行学生分类归集。按照学生类别计算教育成本，是对成本计算最一般的要求，通过不同类别学生教育成本的纵向、横向成本比较，

可以分析高校的哪些教育活动的消耗不合理，在哪些方面还有降低成本的空间。

二是按照专业种类进行成本核算。按照专业种类进行成本核算是指在学生按类别分类的基础上，以学生专业为成本核算对象的一种成本计算方法，主要是核算不同种类、不同专业的学生在校学习期间的总教育成本、年度教育成本和生均教育成本。由于高校都有一种以上类别和专业的学生，各类别和专业的学生发生的直接成本可以直接计入该成本核算对象的成本计算单，间接成本则要采取适当的分配办法在各成本核算对象之间进行分配。通过对不同专业学生的教育成本进行比较分析，除了可以优化某些专业的教学安排以外，还可以作为学校分专业确定学费标准的依据。与按照学生类别进行成本核算相比，按照专业进行成本核算可以提供更为详细的有价值的成本信息。

三是积极探索作业成本法的成本核算方式。作业成本法是以作业为成本分配的对象，即作业消耗资源、成本对象消耗作业。通过对作业成本的确认和计量，对所有作业活动实施动态追踪反映，提高决策、计划和控制的科学性和有效性。该方法是一种集成本计算和成本管理为一体的成本核算方法。作业成本法主要解决了传统成本系统中间接费用主要按数量为基础进行成本分配而造成的单位成本信息不真实甚至扭曲的问题，它主要适用于间接费用比重较大、作业类型相对稳定的行业的成本核算。在高校教育成本中间接成本多、直接成本少、成本信息的准确性有待提高、核算对象的多元化、高校作业类型比较稳定等特点都与作业成本法的使用条件比较吻合，可以尝试运用作业成本法核算教育成本。这种方法能够为合理评价高校教育资源配置情况、高等教育成本的质量提供具体的分析线索，评价高校教育活动的流程设置，为高校改进管理提供量化依据。

3．做好会计信息的统计分析，为成本核算提供准确的基础数据

成本核算结果的准确度主要取决于按照不同核算对象的成本分配与归集是否准确合理，做好前期的基础会计信息的统计分析尤为重要。如按照专业种类进行成本核算，要求首先做好将各二级院系发生的成本按课程进行初次分配和归集，还需要将各门课程的成本在不同专业的学生之间再次分配和归集，以及将非教学、科研部门的成本在各专业之间进行分配和归集等。按照作业成本法进行成本核算，其前期准备工作相对复杂，需要进行资源确认，确认资源动因，分析作业并确定作业中心，计算资源分配率将资源分配至各作业中心，计算作业分配率将成本分配至不同的成本对象等。由于高校一直缺乏教育成本的

意识，还没有系统地开展与成本核算相关的基础会计信息统计分析工作，做好与成本核算相关的基础信息统计分析工作应是高校财务部门的当务之急。

（三）建立学校财务评价体系，开展财务绩效评价

高校财务管理工作与学校在教学、科研、社会服务等各方面的绩效密切相关，高校财务评价的主要价值在于促进高校全面强化财务管理，努力做到开源节流，提高理财的水平，让有限的资金发挥最大的社会效益和经济效益，推进学校事业的健康发展。建立科学的财务评价体系，进行综合考核评估，既可以正确评价学校的财务运行和管理情况，帮助学校分析财务问题，为改善管理、提高效益提供依据，同时也是政府主管部门改善宏观财务管理提出来的新的管理要求。

对高校财务管理和财务绩效进行评价，主要是根据实际绩效，进行全面综合的考核和定量评价，在会计核算数据和财务资料的基础上，设置一套科学、合理、可行、全面的指标与方法，对财务绩效各指标执行情况进行分析评价。评价高校的经济效益与考核评价企业的经济效益有很大的不同，高校的成果形式较为复杂，表现为出成果、出人才、出效益等形式，财务指标具有综合性，学校的全部管理工作，其绩效状况都会在财务指标上得到反映。但是，高校的情况是复杂的，不同类别的高校可能在具体的评价目标上有一些差别，但高校的系统结构和运行功能具有基本的一致性，如何建立一个统一、权威、相对可比的财务评价体系是一个复杂的课题。可以参照教育部制定的高校人才培养工作评估指标体系的模式建立一个相对可比的财务指标评价体系，将直接不可比的条件转化为相对可比的条件，使财务绩效评估既考虑到不同院校的特点，又考虑到高校财务管理的共同特征，建立这样的评价指标体系才能对自身的财务指标状况有客观的把握，并反映出与其他高校之间可比的绩效状况。

二、新会计制度环境下高校财务管理的创新

在实施新会计制度的前提下，高校需要更新财务管理理念，实现社会效益和经济效益双赢的目标，实现高校内涵式发展。

1. 高校财务管理要树立大局观

高校的财务管理工作要把预算、核算、决策分析与评价和国家的高等教育

发展目标、学校的整体战略目标相结合，走内涵式发展、可持续发展的道路，切实优化高校的教育资源配置。一是要认识到高校建设应服从于国家高等教育建设这个大局，要以国家高等教育建设全局为基础，识大体、顾大局，在国家所能提供的财力、物力范围内，搞好高校的经费分配和供给，努力提高经费的使用效益。二是财务部门在对本校教学科研整体建设实施财务服务中，要将部门工作目标与学校整体目标相结合，将学校的长期发展目标与短期目标相结合，切实服务学校发展。在分配教育经费时，必须分清轻重缓急和主次先后，切实保障好重点建设，同时也要照顾到一般事业任务的完成。每项事业都是学校整体建设不可缺少的部分。三是财务部门要通过实行新会计制度实施精细化的财务管理，以及时、准确、完整的财务数据，为主管部门和学校管理层提供参考，协助处理好本校维持与发展的关系，并提出相应的决策建议。

2. 高校财务管理要树立成本效益观

随着高校办学环境的变化，各高校之间的竞争越来越激烈。高校要提高自身的办学综合实力，在财务管理工作中必须树立成本效益观，按照教育部、财政部成本管理办法的要求，加强教育成本核算，以绩效为导向，将办学成本与效益（包括社会效益和经济效益）挂钩，力求用最少的资金 培养更多、更好的高等教育人才。要研究当前高等教育环境、社会经济环境对高校财务管理的影响和要求，努力探索和建立符合高等教育工作规律、符合新会计制度的财务管理体制和运行机制。当前，各高校内部办学形式越来越趋于多样化、筹资渠道越来越多元化，高校财务管理也应该与时俱进，既要认真宣传国家财经法律和有关经济政策，使高校的教学科研活动在正确轨道上运行，又要帮助教学科研管理部门树立成本效益观念，以绩效评价为导向，通过新会计制度的实施，进行成本费用核算，计算出生均培养成本、人力资源成本与人才培养成本，不断寻求降低办学成本的最佳途径，帮助这些部门以最少的教学科研投入，获取最大的经济效益与社会效益，努力提高高校的办学效益。

3. 高校财务管理要树立风险控制观

随着高校办学形式多样化和筹资渠道多元化，经费投入与学校建设发展对资金需求的矛盾日益突出，合理利用负债可在一定程度上缓解学校的资金不足，充分发挥财务杠杆作用，但在利用负债补充教育经费不足的过程中，高校必须树立风险观念，财务管理人员要具有防范风险的意识，合理组织高校资金，对贷款项目进行可行性研究，落实还款渠道和计划；在实施新会计制度的过程中，通过对不同负债的分类核算和管理，强化高校财务风险分析，建立科学有效的财务风险控制机制、建立财务风险预警系统，以促进高校实现健康、稳定和规范化发展。

4. 高校财务管理要探索实现财务业务一体化观

新会计制度的实施、财务信息化水平的提高使高校财务管理实现财务业务一体化成为可能。通过信息化建设将财务、预算、资产、成本相结合，将财务业务流程与高校的其他管理活动进行整合，将财务管控深入高等学校的日常业务活动中，而这将在业务处理方式和管理模式上发生变革。将财务工作与学校的业务工作相结合，一方面可以使高校的相关财务战略、财务管理制度在业务部门得以落实，另一方面也能及时反馈高校各业务部门在办理业务中存在的问题。借助新会计制度和现代信息技术实现的财务共享服务模式，可以实现管理创新的进一步提升，激发校内各业务部门参与财务工作、关心学校建设发展的积极性，促使各业务部门和教职工在学校聚财、用财、生财方面出谋献策，推动学校整体财务管理水平的提高。

5. 高校财务管理要树立决策分析观

高校财务管理工作要建立反映高校预算管理、资产管理、财务风险管理、支出结构、财务发展能力等方面的评价指标体系，定期进行分析评价，为主管部门和管理层正确把握高校的财务状况和发展趋势、预测高校的财务风险提供依据，并将结果在下一步的管理工作中进行应用。通过科学的分析评价和结果的再应用，促进高校充分挖掘潜力、加强预算管理、努力开源节流，促进高校预算的顺利完成，提高高校资金的使用效益，促进高校严格执行国家财经法规和财务制度，不断改进内部管理。

6. 重构财务管理工作组织体系

高等学校要办出特色，提高在国际上的竞争力，必须推动高等教育的内涵式发展，提升战略管理能力。高等教育内涵式发展的一个重要标志是建立现代大学制度，完善治理结构。而高校治理结构完善的一个重要标志是高校财务管理体制的完善。新会计制度不再是单纯的会计核算和处理，而是要兼顾财务、预算、资产、成本等方面的需要。在实施新会计制度的背景下，构建服务于高等教育内涵式发展的财务管理体制，通过科学的财务管理体系合理配置和有效利用高等教育资源，为高校的战略管理服务，才能更好地促进高等教育内涵式发展。系统构建基于高等教育战略发展导向的高校财务管理体制，建立高等教育经费管理的绩效评价指标体系，优化高等教育资源配置的路径，有利于加强高校各项财务工作的监督与管理，确保高等教育资源的保值增值，提高高等教育资源的使用效益、高校战略管理能力、高校的办学效益与办学质量，促进高校事业的健康发展。

7. 加强内控机制建设，实现新会计制度核算的战略规划、全面预算和财务管理的有机结合

完善的内部管理制度是组织机构高效运行的基本保证。基于新会计制度实施构建的高校财务管理工作体制，需要一整套能将高校战略管理、预算管理、资产管理、风险管理有机结合的内部管理制度来保障，实现战略与规划、规划与预算、预算与配置、配置与管理、管理与风险控制、管理与绩效评价的有效互动，以此加强学校的内部控制机制建设，对学校预算管理、收支管理、政府采购管理、资产管理、建设项目管理、合同管理等各项业务流程进行重新梳理和规范，实现教育资源配置最优化、教育经费使用效能的最大化。

总之，高校的财务管理工作不应局限于简单地提供数据，理应以新会计制度的实施为契机，适应新会计制度核算需要，适时改变高校财务管理理念，稳步推进内部控制规范建设，构建服务于高校战略规划、符合现代大学建设、利于推动实现学校内涵式发展的财务管理工作体制。

第二节 高校财务管理的信息化发展与创新

本节从构建财务综合信息系统、财务信息查询系统、动态报告系统、信息风险控制系统和绩效评价与决策系统五个方面来阐述高校财务管理信息化创新。

一、构建财务综合信息系统

1. 财务管理信息化建设的重要性

新财务管理模式是在资金集中管理、内部分级独立核算的基础上实行统一领导和分级管理的，需要适时地掌握和控制整个学校预算的执行情况和各个学院预算的履行情况，并实施全程控制。要做到对各个学院预算的履行情况实施全程控制，并且由财务处集中管理各学院的资金并统一核算其财务收支，现代先进的网络技术和管理信息系统是重要的技术支持。在当前信息技术飞速发展的今天，高校完全可以利用现代信息技术的管理与方法，搭建高校财务工作的技术支撑平台，保证高校财务从管理到业务上的流程通畅，为高校财务的良好运行和事业的可持续发展提供支撑。在网络经济发展给高校带来巨大挑战的同时，财务管理信息化是财务管理改革的必然趋势。在校园网络化为财务管理信息化提供技术保障的条件下，从某种意义上讲，财务管理信息化建设是对学校的人、财、物等资源在管理机制、管理理念、工作方式、信息应用等方面进行的一次创新和变革。

2. 高校财务信息平台的组成

为了充分发挥信息的效用，必须对信息进行转换、加工、分析等一系列处理。对信息的处理一般包括对信息本身的分类、分级、核对、筛选，以保证信息的质量；对信息的数据进行处理和分析判断，并提出建议、报告，以供领导决策参考。具体处理如下：

（1）分类。确定信息是哪一类的：是学校内的还是学校外的；是全局的还是局部的；是日常的还是突发的；是一般的还是重要的；等等。

（2）分级。根据信息所涉及部门和信息的重要性与时效性，决定把信息传送到哪一级、哪个部门。

（3）核对筛选。对收集的信息必须进行检查、核对。对与事实有较大出入的，应予以剔除；对由于人为原因造成数字、报告失真的，应予以修正；对片面性的，应予以补充完善。

（4）数据处理。数据只是"对特定的目的尚未做出评价的事实"，只有把数据按一定的程序进行加工处理后，才能产生有助于实现特定目标的信息。

（5）分析。由于信息是大量的、多方面的，要应用信息必须从学校目标出发对其进行分析。根据其内在的相关联系，做出正确判断，并提出合理化建议。

3. 构成财务综合信息系统模块

会计核算系统是财务信息系统最重要的组成部分。随着财政体制改革的不断深入，对高校的专项资金的管理提出了越来越高的要求。在高校内部的财务管理中，除了财政专项经费外，各上级主管单位的各种指定用途的专款，各类横向、纵向科研经费，课程建设、教材建设、学科建设等经费均单独立项管理，因此，项目核算的准确性直接影响项目经费信息的准确性。高校在加快信息化建设的过程中，应加强对项目经费的管理和核算，使信息输出结果更加准确、实用。另外，资产管理、工资管理等也是财务信息的组成部分，在财务信息平台上，可以直接面对教师和学生进行信息的输出。高校可以与银行合作，在学生查询终端实现电子自助缴费；通过与教务信息系统的连接，使学生在网络的终端就能了解自己所选课程的学分及应缴纳的金额；通过银行卡进行自助缴费或者通过信息终端为自己的校园一卡通充值。

4．全面构筑具有前瞻性的财务信息化管理平台

全面构筑具有前瞻性的财务信息化管理平台，是加快会计信息传递的必经之路。

（1）建立集中式财务管理体系。做到实时动态核算财务信息，实时监控各项经济活动，网上操作财务收支款项等。

（2）协同处理财务与管理业务。财务部门要对物流、资金流、信息流与票据流进行有效整合，财务软件能最大限度地做到各种数据信息的共享，包括财务信息与业务信息，做到财务与业务协同，管理信息全面集成。

（3）构建会计信息交流空间。在开发安全、可靠、实用的会计网络化软件的同时，开通会计网络化网站，与各国进行会计信息交流，获取具有国际可比性的会计信息，促进会计信息自由流动，为各国会计准则协调发展提供广阔的交流空间。

5．运用现代化的电子信息技术全面实施高校财务管理一体化

高校要想将各部门及各项业务有效地联系起来，及时解决桌面系统中财务数据传送时间长、资源不能共享、信息交换不畅的"信息孤岛"现象，就要运用现代化的电子信息技术，对高校财务实行一体化管理。

（1）全面实施资金动态监控。教育主管部门要对高校的资金流动实施即时动态监控，建立高校大额资金流动监控系统，以便及时了解资金流动情况，加强高校财务管理。

（2）实时采集财务数据信息。教育主管部门要实时采集高校财务数据信息，并自动传输监控数据，以确保资金安全。

（3）建立"一站式"单位报账平台，统一管理教育经费，监管各二级学院的资金收支状况，并保障学校合理开支的足额、及时结算。

（4）实现财务业务一体化，前台报结算，后台自动核算，及时准确地记录并反映高校的财务活动，提高会计人员的工作效率。

（5）全面强化预算管理。在业务管理过程中，全面引入预算管理与实时预警机制，有效控制超额及不合理支出。

（6）实时产生教育事业经费、财务会计的报表，并实现自动汇总、分析，为主管部门管理决策提供信息依据。

（7）支持远程报账、远程查询，充分借助信息平台优势，实现校内人员收入、支出、资产、负债、工资项目、银行账户的资金流向的网络化管理。

（8）实现多种对外数据接口，支持财政拨款接收、网上银行支付、银行自动对账、银行代发工资、政府采购、非税收入收缴等业务协同管理。.

二、构建财务信息查询系统

网络是信息的载体，整个财务信息查询系统应该是一个资源整合的平台，汇集了学校财务管理的各方面数据，这个信息体系的各个方面应该是互相联通的，在数据交换、传输等方面实现资源共享。例如，在会计核算的子系统中可以随时调用工资发放的数据与工资发放子系统中的实际发生数进行核对；会计核算中对资产的核算情况可以与资产管理系统进行数据核对。高校财务信息查询系统覆盖的内容较多，如明细库、总库、工资库、部门预算库、密码库、学生收费管理库及住房公积金库等内容。整个系统由多个模块组成，每个模块下设二级模块，二级模块下设三级模块，通过选择二级模块内的序号就可进入三级模块去查询自己所需要的内容。由于系统具有层次性，可以根据模块的不同为用户分配不同的权限，以实现分级管理。

三、构建动态报告系统

1. 财务信息系统应该是动态的

随着经济活动的发生，财务核算工作的进行，财务信息不断产生，但是这些未经加工的信息只能满足简单的信息查询，对各级决策者来说，或许更需要经过整合、计算生成的各项财务指标，通过定期的财务指标分析，对财务数据的纵向比较或与参考指标进行比较，得出该预算单位的财务状况信息，为下一步的决策和经费使用提供帮助。因此，一个完整的财务信息系统应该提供即时、动态的分析系统，这是财务信息系统的较高层次。我们一直倡导在较高的层面上提高财务为教学、科研服务的质量，仅仅提供表面的数据显然是不够的，通过一定的软件设计，对基础数据进行采集和分析，把分析的结果呈现给财务信息的使用者，这是财务管理体制创新的重要举措，体现财务信息的使用价值。在实践中，高校可利用预算管理模块，通过一定的程序设计、财务指标的设定，分别向各个二级学院随时提供预算执行情况、提供指标超支的预警信息，定期在线生成二级学院的财务报表，真正达到在财务管理层面上实现二级办学。

2. 基于信息公开的民主管理和共享

从门户网站到综合软件在线平台的应用，电子信息技术既拓宽了财务信息公开的渠道，又增加了财务信息的透明度，有利于加强和推动民主管理，实现多部门、多群体的信息分享和共享。随着高校财务管理信息化的发展，下一步的工作将会趋向如何将信息公开的各项审批程序固化到流程，如何对需要进行公开的事项按照公开平台的操作要求逐项审批，确保公开的各项财务信息内容真实、有效、准确，保证涉密信息安全不外泄。同时，财务信息公开的平台还应将公开信息的关键要素、审批过程和审批结果作为痕迹化资料保存，为公开民主管理考核提供依据。通过建设和完善公开的民主化财务管理信息平台，提高财务信息化管理水平，提高财务工作的效率。

四、构建信息风险控制系统

电子政务对会计发展产生巨大的影响，但仍然存在一些"瓶颈"问题，需要在运行中加以解决。

（1）完善高校财务信息管理制度。其包括明确会计岗位责任制，合理设置会计及相关工作岗位，形成相互制约机制。一是建立网络化环境下会计信息系统的岗位责任制，进行适当的职责分离，实行用户权限分级制授权管理。二是实施操作规程控制，设定操作中应注意的事项，保证计算机系统正确、安全运行，防止各种差错发生。三是建立预防病毒的安全措施与对黑客的防护措施，并定期对病毒进行检测。

（2）完善高校财务网络安全制度。会计信息在网上的防护包括两方面的内容：静态数据安全和动态安全。一要通过采用安全的数据通信协议，采用安全性强的加密算法，使用一次一密、安全锁定等，建立有效的计算机病毒防范体系、网络漏洞监测和攻击防范系统。二要建立计算机安全应急机制，使用安全的财务软件信息平台，以确保会计信息及资金运行安全。

五、构建绩效评价与决策系统

绩效评价是指用一套正式的结构化的指标体系来衡量、评价并影响与工作有关的特性、行为和结果，了解可能的发展潜力，有助于支持和做出科学的管理决策。电子信息化技术下，高校提供的财务数据的全面性、共享性、可靠性和可应用性大大提高，各种管理模型和决策方法的引入使得系统增强了预测和决策能力，既可以对内满足管理分析需要，又可以对外满足上级监管需求和社会认识需要。随着高校的快速发展和竞争加剧，要想优化教育资源配置、提高经济效益、提高财务服务保障功能和财务管理水平，就必须建立起有效的绩效评价体系，以帮助和支持管理决策，电子信息技术下丰富、综合、及时的信息资源为其提供了坚实的基础，必将成为高校财务改革发展的重要方向。

采用现代决策体制、原则与方法改进财务决策的有效性。为解决由于信息传输渠道单一、信息传递速度滞后以及信息准确度较低所导致的决策失误，应通过电子政务运作，采用现代决策体制、原则和方法，严格遵循科学的决策程序，有效地避免传统决策的种种缺陷。

（1）建立完善和可操作性强的信息管理系统。以多个数据库与控制系统对信息进行加工整理，使财务决策工具和方法的运用变得简单化、可操作化，为决策提供全面、准确、即时的信息资源，以提高财务决策的有效性和效率。

（2）建立财务、经济专家信息管理系统。以财务、经济专家完备的知识体系为决策出谋划策，提供科学的、理性的备选方案，为决策提供了有力的智力支持。

（3）建立规范、科学的监督反馈系统。以其便捷、互通的信息反馈渠道，监督决策执行过程，保证决策执行按预定的方向进行，最终实现决策目标。

第三节　基于服务理念的高校财务管理创新

一、高校财务服务的内涵与特点

（一）高校财务服务的内涵

著名思想家马克斯·韦伯认为，任何一项事业的背后，必然存在一种无形的精神力量，即"理念""信念"。赫斯凯特指出，任何服务理念都会涉及提供的服务对象、服务范围、服务方式、服务者与被服务者对服务的价值认可等。财务服务是指财务部门遵循国家统一的财务法规、财务制度，按照严格的财务规则，通过具体业务处理，确保各相关财务主体合法权益的实现，并提供相应的财务信息。财务服务过程就是一定财务利益主体意图的执行过程，它依赖相应的财务组织机构和内设的岗位及职责，在岗位职责履行中实现财务利益主体的利益获得和利益保护。而高校财务服务是指高校的财务部门基于单位的发展计划和经济状况，根据财务管理要求对预算内、外资金的筹措、计划、组织、使用、监督和调节，通过收、支会计核算，增收节支，为学校各部门开展业务活动提供资金支持，同时加强财务预算管理，促进高校教学、科研等工作顺利开展。

（二）高校财务服务的特点

1. 服务对象复杂性

财务服务对象与财务活动中所涉及的财务主体密切相关，凡是参与一定财务活动的财务主体都是财务服务的对象。高校财务以资金活动为主，随着高校对外、对内经济往来频繁，资金流所链接起来的财务主体都应纳入财务服务对象。高校财务服务对象对外可包括政府部门和其他社会组织、学生家长、学生及社会个人，他们是高校资金的投资者和发生资金活动的主体。高校财务通过科学的资金管理和使用，发展教育事业，创造良好的教学科研条件，优化学习环境，完成投资者对其资金投入所期望的目标任务，从而达到财务服务的效果。高校财务服务对象对内则指校内各单位和师生员工。高校财务通过提供资金管理、资金预算与分配、财务专业咨询、财务信息等为校（院）领导财务决策、师生教学科研活动服务。

2. 服务时效性

财务服务时效性体现在常规性的财务服务上，如日常业务报销、业务办理、财经法规咨询等，这些属于财务部门的日常基本业务。财务部门需要长期面对来办理财务业务的师生员工，以及有经济往来的外来公司和经销商等。同时，财务服务临时性和反复性特点较强，就某个财务问题可能会针对多个服务对象经常反复地被提出和解答，即刻产生的服务效果明显，但这种效果也会逐步淡化，同一个服务对象或许会再次提出相同的问题，那么财务服务必须持续保持这种时效性效果。

3. 服务质量差异性

服务本身与提供财务服务的个体能力、态度、情绪相关，不同的财务人员会就同一财务服务体现出不同质量的财务服务。高校财务人员在为师生员工提供财务服务时，往往会因为财务人员的业务素质、工作态度、责任心以及对财务政策的解读角度存在差异而产生不同的服务预期效果。同时，这种服务质量差异还体现在被服务主体对财务人员所提供的业务指导的接受程度和认可程度，满意与不满意都存在不同的评价标准。

4. 服务手段依赖性

"工欲善其事，必先利其器"。财务本身就是技术性、专业性较强的群体协作服务活动，服务质量与服务所依托的服务手段先进与否有相关性关系。过去高校财务活动依靠手工进行记账、核算，分发工资和学生收费等，然而随着计算机信息技术和网络技术的发展，高校财务信息化水平不断提高，高校财务通过局部网络和远程互联网，构建完整的财务信息数据库，通过校园网络平台，链接校内人事、资产、图书、设备、教务、学工、就业等相关职能部门和学院，开展一系列的财务收支活动，提高了财务服务效率和服务质量。目前，各高校结合财务治理结构框架，利用信息平台，构建财务决策支持体系，积极推行财务精细化预算、核算和决算，实现网上预约报账、无等候报账和无现金支付等，这些服务成果的体现需要服务手段的更新和改进。

5. 服务内容多元化

高校财务是高校事业发展的核心保障。高校承担着科学研究、人才培养和服务社会三大功能，高校资金所涉及的高校利益相关主体关系非常复杂，各利益主体对高校财务需求千差万别，财务服务内容也日趋多元化。原有财务服务主要以日常记账、算账和报账为主，但是现在高校对财务的要求不断提高，学校战略发展和管理决策依赖于财务部门提供的资金信息、债务信息，运用财务数据来做出有关未来事业发展的决策。学院和其他二级单位更需要财务部门为其财务报销、资金预算和对外协作等提供财经政策咨询和经费业务指导。当然，教职工更关心的是福利待遇改善和工资津贴发放服务，学生则在意学杂费的交纳，奖、贷、助、勤、免、补等资助性财务服务内容。

6. 财务服务规范性与原则性

财务总是为一定利益主体服务的，具有利益倾向性，因此财务服务的前提是必须符合国家相关财经法规和财务规章制度，代表国家意志开展财务服务和财务监督。财务服务在开展过程中所依托的财务服务环境是财经法规较为完善，且各财务利益主体对财经法规是认可的，具有一定的财经纪律意识，这样财务服务才能够很好地开展，而且达到服务的目的。如果服务环境发展不成熟，作为实施财务服务的财务部门也应该将财经法规的宣传和执行贯穿于财务活动中，不断增强服务对象的财务规范意识，这样才能确保财务服务活动的顺利进行。

二、提升高校财务服务的现实意义

长期以来，高校财务往往将"财务管理"与"财务监督"贯穿于整个财务管理过程中，高校财务始终代表国家主体和学校主体意志，负责管理教育经费的分配与使用。特别是近年来，国家颁布的一系列规章制度都把"财务监管"放在首位，加强财务内控建设，规范财务管理，加大财经监管力度等。然而，对高校财务部门来说，在贯彻落实国家教育财政经费各项制度的同时，也肩负着高校组织教育事业发展的财力保障的重任，要引导教育经费使用的规范和高效率。因此，在当前财务环境较为复杂和财务矛盾相对集中的情况下，提出财务服务具有较为重要的现实意义。

（一）重新定位高校财务职能，突出财务服务的作用

财务服务与监督是高校财务的两大基本职能。一直以来，财务主要定位于财务监督，财务部门就是贯彻实施财经法规的主体，财务部门对经费预算分配和经费使用都严格按照相关财务程序要求进行办理，对不符合财务规范的予以禁止办理。宏观上，财务旨在监督，然而在微观上则体现为财务服务。财务服务保障职能更多体现在财务部门的其他方面，财务服务是高校财务监督职能的延伸和提高的集中体现，而高效是财务管理的基本目标。目前，在高校财务职能多元化的发展中，财务服务逐步成为高校财务的鲜明定位。很多高校财务牢固树立服务宗旨，把国内外倡导的"服务质量至上"的观念引入财务工作中来。例如，四川某高校曾提出"服务至上、精益求精"；山东大学则将财务服务与学校事业发展相结合，提出"服务一流大学建设"；湖南湘潭大学要求"热诚服务"；山西太原理工大学提出"增强服务意识、提高服务质量"；南京邮电

大学要求"文明服务"等财务工作宗旨，进一步突出了财务服务的作用。特别是近年来高校面临着各种复杂的经济活动和复杂的财务关系，这种财务服务职能应更加明确，财务部门和财务人员在职能上更应主动思考和探索今后财务作用如何发挥，财务服务到什么程度才能更好地发挥财务管理、财务决策、财务咨询等的作用。

（二）进一步调和财务制度刚性规范与利益主体多元需求之间的矛盾

财务本身制度性特点较强，财务活动都按照一定的规则与标准进行。财务制度的规范要求全面、系统和深入，对经济活动影响深远，且贯穿于活动的始终，甚至未来。同时，财务制度一般在历史特定环境下才能有所调整，所以其刚性要求较强。由此，财务制度的实施与改变需要利益主体自我调整意识，主动适应这种制度性带来的刚性要求。当然，人们对某种事物的接受存在一定的过渡期，人们需要逐渐去认识、了解和认可这种制度带来的会触及他们利益的结果。高校经费结构的多元化形成了各种利益主体，他们对高校及财务的需求不同，但这种需求自然会受到财务制度的影响和制约。因此，对于近年来国家出台的中央八项规定和地方政府的各种硬性规定，如"三公"经费、培训费、会议费、差旅费以及科研经费等的规范和限制，各高校利益主体都存在思想意识上的抵触，这种矛盾直接反映到财务部门的压力就是"报账难""使用难"，其实质不在"难"，是理解"难"，故而才执行"难"。当然，高校财务既是执行财经政策的主体，也是宣传和解决财经政策的主体，在贯彻落实财经政策时，需要通过财务服务去协调和缓和这种制度性矛盾，加大财务沟通，减少财务压力，从而在贯彻财务制度和规范财务行为的同时，提高财务管理质量，保障学校师资稳定和教学科研水平持续增长。

（三）有助于强化财务人员职业服务意识，加快财务团队建设

在日常财务业务管理中，财务人员对开展财务工作的认识仅仅停留在岗位职责的履行上，对业务处理和工作态度主要出于职业道德，认为是职责所在，或者出于人情因素。服务周到、态度端正也只是本身职业和个人为人处世的要求，从而认识不到职业对自身服务意识的要求。推行财务服务工作，首先要求对财务人员职业服务意识进行强化，促使财务人员对任何办理财务业务的主体都一视同仁，而且业务指导态度端正，业务咨询更为耐心细致、全面、清晰。

同时，通过对财务人员职业服务意识的强化，能够促使财务人员自觉找到与师生们的需求差距，加强业务学习，不断提高业务服务能力，由此也能够从整体上提高财务人员的业务水平和综合素质，构建高水平的财务团队。

（四）有利于增进财务沟通，推进财经政策的宣传与落实

财务服务的目标就是加强与服务对象之间的交流与沟通，让服务对象感受到财务服务切实为他们考虑经费的规范性和科学性使用问题，帮助他们在财经法规允许的范围内有效率和有效益地使用经费。搞好财务服务，一方面要求财务部门主动服务，"点对点""一对一"地将财经政策真正宣讲到各单位、学院和师生个人，要使他们充分认识到财经政策和财务规章制度是国家规定的，如何依法依规使用经费是有法可依、有法必依、违法必究的，树立师生们的财经纪律意识；另一方面。财务服务工作的开展，能够提高各单位及师生对财务部门职责的正确认识，财务部门的职责是执行财经政策，引导和规范经费的使用，而不是主宰政策的主体，由此可缓解财务部门的工作压力和矛盾冲突，建立和谐的财务关系。

（五）降低财务风险，提高财务管理水平

当前，高校面临着较为复杂的财务环境，多元化利益交织在一起，财务部门所应对的财务风险不断加大。这种财务风险不仅仅是资金效益风险，而且也包括由财务管理引发的利益风险，如财务人员业务能力不足，对财经政策执行偏差风险、监管不到位风险，还有与其他相关利益者经济往来所带来的利益纠纷风险、诉讼风险等。因此，对于财务部门，要做好各种财务风险的协调者，通过财务服务，将有效的监督贯穿于各项经济活动之中，坚持以服务为先导，借助服务载体来改善理财环境，最大限度地降低财务管理风险，综合协调各级利益关系，确保财务管理有序、健康发展。

（六）现有财务信息化发展状况与未来趋势为财务服务的提升创造了良好的硬件环境

财务信息化建设是财务部门加大财务服务宣传、增强财务管理信息透明度的重要途径。财务信息化建设包括财务处理的信息化和财务信息服务的信息化。财务处理的信息化有利于进一步改进传统的账务处理方式，加强多校区财

务管理，提高会计核算管理效率，方便了师生员工办理财务手续。同时，在财务核算信息化的基础上，通过与现代网络技术相结合，实现网络平台上的财务信息服务的信息化，推行"阳光财务"，公开高校财务信息，从宏观层面上公开财政教育经费的投入、使用和管理的相关财务信息；从微观上逐步公开学校有关财务预算、决算、重大支出项目等信息，减少信息的不对称，让社会各界关心关注高校各类财务信息、财务流程，促进社会与高校、家长与高校、学生与学校财务、教工与财务、相关职能部门与财务之间的沟通协调、相互监督，从而提高财务信息质量。

三、高校提升财务服务水平的战略思考

提升高校财务服务水平是一项系统化工程，涉及面较广，财务服务的改进不是一句空话，也不是缺乏基础的空中楼阁，需要有坚实的载体。多年来，高校财务服务被理论界和业务界所提及，然而却一直没有得到高校主管的重视和高校财务组织本身的关注。当前，本书提出提升高校财务服务水平战略，是基于现有高校外延式发展后的内涵式发展的客观要求，同时也是高校教育经费逐年加大投入后在教育经费绩效管理方面所采取的重要措施。高校财务服务战略的推进必将促使高校解决在梳理高等教育大众化进程中所遗留的各种财务问题，厘清各种复杂的财务关系，摆脱原有旧的管理体制下存在的诸多束缚，从而焕然一新，获得创新和大发展的活力。

（一）营造良好的服务环境，提高财务服务认识

1. 统一思想认识，彰显财务服务意识

提倡财务服务旨在更好地发挥财务职能的决策参谋作用、咨询服务作用，规范和引导教育经费按一定财经纪律的规定高效益使用，使资金效用最大化。提倡财务服务就是对财务部门工作质量的考验，无论是财务主管还是一般财务人员，要敢于应对财务矛盾，勇于承担财务责任，对财务工作中存在的问题积极面对，认真解决，大胆创新和尝试改革。财务服务是财务部门对外的服务，每位财务人员都要以良好的心态和实际行动去实践财务服务。因此，财务部门人员需要统一思想认识，清晰认识到财务服务推行的财务环境和服务目标，在心理上接受这种服务理念，树立财务服务意识，克服推行中所遇到的各种利益

冲突，以问题解决问题来弥补需求差距，逐步实现财务服务优质、高效和满意的终极目标。

2. 优化办公功能，提供优越方便的办公环境

财务办公环境是提供财务服务和展现财务形象的重要窗口，办公环境的硬件配备和整个环境的布置对财务人员和师生们都存在不同程度的影响。财务人员的工作情绪、师生们对财务部门的职能需求都需要优越的办公条件来保障。宽敞明亮的报销大厅给人以视觉上的轻松和舒适，完整清晰的财务流程让被服务者一目了然，查询与打印设施的配备提供快捷方式，一站式的报销程序和无等候网上预约、无现金报销模式减少了师生们长时间等候的耗费，专门的咨询服务台、即刻回复的短信告知平台、随时登录的大厅无线网络等都是能够体现财务服务质量的重要因素。优越、舒适、快捷、便利，进一步反映出财务服务的人文关怀和换位思考理念，提高教职工对财务服务质量的满意度。

3. 加大财务服务文化宣传，形成良好的校园文化氛围

财务服务文化是财务文化的组成部分，而财务文化又是校园文化的内容。财务服务文化依赖于校园文化的建设，通过校园文化的传播才能够贴近全校师生，与师生们日常的财务行为发生联系。财务服务文化不仅是对国家和学校的财务规章制度的宣传，对财务知识的普及，也将与财务相关的廉政文化、师生的财经纪律教育、师生自我利益的维护和正确行使相关财务权利等与校园文化交织在一起，形成良好的校园氛围，达到财务服务宣传效果。

（二）搭建全方位的财务服务框架，创造良好的服务条件

1. 完善财经制度建设，明确经济责任，切实推进依法治校、依法理财

近年来，我国深化教育领域综合改革和财务管理体制改革不断深入，《高等学校财务制度》《高等学校会计制度》《行政事业单位内部控制规范（试行）》以及《中华人民共和国预算法》等相关财务制度、法规的出台和贯彻实施，使原有的财务规章制度需要进行全面的修订和完善。党的十九届六中全会明确指出，要坚持全面推进依法治国的总目标，对于高校财务管理来说，依法治校、依法理财是必然的要求。做好财务服务工作，其前提是要有开展财务服务的依据，在财务规章制度的约束下实施财务行为。完善的财经制度能有效推进财务服务，明确经济责任，依法治校，按财务规则办事，不偏不倚，公平公正，才能拥有真正的财务自信。

2．优化财务流程，减少办事程序，提高工作效率

全面、清晰、简单、高效的财务流程是财务服务水平的集中体现。纵观各种财务矛盾的诱发因素，其实质在于很多高校财务部门对财务流程的重视不够，财务部门一味强调财经纪律和财务风险，注重财务监管，没有在优化财务流程、减少办事程序方面狠下功夫。工作效率的提高在于办事流程的简单明了，尽管财务规定较多，但是对应的财务指南却说法不一。因此，财务流程要努力做到一事一议，程序简单，审批有效，有针对性地快速解决问题，如此一来，财务部门既提高了工作效率，也做好了财务服务工作，就会赢得师生员工的广泛认可。

3．加大财经政策宣传，普及财务知识，减少信息不对称

财经政策宣传是提高财务政策透明和财务政策执行力的必然途径。高校财务环境越复杂，财经政策出台和宣传越频繁。宣传财经制度，一方面要真正使财经制度的主要内容和明文规定宣传到各财务利益相关者，使其在某种程度上了解制度文件的基本精神；另一方面，政策宣传要使各财务利益相关者正确理解财经制度的要点，并按规定开展财务活动。因此，在财务服务过程中，重视和加强财经政策的解读、宣传，也能够为财务服务工作的顺利开展奠定良好的基础，把财务矛盾化解在前期财经政策宣传阶段，避免因制度理解与执行偏差所带来的经济利益损失。宣传财经政策可以充分通过财务网页，设置制度、流程、政策法规及其他栏目，集中宣传，集中答问，透明公开，减少信息不对称，普及财务知识。同时，财务部门服务大厅，制度、流程、重要财务信息上墙，为师生员工主动学习财经政策提供最大方便。组织召开财务专题培训会，定期或不定期召开全校各单位分管财务负责人及财务经办人财务专题培训会议，集中学习和交流国家及学校的最新财务制度。

4．搭建信息化平台，推进财务信息公开

财务信息化平台是财务部门对外宣传和指导财经业务的重要平台，搭建财务信息化平台是增进财务部门与各单位人员财务指导和财务沟通的重要手段。财务信息化主要包括三个主体，即信息公开平台、信息查询平台和信息反馈平台。信息公开平台是财务部门通过网页发布各种学校下达的财务制度、各类财务信息和财务服务指南的平台。例如，财务报销的表格、财务报销流程显示、报销办法，通过信息公开平台发布，以供各利益相关者获取学校重要财务信息指标，以便进行单位投资规划。信息查询平台以互联网为单位，为单位财务

经办人、单位财务负责人、经费负责人、师生员工个体等提供单位预算经费查询，核算信息查询，公积金、工资和个税、学费查询等服务。信息反馈平台就是将师生对财务信息存在的疑问、对财务部门工作存在的意见，以及各二级单位需要及时上报给主要职能部门有关教育事业发展、学校财力、银行资金结构等所需的事业发展状况、专项经费建设情况、学院学生有关财务信息，及时有针对性地反馈给相关利益者，满足他们的信息需求和信息使用。

5．财务咨询平台，突出财务服务效果

财务咨询在一定程度上反映了师生们对学校财务管理工作的关注程度，表明他们参与学校财务工作的频率，同时也体现了师生们对财务工作信息缺乏了解渠道和熟悉程度较浅。目前，财务部门所面临的财务咨询是来自多方面的信息，而且咨询是多人参与、多种回复口径的，由此也造成了同一财务问题处理的不同办法，甚至还会引起财务关系问题。因此，财务部门设置统一的财务咨询平台，包括面对面的财务咨询、网络咨询及电话咨询等，专人负责回复，专人解答。财务咨询人员通过财务咨询，加强与服务对象的沟通，广泛征求财务意见，集中反馈和解决问题。由此提高了财务工作效率，达到了财务主动服务的目的，同时也能够促使财务咨询人员积极参与财务知识的学习和更新、对整个学校财务工作的了解，提高个人业务素质。通过轮流承担财务咨询任务的方式，财务部门整个财务人员业务水平和对外服务的综合素质都能得到全面提高。

6．实施财务联络员与财务秘书制度，加强一二级财务之间的政策宣传和业务指导

拓展财务职能，财务工作延伸到各单位、各学院，开展财务联络员活动，建立财务负责人、科长、财务一般岗位人员三级分层联络制度，财务部门人员与各单位财务负责人、财务经办人及教职员工和学生主动联络，走进学院，走进部门，贴近专家，分类宣传，专人解释，增进了解。同时，实行财务秘书制度（财务干事），进一步明确各单位和学院财务经办人的岗位职责，加强对财务秘书的业务培训，使他们明确对所在单位经费报销业务的初审责任，帮助教职工把握财经政策，将相关政策规章深入人心，减少财经政策执行矛盾。财务联络员与财务秘书是加强一、二级财务联动工作机制的核心，财务部门贯彻各级经济责任制，实行"点对点"专人对口联系，有计划、分期分批地走进学院，结对共建，互通、互联、互动、互助，实现财务部门与全校各单位、广大师生

之间的"无缝"对接实施财务联络员与财务秘书制度，做好财务服务日常联络表，完善财务服务工作记录，有助于监督财务联络员和财务秘书加强财务业务学习，提高他们的组织纪律性和廉政风险管理识别水平，丰富财务人员绩效考评机制，较好地将财务人员业务考核与服务考核结合起来，有效激发他们的上进心和工作热情。

（三）构建财务服务评价指标体系，客观考核财务服务成效

财务服务工作是一项综合性工作，服务质量高低综合评价因素较多。在考评财务服务质量时，由于财务效果反映的特殊性，在方法应用上应采用定性描述与定量描述相结合的办法。根据财务性质和特点，财务服务评价指标体系可包括三个一级指标，即财务服务综合指标、财务服务信息质量指标和财务服务规范质量指标。财务综合指标主要是通过对宏观层面的描述打分来评价服务质量，包括财务管理体制、财务监督机制、内控制度完善、财务流程清晰、机构设置与人员分工、财务信息公开、财务手段和财务文化等内容。财务服务信息质量指标指通过财务服务、财务指导，直接体现在学校经费管理、经费分配、经费使用、财务风险所达到的管理效果，这些指标可以通过财务指标来计量。财务服务规范质量指标则是反映财务服务在规范财务活动方面所体现的服务效果。例如，筹资、投资、负债、收入、支出等管理方面，通过财务服务的延伸职能达到对学校财务活动的规范效果。同时，财务服务评价也需要得到参与财务服务活动的各利益主体的认可，可通过一定的财务服务质量问卷调查意见表收集他们对财务服务质量的评价意见，通过问卷的整理可得到较为客观的评价数据。综合各指标体系，形成定量化的指标进入模型构建，从而实现财务服务评价定量模型，在不断优化后可广泛用于高校财务服务评价工作，有利于财务主管部门依托相关实证结论，对影响财务服务质量的部分因素进行整改和完善，从而提升财务服务水平。

参考文献

[1] 邱向英. 高校预算管理模式创新研究 [M]. 北京：中国纺织出版社，2021.

[2] 吴海燕. 新时代高校财务管理创新理念与实践探索 [M]. 青岛：中国海洋大学出版社，2020.

[3] 钟冲. "双一流" 建设背景下高校资产管理 [M]. 成都：西南交通大学出版社，2020.

[4] 刘芬芳，梁婷. 新时期高校财务管理问题研究 [M]. 太原：山西经济出版社，2019.

[5] 洪涛，戴永秀，王希. 高校财务内部控制建设与风险防控体系研究 [M]. 北京：中国财富出版社，2019.

[6] 李红娟，刘伊，张远康. 基于现金流分析的高校财务风险预警模型研究 [M]. 延吉：延边大学出版社，2018.

[7] 陈健美. 加强监督，提高效益：我国高校财务管理的改革与创新研究 [M]. 沈阳：沈阳出版发行集团，2018.

[8] 孙杰. 高校财务管理创新理念与关键问题探索 [M]. 长春：吉林大学出版社，2018.

[9] 张庆龙. 高校内部控制建设实施操作指南 [M]. 北京：经济科学出版社，2018.

[10] 李长山. 现阶段我国高校财务管理的若干问题研究 [M]. 北京：北京理工大学出版社，2017.

[11] 民办高校财务管理研究 [M]. 武汉：华中科技大学出版社，2017.

［12］陈四清，包晓岚．财务管理学［M］．南京：南京大学出版社，2017．

［13］赵娜，杨国庆．财务管理学［M］．重庆：西南大学出版社，2017．

［14］王志焕．财务管理学［M］．北京：北京理工大学出版社，2017．

［15］仕爱莲．现代财务管理学［M］．北京：中国财政经济出版社，2017．

［16］张曾莲．高校财务管理创新研究［M］．北京：经济管理出版社，2016．

［17］杨松令．基于校院两级的高校财务管理问题研究［M］．北京：中国经济出版社，2016．

［18］付睿，胡振华．全生命周期高校资产管理智慧化模式的探讨［J］．电脑知识与技术，2022，18（1）：134-135，138．

［19］赵梦琪．大数据背景下高校财务管理信息化系统探讨［J］．质量与市场，2022（1）：37-39．

［20］梁红梅．高校财务管理中人工智能的应用探索［J］．财会学习，2021（36）：22-24．

［21］于涛，徐伟．"双一流"大学建设中的高校资产管理探析［J］．行政事业资产与财务，2019（7）：11-12．

［22］邓茜．对我国高校财务预算管理问题研究［J］．管理观察，2019（9）：125-127．

［23］周康博．政府会计制度改革对高校财务管理的变革研究［J］．财会学习，2018（29）：22-23，31．

［24］杜彧．基于战略导向的高校财务预算管理研究［J］．财会学习，2018（20）：7-8．

［25］姚琳．高校财务管理存在问题及其变革创新［J］．财经界（学术版），2018（19）：93．

［26］陈秋红．基于战略预算的事业单位预算管理体系研究［J］．福建论坛（人文社会科学版）：2018（10）：67-75．

［27］邱勤．浅谈高校财务管理信息化的发展趋势［J］．纳税，2018（8）：77．

［28］束丽琴．基于大数据时代下高校资产管理模式变革趋势的思考［J］．智富

时代，2018（6）：101.

[29] 马勇．高校财务管理的问题与策略研究［J］．中国市场，2018（6）：
210，219.

[30] 孙子茹．"互联网＋"下的高校财务管理创新探析［J］．延安大学学报（社
会科学版），2018，40（5）：84-88.

[31] 张红伟．新时代财务管理面临的问题与对策研究［J］．山西农林，2018
（4）：88.

[32] 陈良．大数据时代高校财务管理创新的研究［J］．经济师，2018（4）：
192-193.

[33] 孙晶晶，曹宇．高校财务管理信息化浅议［J］．合作经济与科技，2018
（3）：166-167.

[34] 苏美旭．新形势下高校财务管理面临的问题及对策［J］．新西部，2018
（2）：111-112.

[35] 方婷．我国高校财务内部控制问题研究［D］．武汉：江汉大学，2017.